S A T A N **사탄**

The Early Christian Tradition

초기 기독교의 전통

S A T A N

사탄

The Early Christian Tradition

초기 기독교의 전통

제프리 버튼 러셀 지음, 김영범 옮김

르네상스

CONTENTS

차례

서문

이 책은 악마라는 개념으로 내가 연구한 긴 세월의 역정에서 두 번째 권에 해당된다. 나의 연구는 두 가지 목적을 가지고 있다. 첫 번째는 악의 본성을 좀더 잘 이해하기 위한 것이고, 두 번째는 개념의 역사(변천사)와 역사 신학의 개념들에 대한 방법론을 발전시키고자 하는 것이다.

제1권 『데블(*The Devil:Perceptions of Evil from Antiquity to Primitive Christianity*)』은 1997년에 세상에 나왔다. 제1권은 먼저 악의 개념에 대한 비교문화적 조사 연구를 보여주고, 악마의 개념이 히브리와 원시 기독사상에서부터 1세기 기독교 시대까지 어떻게 발전했는가를 추적했다. 이제 제2권 『사탄』에서는 계속하여 기독교 전통의 주류(정통)가 형성된 5세기까지 이 개념의 변천과 발달을 다룰 것이다. 나는 기독교 전통을 우선적으로 검토하면서, 후기 유대 종말론 사상은 간략하게 언급만 할 것이다. 기독교에 비해 유대교에서는 악마가 훨씬 덜 중요한 존재이기 때문이다. 나는 동방 기독교와 서방 기독교를 모두 다룰 것이고, 이단으로 분류된 사상가들도 정통으로 간주되는 사상가들과 동등하게 다룰 것이다.

나는 제1권에서 간략히 나 자신의 소신을 피력한 바 있는데, 저자의 견해는 역사 기술에서 배제될 수도 없고 배제해서도 안 될 뿐만 아니라 악의 문제만큼이나 중요한 인간성에 관한 문제이며, 이런 점에서 나 자신을 숨기려고 하는 것은 부정직하고 소심한 일이 될 수 있다고 생각하기 때문이다. 솔직함이 중요하다는 나의 믿음은 변하지 않았으나, 악마에 대한 나의 견해에는 다소 변화가 있었다. 이는 연구 조사를 하는 과정에서 변화될 수 있는, 그래서 열린 마음의 징표로서 받아들여 주었으면 하는 바람이다.

제1권 『데블』을 쓸 때 나는 역사와 신학을 지나치게 이분법적으로 구분했다. 역사는 신학과 독립적으로 나아갈 수 있으나, 신학은 역사와 동떨어져 나아갈 수 없다. 불확실성이 가장 적은 신학적 진술이 역사적 진술이다. 제2권에서 나는 개념의 역사와 역사 신학의 관계를 탐구할 것이다.

제1권에서 나는 이 개념의 가정된 미래에 지나치게 초점을 두었다. 지금 나는, 어느 한 개념에 대한 초점을 그것의 기원에 맞추든지 미래에 맞추든지 간에, 이들을 통해서는 최선의 정의를 내릴 수 없다는 입장이다. 이보다는 전체의 전통 속에서 정의내려져야만 한다. 나는 여전히 악마는 존재하고 인간을 파멸시키려는 그의 작업은 우리들 사이에서 분명히 일어나고 있다고 믿는다.

지금까지 알려진 것 중 가장 초기에 해당하는 악마에 대한 기독교의 묘사는 586년 「라불라 복음서(Rabbula Gospels)」까지 거슬러 올라간다. 그러므로 「라불라 복음서」에 등장하는 그림들은, 4세기에 그린 (사탄 자체가 아닌) 뱀을 묘사한 아담과 이브의 프레스코화를 제외하고는, 그 책이 씌어진 당시가 아니라 그 이후 시기에 그려진 것들이다. 대략 6~9세기 그림들은 초기의 악마에 대한 개념을 좀더 가깝게 드러내고 있으며, 좀더 최근에 속하는 네 개의 그림은 일반적 관점을 보여준다. 그런데 6세기 이전의 기독교 미술이 왜 악마를 그리지 않았는지는 알려지지 않고 있다.

나는 그동안 나에게 도움과 조언을 아끼지 않았던 카메론 에어하트, 래리 아리레스, 칼 버크호트, 윌리엄 도나휴, 할 드라크, 에이브러햄 프리즌, 리처드 헤크, 헨리 안스가 켈리, 에른스트 키트징거, 라이문도 패니카, 켈빈 로디, 다이애나 러셀, 제니퍼 러셀, 캐이 슈에르, 팀 비비안, 웬디 라이트 등에게 감사의 마음을 전한다. 또한 캘리포니아 대학 연구위원회의 친절한 도움에도 감사드린다.

캘리포니아 주 샌타바버라에서
제프리 버튼 러셀

우리는 우리가 우주의 한 부분이라는 것을,
우리의 존재는 우주의 통치자로부터 왔다는 것을, 우리에게 허용된
시간은 한정되어 있다는 것을, 그리고 그 시간을 우리의 마음에 있는 의혹의
구름을 깨끗이 제거하는 데 쓰지 않는다면 그 시간은 그대로
흘러가버릴 것이고, '우리'도 함께 흘러가버릴 것이며, 그 시간은
다시는 돌아오지 않는다는 것을 반드시 깨달아야 한다.

−마르쿠스 아우렐리우스, 『명상록』

우리가 악마의 목을 발로 꽉 누르고 있기만 하면,
세상은 그 안에 악마를 가지고 있는 것이 훨씬 더 풍요롭다.

−윌리엄 제임스,
『종교적 경험의 다양성(The Varieties of Religious Experience)』

1. 악마

'악(惡)', 이것이 이 책의 주제다. 왜 악이 우리에게 행해지는가, 그리고 왜 우리는 악을 저지르는가? 쉽게 대답할 수 없는 문제다. 인간사에서 진실은 그것이 무엇이라고 확신을 갖고 말한 것과 정반대로 나타나는 경우가 종종 있다.

짐 존스 컬트에 대한 글을 쓴 메그 그린필드는 악의 문제를 단순화시키는 것에 대한 위험성을 지적한 바 있다. 가이아나에서의 대량살상에 대해 사람들은 즉각 자신의 선입견을 가지고 그 공포를 이성적으로 파악하여 반응했다. 비종교인들은 이를 두고 종교적 믿음의 결과라고 하고, 보수주의자들은 급진적 좌파의 결과물이라 하고, 급진주의자들은 자본주의 사회에서 우익의 인종차별이 그 희생자들을 절망으로 내몬 결과라고 했다. 이런 즉흥적인 설명에 대해 그린필드는, "그 밤의 공포스러움을 격감"시키는 일이고, "그 공포를 우리의 선입견으로 그리고 자기 본위로 꿰맞춤으로 인해 그 공포에 길들여져 익숙하게 만들어버렸다"고 기술하고 있다. 그러나 그녀는 현실 속에서 그런 공포는 "모든 개개인의 의식 속에 잠복하고 있는 검은 충동"으로부터 나온 것이고, "그 정글(검은 충동의 잠복처)은 우리로부터 겨우 한 걸음 떨어져 있을 뿐"이라고 결론지었다.[1]

1978년 10월 11일 국제연합통신(UPI)은 "한 아버지가 열 살 난 딸 티나 안을 가로 90cm 세로 120cm 되는 벽장에다 가두고는 천천히 때려서 숨지게 했다. 그는 죽은 딸을 집 뒤에 있는 다 쓰러져가는 헛간에 묻어버렸다. 몇 달 후 가족들은 마을을 떠나버렸다"라는 기사를 실었다. 또한 1980년 1월 1일에는 "타이 해적들이 121명의 베트남 여자들과 아이들을 일주일 동안 정글 숲의 한 무인도에 가두고는 강간을 하고, 마치 짐승들을 사냥하듯이 숲에다 풀어놓고 사냥을 했다. ……여덟 살 먹은 어린 여자아이는 백 명이나 되는 해적들에게 강간을 당했다. ……그 해적들은 약탈할 때만큼이나 사냥에서의 쾌락을 즐겼다"라고 보도했다. 악, 극악은 존재한다. 그리고 악의 존재는 우리에게 악을 이해하고 변형시켜야 한다는 의무감이 생기게 한다.

악의 원인에 대한 최근의 설명들―유전적 요소, 사회 환경, 계층, 무지, 정신질환 등등―은 개인적인 문제를 해소하는 데, 그리고 우리의 일반적인 이해에 도움이 될 수 있다. 그러나 여전히 한 가지 제거할 수 없는 것, 즉 그 정글(검은 충동의 잠복처)은 그대로 남아 있다. 그 정글은 자연의 정글보다 더 복잡한 미로가 아닐까? 정글은 자연이다. 우리 내면에 악의 본질이 존재할 수도 존재하지 않을 수도 있다. 존 힉크가 『악 그리고 사랑의 신(*Evil and the God of Love*)』에서 그랬듯이, 우리는 악을 분석하고 악에 대해 고뇌해야 한다.[2]

이 책에서는 '악'에 대해 논의하지만 그것을 해명하지는 않는다. 어슐러 르귄이 설파했듯이 "마치 쉬운 산수 문제처럼 어떤 문제는 해결 가능하고 답을 내놓을 수 있다. 만일 당신이 답을 원한다면, 단지 책의 뒷장을 보면 된다. 그러나 그것은 본질에서 비껴가는 행위요 일종의 도피다. 악을 있는 그 자체로 본질적으로 보려 하지 않고, 단지 우리 인생에서 제거해야 할 '문제아'로 파악하는 방식이다. 그러나 악은 우리가 긴 인생의 여로에서 일상적으로 접하는 모든 고통, 고뇌, 허탈, 상실, 부정의 등에서 만날 수 있다. 우리가 삶을 이끌어나가려면 이런 문제를 매일 대면하고 계속 해결해야 하고, 그리고 그 존재를 인정해야 한다."[3]

악은 종교를 초월한다. 카뮈가 『페스트』에서 말했듯이, 진정한 무신론자는 또한 반드시 악과 대면하고 대결해야 한다. 힌두교인처럼 신은 선과 악을 모두 가지고 있다고 믿는 일원론자는 문제를 풀기보다는 문제를 눌러 봉해버리지 않도록 항상 조심해야 한다. 네이팜탄과 신경가스로 둘러싸여 있는 악과 신의 선함이 신성한 조화를 이룬다는 모호한 일원론은 깨친 사람조차도 이성적 이해를 포기하거나 초월하여 신비주의로 내닫게 할 수 있기 때문이다. 악의 문제는 특히 유일신의 전통이 강한 유대교, 기독교, 이슬람교에서 두드러지게 나타난다. 신의 뜻과 길을 인간에게 정당화시키려는 이러한 종교들의 전통적인 노력을 우리는 신정론이라 한다.

신정론에서는 네 가지의 논리적 선택이 존재한다. 첫째, 신은 완전한 선도 아니고 전능하지도 않다(이런 전제는 일반적으로 받아들여지지 않는다. 어느 누구도 이를 신이라 여기지 않기 때문에). 둘째, 신은 완전한 선이나 전능하지는 않다. 셋째, 신은 전능하나 완전한 선은 아니다. 마지막으로, 신은 선 그 자체이며 또한 전능하다. 유대교, 기독교, 이슬람교의 전통 속에서 일반적으로 채택된 마지막 정의는 악의 존재와 신의 존재를 어느 정도 병립시켜야 하는 어려움이 있다. 따라서 완벽한 결론은 여전히 우리를 비껴간다. 일반적으로 우리는 둘 중의 하나를 선택해야 한다. 즉, 우리가 신의 선함을 구하려면 그의 전능함을 버려야 하고, 또는 신의 전능함을 위해서는 그의 절대 사랑을 그 대가로 바쳐야 한다.

따라서 신정론은 전지전능하고 자비로움 그 자체인 유일신을 상정하는 신학자들에게 항상 가장 해결하기 어려운 힘든 과제를 주고 있다. 즉, 만일 신이 전능하고 선 그 자체이면 왜 악마가 이 세상에 신과 함께 공존하도록 허락했는가? 이런 문제는 다음과 같이 요약할 수 있다. 첫째, 물질, 에너지, 그리고 정신을 포함한 온 세계는 신에 의해 무로부터 창출되었다. 둘째, 신은 모든 것을 알고 있다. 셋째, 신은 전능하다(그는 논리적으로 창출될 수 있는 어떤 세계도 창조할 수 있다). 넷째, 신은 사랑 그 자체다(그는 창조 가능한 가장 완벽한 세계를 선택한다). 다섯째, 그러나 그 세계는 악마를 포함하고 있다.

간단명료한 답은 없다. 신정론은 다음과 같은 것들을 함축하고 있다. ① 우리가 인식하고 있는 악은 가장 훌륭한 선을 위해서 진정으로 필요하다. ② 악마는 가장 순수하고 본질적인 우주 창조의 필요악적인 산물이다. ③ 만일 우리가 악마에 대한 바른 인식을 갖고 있다면, 악마는 진실로 존재하는 것이 아닌 하나의 허상이다. ④ 우주는 불완전하다. 그러나 신은 이를 완전하게 그리고 있다. ⑤ 악마에 대한 모든 의문 제기는 의미론적으로 무의미하다. ⑥ 악마의 존재 의의는 미스터리인데, 신이 영원히 우리가 이해할 수 없도록 숨기고 있기 때문이다. ⑦ 고통과 시련은 우리를 시험하고 그리하여 우리의 삶을 성숙하게 한다. ⑧ 고통과 고난은 지은 죄에 대한 형벌이다. ⑨ 악은 오로지 죄의 결과물이고, 죄는 우리의 자유의지를 실행해가는 과정에서 생겨난다. 신은 악마의 존재를 허용하는데, 그것은 자유의 완전한 아름다움과 고귀함을 이루기 위해서다.

마지막 아홉 번째가 기독교 신정론의 가장 두드러진 논점이다. 그러나 무신론자들은 다음과 같은 두 가지 강력한 반론을 제시한다. ① 고통과 시련이 왜 이리 가혹한가? 칼이나 네이팜탄을 쓰지 않고 서로 뺨을 때리거나 발로 차는 것만으로 신이 계획한 자유의 실현은 충분치 않단 말인가? ② 토네이도나 암과 같은 자연적인 악들이 어떻게 인간의 자유의지로 인해 생겨난 죄의 결과란 말인가?[4)]

다른 관점에서의 논쟁도 있다.[5)] 우리가 만일 순수한 사람들이 고통받지 않도록 하는 신을 상정하여 논의한다면, 분명한 것은 그런 신은 존재하지 않는다는 것이다. 그러면 왜 그런 신을 상정하는가? 신에 대한 다른 접근 방법은 무엇인가? 신에 대한 설득력 있는 개념은 반드시 우주의 두 측면, 즉 선과 악을 설명해야 한다. 패터슨(R. W. K. Paterson)은 '이상적인' 세계가 아닌 현실적으로 '가능한' 최고의 세계에서 선은 반드시 악을 압도하지만, 그렇다고 그 세계에 결코 악이 존재하지 않는 것은 아니라고 했다. 전 우주의 차원에서 보면 선이 악을 압도한다고 할 수 있다. 실제로 한 개인의 삶 속에서도 선은 악을, 행복은 불행을 이긴다. 우리의 존재를 이 지상에만 제한두지 않고 또 다른 차원, 즉 사후의 세계까지도 내다본다면 말이다. 신정론은 결국 어떤 정의를 내리든 '사후 세계'의 믿음을 요구한다. 패터슨은 그의 신정론이 확실한 답(어떤 것도 완전한 답이 아니다)이 아니라는 걸 제대로 인식하고 있다. 그러나 그는 "악의 문제는 실제로 우주가 완벽한 선이요 전지한 창조자의 창작품이라는 것을 보여줌으로써 해결되는 것이 아니고, 단지 이 가설이 우주에서 자연스런 악의 출현과 함께 논리적으로,

도덕적으로, 그리고 종교적으로 '어울려야' 한다"는 것을 정확히 인지하고 있다.[6]

이러한 문제들이 이 책에서 역사적으로 접근하려고 하는 '악마'라는 개념의 중심에 자리잡고 있다. 개념사(槪念史)의 근간은 다음과 같다. 절대적인 의미에서의 진리는 찾을 수 없다. 그런 절대 진리는 존재하지 않거나, 또는 존재한다면 오직 신의 정신 속에만 있고 유한한 인간이 알아볼 수 없도록 영원히 감춰져 있다. 모든 인식 또는 앎은 인간의 앎이고, 진리도 우리가 생각하는 그 이상의 것이 아닌, 즉 어떤 고정불변한 불멸의 진리가 아니다. 그것은 진리에 근접할 수 있는 가능성에 대한 하나의 가정일 뿐이다. 무엇이 나무인가? 우리가 보고 있는 나무가 나무인가? 벌목꾼, 신비주의자, 심리학자, 화가, 유전공학자, 펄프 제조업자가 나무를 볼 때 그 나무는 모두 같은 나무일까? 비행기를 타고 하늘 높이서 또는 멀리 떨어져서, 아니면 바로 나무껍질에 얼굴을 들이밀고 볼 때의 나무는 어떤가? 햇살 가득한 낮과 깜깜한 밤중일 때에도 나무는 같은 모습인가? 어른과 아이들은 각각 나무를 어떻게 인식하고 있을까? 인간이 인식하고 있는 나무와, 개나 파리 또는 우리와는 전혀 다른 구조의 감각과 두뇌를 가진 외계인이 인식하는 나무는 같을까? 나무의 실체는 덩어리로서의 나무일까 아니면 나무의 세포 구조일까? 나무의 '참' 성질은 가설 또는 신화다. 만일 '객관적인 실체'가 존재한다면, 그것은 오직 신의 정신 속에 존재할 뿐이다. 만일 나무의 객관적인 실체를 논증하여 밝혀내기 어렵다면, 인간의 객관적 실체는 더더욱 어려울 것이다. '기독교란 무엇인가?' 라는 주제로 침례교도, 가톨릭 신자, 이슬람교도, 마르크스주의자가 대화를 한다고 상상해보라. 인간이란 무엇인가에 대한 절대적 진리는 결코 밝혀질 수 없을 것이다.

그렇지만 가능한 한 좀더 지성적인 방법으로 적극적으로 진실에 접근한다면, 우리는 절대적 기준은 아니지만 인간의 이성에 입각한 진리를 얻을 수 있을 것이다. 다른 학문 분야와 마찬가지로, 역사의 목적은 진실이 있는 방향을 가리키려는 끊임없는 노력에 있다. 역사는 단순한 지적 훈련이 아니다. 그것은 신성한 작업이다.

역사와 신학은 서로 상당히 다른 학문 분야이지만 서로 상응하는 부분도 있다. 역사는 인간에 관한 관심사를 집중적으로 조사하고, 역사학자는 형이상학적이고 초월적인 것들에 대해서는 언급하지 않는다는 점에서 신학과 별개의 것이다. 반면, 신학은 많은 부분을 역사에 의존한다. 신학자들은 가끔 선험성 또는 계시에 근거한 형이상학적 언급을 하지만, 그런 말들은 논의의 대상으로 삼을 수 없다. 형이상학적 실체에 대해 우리는 아무것도 아는 것이 없다. 우리가 아는 것은 인간의 인식 범위 안에서 그리고 인식의 역사에 한해서이다.

나는 개념을 역사적으로 정의한다. 어느때 개개인은 실재(악마 또는 의회와 같은)에 대한 관념을 가질 수 있다. 이런 관념 또는 견해들은 서로 영향을 주고받으면서 담론을 거쳐 새로운 개념으로 발전해 나아간다. 이와 같은 다양한 개념은 어느 시대에나 존재한다. 어떤 것은 세월과 함께 사라지고 어떤 것은 받아들여진다. 이로부터 점차 전통이 형성되기 시작한다. 역사를 통해 이루어진 하나의 실재(악마 또는 의회)에 대한 인간의 지각 인식의 전통, 이것이 개념을 형성한다. 하나의 개념은 상대적으로 간단해 보일 수도 있으나, 실제로는 종종 여러 개의 의미가 중첩되어 복잡성을 띠고 있다. 그러나 개념은 역사성을 지니고 있기 때문에 시간을 따라 추적해 올라가면 개념의 범위를 경계지을 수 있다. 그러나 개념은 '기원이 무엇이었고, 또는 무엇이 될 것이고, 또는 어떤 때는 무엇이 되고'와 같은 식으로 간단하게 설명할 수는 없다. 개념은 정합적이고 전체적이며, 초월적인 시간 속에 존재한다.

개념은 객관적 실재에 상응할 수도 하지 않을 수도 있다. 우리는 무엇이 객관적 실재인지 알 수 없다. 가장 확실한 신학적 진술은 개념에 대한 역사적 진술이다. 형이상학적 실재에 대한 진술은 그 실재에 대한 증거의 채택 여부에 따라야 하므로 그 의미가 불충분할 수도 있다. 그러나 형이상학적 개념에 대한 진술은 역사적으로 검증할 수 있기 때문에 의미를 지닌다. 그러므로 개념을 연구하는 역사학자는 역사 신학자에게 가장 확실한 진술을 제공할 수 있다. 신학과 역사의 경계는 내가 『데블』에서 피력했던 것처럼 그렇게 확실하게 구분되지는 않는다.[7]

역사 신학자는 역사학자보다 개념의 연구에서 한 발 더 나아간다. 역사 신학자는 역사적으로 정의된 개념은 얼마간 객관적 실재를 담고 있다고 주장한다. 역사학자는 개념을 인간의 역사 속에서 이루어진 일종의 인공물로 본다. 반면 신학자들은 개념을 신에 의한 산물로 본다. 신학자에게 역사적 개념이란 형이상학적 신학이 아닌 자연 신학 범주에 속하는 것으로 우리가 지성의 힘으로 신의 계시라는 도움 없이 신성한 진리에 다가가는 것을 의미한다. 역사학자는 개념의 범주를 상황에 따라 신축성 있게 정한다는 관점을 가지고 있다. 그러나 신학자에게 그 범주는, 적어도 부분적으로는 신에 의해 경계지어진 것으로 반드시 조심스럽게 다루어져야만 하는 것이다. 역사 신학자 존 코트니 머리는 "문제는 여기에 있습니다. 즉, 근본적으로 신앙의 이해를 바탕으로 무엇이 개념의 적법한 발전이고 무엇이 유기적 성장입니까? …… 참된 성장과 천한 성장을 가르는 판단 기준은 무엇입니까?"라고 했고, 야로슬라브 펠리컨은 "한 교리가 시공간적으로 보편타당하다고 정의되어 가톨릭 신앙의 한 부분(정통)이 '되었다' 라는 게 어떤 의미를 지닐 수 있을까요?"라고 말했다. 역사 신학자는, 교리란 마땅히 그러해야 할 이유가 없다면 전통에서 보탤 수도 뺄 수도 없다고 주장할 것이다. 역사학자는 한 개념이 타당한지 아닌지에 의해서가 아닌, 개념 발전의 유형에 유기적으로 잘 들어맞는지 아닌지에 의해 판단한다.[8] 비록 관점은 다를지라도 역사학자는 역사 신학자와 많은 공통분모를 가지고 있다.

개념의 역사는 두 가지 면에서 전통적인 관념의 역사와 다르다. 첫째, 관념은 지적으로 면밀히 정의된 것인 데 반해 개념은 정서적인 면뿐 아니라 분석적인 면도 포함하는, 그래서 경계가 더 모호하다. 관념은 이성적인 데 반해 개념은 무의식의 유형뿐만 아니라 의식의 구조까지도 포함한다. 개념의 역사에서 보면 신화는 철학만큼이나 흥미진진하다. 둘째, 개념 사가(史家)는 관념들을 공허하고 막연한 것으로 다루지 않고 오히려 어느 곳에서나 적용 가능한 사회적 맥락 속에서 다룬다.

개념의 역사는 지식사회학과 사회역사학과는 구별된다. 최선의 경우, 사회역사학은 자료를 새롭고 독창적인 방법으로 다루기 때문에 정교하고 일관된 관점을 지닐 수 있다. 최악의 경우, 사회역사학은 '단단한', '딱딱한' 외형을 가진 사회 현실이 관념이나 개념보다 더 잘 이해될 수 있다는 실증주의적 관점으로 인해 범위가 좁아지고 단순하게 된다. 역사는 객관적 실재—그 본질이 무엇이든—를 다루지 않는다. 오히려 실재에 대한 인식과 반영을 다룬다. 사려 깊은 사회사학자들은 개념의 사회적 맥락은 반드시 다루어져야 하나, 그 맥락이 개념을 결정짓는 것은 아니라는 것에 기꺼이 동의한다.[9]

개념의 역사는 악마와 같은 현상도 그것의 역사를 통해서 가장 정확히 정의내릴 수 있다고 주장한다. 악마는 우리의 관념 속에 존재해왔던 전통에 '존재'한다. 이런 접근 방법에는 위험이 도사리고 있다. 개념의 역사를 연구함으로써 우리는, 한 개념—악마이든 의회이든— 이 인간이 개념화하기 힘든 실제적인 실체를 갖는 것으로 여기지 않게 된다. 이런 신조(학설)의 '구상화(구체화)' 노력은 결국 존재하지 않거나 적어도 우리가 알 수 없는 가장 이상적인 유형을 추구하게 되고, 하나의 관념이 언제 '정말로 출현했느냐'와 같은 답할 수 없는 질문들을 하게 된다. 언제부터 의회 또는 악마와 같은 개념이 시작되었을까? 더 나쁜 경우 이러한 접근 방법은 훨씬 이후에 정형화된 관념들을 그 이전 시기에 적용하여 해석하는 오류를 범한다. 예를 들면 앵글로색슨 시대의 자문협의회가 막연하게 디즈레일리와 글래드스턴 시대의 의회를 추구해왔다고 여기는 것처럼 말이다. 그러나 역사학자가 자신이 연구한 개념들은 인간이 만들어낸 것임을, 그리고 그 이상을 벗어나는 모든 관념(추측)들은 역사학자로서 만들어내선 안 됨을 명심하는 한, 개념의 역사적 가치는 인식 주체와 객체 간의 팽팽한 긴장을 나타내는 것으로서 남을 것이다.

　더 나아가 전통은 오직 그것이 의존하는 근거 속에서만 효용성이 있다. 전통은 언제나 증명 가능한 사실과 사건에 종속되어야만 한다. 예를 들면, 천국에 대한 지리학적 관념은 코페르니쿠스 이전에 그 생명력이 다했다. 지리학에 대한 새로운 이해로 인해 천국의 가치는 더 이상 공간적으로 한 자리를 차지할 수 없게 되었다. 결국 과학의 발달이 그 가치를 빼앗아 가버린 것이다. 악마의 존재와 본성은 과학의 조사 대상에 속하지 않기 때문에 특수한 시한폭탄이 이 개념에 내재되어 있지는 않다. 수세기에 걸쳐 교황의 세속적 권력 요구의 근거로 활용된 가짜 문서인 콘스탄티누스 기증장은 모래성에 근거한 전통의 한 예를 보여준다. 허구나 사기에 근거한 전통은 개념의 가치를 확보하기 위해서는 반드시 제거되어야 한다. 개념은 오직 우리의 생생한 인식에 끊임없이 반응할 때만 가치 있다. 예를 들어 만일 어떤 새로운 사회질서가 악—불공정한 공공의 적—을 제거할 수만 있다면, 악마의 개념은 확실히 사라져버릴 것이다. 또한 하나의 개념은 반드시 내부적으로 중심 주제와 일관성 있게 연결되어야 한다. 마지막으로, 개념의 발달은 시간을 통해 지속적으로 이루어져야 한다. 개념의 발달이 어떤 시대에 단절된다면 이는 그 개념이 한 시대의 경험에 반응하는 것에 그쳤고, 만일 부활한다면 그 개념은 아마 다른 기반 위에 서 있음을 의미할 것이다.

악마는 악의 원리가 인격화한 것이다. 어떤 종교에서는 악마를 선의 주 하나님으로부터 독립된 존재로 보고, 또 다른 종교에서는 하나님에 의해 창조된 존재로 여긴다. 어느쪽이든 악마는 대단찮은 정령인 데몬(demon)이 아니라 악을 행할 의지와 목적을 지닌, 악의 동력을 지닌 생생한 구현이다.

종교적 전통에서는 악마를 남성을 나타내는 용어인 군주(Lord)라

재봉사 악마. 제롬 위트킨, 1980. 사탄이 우주를 하나로 봉합할 목적으로 솜씨 있게 바느질하고 있다.

부른다. 영어나 다른 대부분의 언어에서 악마는 '남자(he)'다. 전통적으로 수많은 여성 악령들이 보조자로 제시되지만, 악령들의 우두머리는 남성으로 상징된다. 그러나 신학은 남성적 악마를 요구하지 않는다. 사실 기독교 신학자들은 전통적으로 천사나 악마는 특별한 성(sex)을 가지고 있지 않다고 주장한다. 그러면 악마와 언어는 어떤 연관성이 있는가? 악마를 복수화하여 '그들'이라고 하면 의미에 혼란이 올 것이고, '그/그녀'라고 하면 모순에 빠지게 되어 이상해진다. 한편 '이것'이라고 하면 개성적 감각이 빠져버린다. 나는 오직 용법의 편리를 위해 남성 대명사를 사용할 것이다.

악마의 존재에 대해 역사는 형이상학적 판단을 내릴 수 없다. 악마에 대한 비역사적 주장들을 모아보면, ① 악마는 자신을 개인적으로 우리 앞에 드러낸다. 이러한 '악마 체험'은 '신 체험'과 같은 것이다. ② 악의 원리에 대한 보편적 인간 체험이 있다. 최근 어떤 작가는 자연신학과 유사한 자연적 악마학에 관해 언급하고 있다. ③ 악마의 존재는 존재론적으로 논증할 수 있다. ④ 악마의 존재는 어떤 신학적 가정에 바탕을 두지 않고도 증명할 수 있다. ⑤ 악마는 성서를 바탕으로 받아들여질 수 있다.[10]

역사가 보여주는 것은 악마의 개념이다. 이 개념은 성경이 나오기 이전의 뿌리에서 시작하여 히브리와 기독 사상을 거쳐 현재에 이르기까지 지속적으로 역사적 발달을 거듭해왔다. 이 전통의 핵심은 악마는

'사탄', 즉 선의 하나님의 의지를 가로막는 '방해꾼'이라는 것이다. 사탄의 기본적 역할은 "너의 의지가 아니라 바로 나의 의지대로 행해지는" 것에 있다. 『데블』에서 나는 초기 일원론(신은 선과 악을 동시에 갖고 있다는 믿음)에서 이원론(하나는 선이고 다른 하나는 악으로 두 개의 서로 상반되는 신성한 원리들이 존재한다는 믿음)으로 향해가는 움직임을 추적했다. 그리고 나서 나는 유대-기독교의 유일신주의가 이원론에 가한 제동 장치들을 설명했다. 일원론과 이원론 간의 이러한 해결되지 않는 투쟁은 기독교 악마론의 역사에 주된 긴장 요소를 제공한다. 즉, 한편으로 전능하고 자비로운 신의 권능이 있고, 다른 한편으론 부정할 수 없는 악이 실재하기 때문에 생기는 긴장 말이다.

기독교에서 악마의 존재와 교리에서 중점이 되는 악마의 중요성을 부정하는 것은 곧 사도들의 가르침을 부정하는 것이고, 기독교 교리의 역사적 발전과도 상충하게 된다. 이런 사실을 무시하고 기독교 그 자체를 정의내린다는 것은 실제로 의미 없는 일이기 때문에 악마를 배제한 기독교를 주창하는 것은 지적으로도 일관성을 잃게 된다. 만일 악마가 존재하지 않는다면 기독교는 처음부터 그 핵심을 잘못 짚은 죽은 교리가 된다.

내가 『데블』에서 제안했듯이, 개념의 역사는 아마도 두 번째의 통합, 즉 악과 선의 원리가 통합되는 것에 이를 것이다. 이 단계는 전통적인 일원론 (일신론)보다 더 높고 더 의식적인 차원에서 이루어지는 것이다. 윌리엄 제임스가 이러한 선택 사항들에 대해 언급했듯이 "악은 변증법적으로 획득한 하나의 요소로서 반드시 붙잡아서 보관하고 잘 간직했다가 마지막으로 진리를 체계화할 때 하나의 기능으로서의 역할을 할 수 있도록 해야 한다". 그는 이러한 선과 악, 두 원리의 화합의 가능성에 대해 다음과 같이 서술했다. "그것은 마치 상반된 두 세계— 그 두 세계의 모순과 갈등으로 인해 우리의 모든 고통이 야기된다— 가 하나로 녹아드는 것과 같다. 상반된 두 종의 세계는 하나의 동일한 종에 속하게 될 뿐만 아니라, 좀더 고상하고 나은 종은 대립되는 것을 그 자신 속으로 스며들게 하며 흡수한다."[11] 그래서 프레더릭 손탁은 "신은 선이다. 왜냐하면 그는 지속적으로 자신의 본성 속에 있는 악을 제어하고 있기 때문이다. 신은 또한 선이 아니다. 그가 인간에게 불필요한 파괴가 가해지도록 방치한다는 점에서는"이라고 진술한다. 악의 문제점은 "우리로 하여금 근본적인 신성한 특질로서의 통합성(또는 그 선함)을 보지 못하도록 방해하는 데 있다. 성품—이것이 이제 최고의 가능한 통일체가 된다—속에는 다양한 특성들이 함께 들어 있었다. ……우리가 대면하는 신의 특성은 대부분의 고전적 개념보다 더 신축성 있게 이루어져 있다."[12] 즉, 신의 개념은 선과 악이 하나로 통합된 것일 수도 있고, 따라서 그런 종합으로 인한 통일성은 그 자체로 본질적인 선이 된다. 물론 이것은 가정이고, 이 개념의 나아가는 방향은 실제로 다르다.

신과 악마에 대한 개념이 시간에 따라 발전한다는 언명은 가설이 아니다. 나는 하나님과 악마가 이것 또는 저것을 하고, 그리고 발전하고 변화한다고 말할 것이다. 이것은 구체적이고 역사적인 언어다. '악마가 되었다'는 것은 간단히 악마라는 '개념이 악마를 대신하는 것으로 바뀌었다'는 것이다. 이는 (신은 시간과 더불어 발전한다는) 과정 신학의 가정을 말하는 것은 아니다.

『데블』에서는 그 개념을 저 멀리 신약성서에서 찾았다. 지금 이 책은 5세기로 향한다. 이 시기에 이 문제에 대한 거의 대부분의 근본적인 핵심 요지들이 만들어졌다. 이 책에서는 무엇보다도 먼저 기독교에서 악마 개념이 어떻게 발달해왔는지를 다루고, 유대교의 후기 예언 사상은 단지 간략히 집약적으로 다룰 것이다. 왜냐하면 악마 개념은 기독교에 비해 유대교에서는 그 비중이 훨씬 덜 중요하기 때문이다. 여기서는 유럽의 동방과 서방 정통과 이단의 기독교 사상을 모두 다룬다. 이는 신학, 역사, 성인전(성인 언행록), 교의, 교회법, 시, 그리고 신화에 근거한다.

신약성서는 유일신인 선의 하나님을 하나님의 아들이요 말씀인 그리스도와 동일하게 여긴다. 하나님은 자비로우나 또 다른 영적 권능, 즉 악을 하나님의 선과 그리고 어둠을 하나님의 밝음과 대결시키는 권능 또한 존재한다. 이 영(spirit)은 신약성서에서는, 그리스어로 '적, 대항자'를 뜻하는 '디아볼로스(diabolos)', 히브리어로는 '방해

자' 를 뜻하는 '사탄', 그리고 영어 어원으로는 '악마' 다. 악마는 주 하나님에 종속되나 끊임없이 하나님에 대항한다. 신약성서에 명확히 나타나지 않은 그의 복종의 의식과 정도는 신학 논쟁의 주제가 되었다.

신약성서의 악마는 시공간으로 구성된 지상의 군주이나, 그 대척점에 있는 예수 그리스도의 왕국은 이 세상에 있지 않다. 일정 정도 사탄은 영과는 대립되는, 물질과 육신의 군주다. 이단인 그노시스파는 이 점을 강조한다. 이 점은 정통에서도 모든 것은 하나님에 의해 창조되었고, 그러므로 당연히 모든 것은 선이라는 패러독스에 비추어볼 때 일정 정도 인정하는 바다. 사탄은 그리스도의 주적이다. 그는 그리스도를 유혹했으나 실패했다. 그는 그리스도를 죽음에 이르게 하고 또한 그를 부활하지 못하도록 시도했다. 그리스도의 죽음, 그리고 부활에 이르러 악마는 주 하나님의 승리가 인간 세상에 전파되는 것을 막기 위해 인간을 공격하고 교란했다. 사탄은 사람들을 유혹한다. 그리고 질병과 죽음을 불러일으킨다. 사탄은 인간의 영을 사로잡아 홀리고 유혹하여 죄를 짓게 한다. 그는 악령의 지휘자다. 그와 그 추종자는 이 세상의 종말이 왔을 때 그리스도에 의해 패퇴되어 심판받을 것이다. 신약성서는 악마론에 대해 매우 많은 의문점을 미래의 신학자에게 남겨놓았다. 그러나 신약성서는 비록 세상이 혹독한 슬픔과 고통으로 가득 차 있을지라도 사탄의 능력을 넘어서는 어느 곳에 이보다 더 크고 위대한 권능이 있어 고통을 영원한 안식과 기쁨으로 녹여줄 것이라고 확언하고 있다.

신약성서가 악마에게 상당한 중요성을 부여하는 데 비해서, 유대교 사상은 이를 단호하게 거부하며 다른 방향으로 향하고 있다. 즉, 탈무드에서 랍비들의 가르침은 의식적으로 사도 작가들의 이원론적 경향을 거부하여 오직 한 분인 자비로운 주 하나님에 의한 통일성을 주장했다. 악은 창조된 세계의 불완전함으로 인해, 또는 인간이 가진 자유의지의 오용 때문에 생긴 것이지 주 하나님의 적인 악마의 음모 때문에 생긴 것은 아니다. 일반적으로 랍비는 악마를 실질적인 악의 화신으로 여기기보다는 오히려 상징적으로 인간 내면에 있는 악의 경향으로 여겼다. 랍비의 가르침에 의하면, 우리의 내면에는 적대적인 두 가지 정신이 공존하는데, 하나는 선의 성향을 가진 정신이고, 다른 하나는 악의 성향을 가진 정신이다. 일반적으로 랍비는, 주 하나님은 두 가지 성향을 함께 창조했으나 인간에게 율법을 주었으므로 우리가 그 법을 따른다면 악의 성향을 물리칠 수 있을 것이라고 주장했다. 악마는 그 성향의 화신으로 여겨졌다. 랍비 시므온 벤 라키쉬는 "사탄과 악의 성향, 그리고 죽음의 천사는 하나"라고 기술하고 있다.[13] 랍비들은 천사들의 반역 전통을 거부했는데, 천사들은 악의 성향을 가지고 있지 않으므로 죄를 지을 수 없기 때문이다. 그래서 그들은 사탄을 창세기의 유혹자 뱀으로 여기지도 않으며, 그의 파괴와 심판을 예언하지도 않는다. 일부 오래된 전통들이 아가다 또는 하가다—도덕적 가르침,

민담, 전설, 신화, 설교 수록집―에 여전히 남아 있다. 그곳에서는 사탄이라고 불리기보다도 더 자주 사마엘(Sammael)로 불리는 악마가 타락한 대천사로서, 뱀을 이용해 아담과 이브를 유혹하고, 유혹자, 고발자, 파괴자, 죽음의 천사로 행세한다. 기독교의 많은 악마 이야기는 기원을 여기에 두고 있다. 그러나 심지어 이 아가다(aggadah)에서도 사탄은 주 하나님과 대립하는 독자적 존재가 아니다. 하나님은 그를 우리의 진실을 시험하는 자로, 우리의 죄를 하나님에게 알리는 전달자로, 그리고 그 죄를 벌하는 책임을 진 심판관으로 활용한다.

13세기에 절정에 이르렀고 18세기까지 대중적 인기를 누렸던 유대인 마술/신비주의 운동인 카발라는 랍비들보다 악마에게 훨씬 더 많은 관심을 보인다. 그리스 철학과 그노시스주의, 기독교의 영향을 받은 카발라는, 만물은 신성한 것으로부터 차례차례 줄지어 나왔고 뒤에나온 것은 그 이전 것보다 열등하다고 가르쳤다. 원래 신은 선과 악 두면을 동시에 지녔다. 그의 오른쪽은 사랑과 자비, 왼쪽은 분노와 파괴다. 하나님 성격의 이런 파괴적인 면은 선을 파괴하고 나온 것이며, 이를 악마라 한다. 랍비 이삭 루리아는, "하나님은 천지창조를 위한 공간을 만들기 위해 자신을 수축했다(그 진행을 '침첨(tzimtzum)이라 부른다). 따라서 창조된 세상은 불완전함, 하나님의 부재, 악으로 고통받고 있다"는 색다른 주장을 했다. 루리아 사상에 대한 또 다른 해석은, 하나님은 그 자신 속에 한 점의 악, 즉 '엄격한 심판의 근원'을 가지고 있다고 말한다. 유대인 신화에는 사탄 또는 사마엘에 대한 자세한 묘사가 나온다. 그는 열두 개의 날개를 가지고 있고, 온 몸에 눈이 달려 있으며, 염소와 같은 모습이고, 마음대로 자신의 모습을 바꿀 수 있다. 그는 반역한 천사로 공중을 날아다니며 질병과 죽음을 불러일으킨다. 인간은 오직 율법을 따름으로써만 악마를 퇴치할 수 있다.

계시의 시대 이후 유대교 사상에서 악마의 지위는 대수롭지 않으며, 많은 부분은 주변부의 비유대교 사상에 근거하고 있다. 조수아 트라첸버그가 언급했듯이, 유대교적 악마는 단지 인간 내면에 존재하는 악의 성향에 대한 "상징에 불과하다."[14]

2. 사도 교부들

신약성서가 남긴 커다란 의문점 중 하나는, 악마가 하나님으로부터 어느 정도 독립적이었느냐이다. 만일 악마가 독립적 원리가 아닌 창조된 존재라면, 그는 어떤 존재였는가? 교부들은 단호하게 악마를 타락 천사라고 정의내리는 방향으로 나아갔다. 그러나 이러한 정의는 또 다른 의문점을 남긴다. 만약 그렇다면 하나님이 창조한 이 타락 천사의 악행에 대해 하나님은 얼마나 책임이 있는가? 하나님은 얼마나 사탄의 활동을 주문했고 어느 정도까지 그 일들을 묵인했는가? 악마는 하나님의 대리인인가 아니면 적인가? 이 천사 해법은, 선이며 전능한 신과 우주적 악, 이 두 가지 모순 관계를 설득력 있게 설명하지 못함으로써 개념적으로 몇 가지 기본적인 선택 사항들이 남게 되었다. 즉, ① 신은 선과 악 두 면을 동시에 가지고 있다. 그는 완전한 선이 아니다. ② 두 신이 존재한다. 하나는 선이고, 다른 하나는 악이다. 신은 전능하지 않다. ③ 신은 완전한 선일 뿐만 아니라 전능하다. 기독교는 첫 번째와 두 번째를 거부하고, 세 번째 사항을 모든 어려움에도 불구하고 선택했다.

기독교는 악마를 하나님에 종속된 존재로 규정했지만, 그들은 여전히 악마가 하나님과 우주적 투쟁을 하고 있다고 믿었다.[1] 기독교인들은 이 하나님과 악마 사이의 투쟁을 그리스도와 악마의 투쟁으로, 그리스도와 적그리스도의 투쟁으로 대치시켰는데, 이는 사탄과 적그리스도의 구분이 종종 모호했기 때문이다.[2] 마침내 이런 구도는 교회, 즉 '충실한 신자들의 단체'와 악마 사이의 대결이 되었다.

악마가 타락 천사라는 믿음에는 또 다른 의문점들이 있었다. 그 타락의 본질은 무엇인가? 도덕적 일탈, 품위 상실, 강제적 천국 이탈, 아니면 복합적 요인인가? 근본적 구별은 도덕적 일탈로서의 타락과 처벌로서의 추방 사이에 있었다. 추방의 기하학적 의미(위치, 장소)는 무엇인가? 천상에서 더 낮은 공간으로, 천상에서 지구로, 천상에서 지하세계로, 지구 또는 대기층에서 지하세계로인가? 지금 그 악마는 어디에 살고 있는가? 대기중에, 지상에, 아니면 지하세계에? 시간적으로 그의 추방은 언제였는가? 도덕적 타락으로 인한 그의 추방은 인간 창조 이전의 태초에, 또는 아담의 시대에, 아니면 감시 천사들과 더불어 노아의 시대에 일어났는가? 처벌로서 그의 추방은 앞의 어느 한 시기에, 아니면 그리스도의 출현과 함께, 그리스도의 수난 시기에, 그리스도의 재림에, 재림 이후 천년 뒤에 일어났는가? 천년왕국에서 악마의 역할은 무엇인가? 악마의 죄는 본성 때문인가 아니면 자유의지 때문인가? 그의 죄는 자만, 시기 또는 음욕으로 인해서인가? 만일 시기 때문이라면 이는 하나님에 대한 것인가, 아니면 인간에 대해서인가? 악마와 다른 천사들의 관계는 어떠했는가? 천사들과 악령들의 관계는, 악령들과 거인들의 관계는, 천사들과 악령들과 신들의 관계는? 악마는 육체를 가지고 있는가? 악마를 볼 수 있는가? 볼 수 있다면 그는 어떻게 생겼을까? 천사와 악령들은 계급 또는 서열이 있는가? 있다면, 악마는 악령들의 우두머리인가? 악마가 받는 벌의 본질은 무엇인가? 그는 정녕 구제될 수 있는가?

악마는 어떤 능력을 가지고 있는가? 그는 우주에서 어떤 역할을 수행하는가? 인간에 대해서는 어떤 역할을 수행하는가? 그는 질병, 광기, 죽음과 같은 자연적 악을 일으키는 원인자인가? 그는 도덕적 악을 부추기는 원인자인가? 그가 바로 뱀의 형상으로 또는 그 뱀을 이용하여 아담과 이브를 유혹한 장본인이었는가? 그는 유대교에서 말하는 우리 내면에 있는 악의 성향과 같이 우리의 한 정신으로 같이 살면서 악을 저지르도록 부추기고 있는가? 모든 사람은 각각 자신의 내면에서 투쟁하는 개인적인 천사와 악령을 각각 가지고 있는가? 각 악덕에 각각의 악령이 들어 있는가? 악마는 죄를 선동하고 악덕을 불러일으키는

가? 그는 우리의 정신에 침투할 수 있는가, 아니면 단지 우리의 육신에만 들어올 수 있는가? 하나님은 악마에게 유혹을 관장할 책임을 주었는가? 죄인들의 처벌도 맡겼는가?

2세기 중엽 이전의 기독교 사상은 유대교로부터 비롯되어 이루어진 유대-기독교였다.[3] 기독교도 대부분은 여전히 유대교의 배경을 가지고 있었고, 헬레니즘은 아직 별다른 영향을 미치지 못하고 있었다. 초기 기독교에서의 유대교적 요소는 지난 수십 년 동안 지속적으로 강조되었다. 쿰란과 나그함마디의 발견으로 인해 이전에는 초기 기독교 사상에서 그리스적이라고 여겨졌던 많은 요소들이 유대교의 것과 일치하는 것으로 드러났다. 이것들 중 가장 중요한 것은 윤리 이원론이다.

기독교는 온건한 이원론 종교다. 악마는 그리스도가 하는 일을 가로막을 수 있는 거대한 힘을 가졌으나, 그의 능력은 언제나 하나님에 의해 한정지어져 있고 저지당한다. 일부 작가는 여전히 단순하게 종교는 이원론이냐 아니냐 둘 중의 하나이므로 이런 관점에서 기독교는 이원론적 종교가 아니라고 주장한다. 사실 종교의 스펙트럼은 한 극인 일원론적 종교와 반대편 한 극인 이원론적 종교 사이에 펼쳐져 있다. 기독교는 이 스펙트럼의 중간쯤 어딘가에 있는데, 정확한 지점은 각각의 기독교 사상가마다 다양하다. 기독교 이원론은 유대교의 이원론에서 나왔는데, 특히 에세네파와 종말론 사상에서 비롯되었다. 유대교 이원론에서 가장 강한 요소는 윤리적 이원론으로, 이는 인간의 영혼 안에서 또는 그 영혼을 위해 도덕적 선과 악이 전투를 벌이고 있음을 주장한다. 유대 사상과 기독교 사상은 그리스의 우주적 이원론(오르페우스적/플라톤적인 대립, 즉 물질과 정신의 대립)과 페르시아의 우주론적 이원론(빛의 영과 어둠의 영 사이의 투쟁)의 영향을 강하게 받았다.

2세기까지 기독교 교리는 확고하게 자리잡지 못하고 있었다. 150년 이전까지 지중해 연안에서 기독교도는 매우 소수였고, 대부분은 이교도였으며 그 다음은 유대교인이었다. 기독교인과 유대인 사이의 적대감은 70년 예루살렘이 함락된 이후부터였는데, 그해에 사두개파(유대교의 일파로 정치적 성향이 강한 귀족 집단), 열심당원들(기원전 1세기 로마에 대항한 유대 민족주의자들), 에세네파는 패배했고, 바리새인이 유대 사회에서 주류로 등장했다. 종교적 통합을 이루려 한 바리새인은 유대 사회에서 기독교도를 배척하고 축출했다. 적대적인 외부 억압 속에서도 기독 공동체는 내부적으로 일관된 조직 체계라고는 거의 없었고, 분명하게 정의내려진 교리도 가지고 있지 않았다.[4] 복음서들은 2세기 초에 이르러야 비로소 만들어졌지만, 복음서 대부분은 거의 알려지지 않은 상태였다. 성서로서의 정전(正典)은 200년 이상이나 확정되지 않았고, 많은 외경들이 널리 읽히며 영감을 불러일으켰다. 정통의 기준은 아직 존재하지 않았다.

2세기 초 유대-기독교 텍스트 중에서 단지 약간의 원문만이 지금까지 전해져온다. 사도들을 따랐던 작가들은 사도 교부들이라고 알려져 있다. 이 초기 작가들의 연대기, 저술, 상호 영향 등은 확정하기 어렵고, 그래서 근거가 미약한 영향력을 설명하기보다는 유대-기독 사상을 전체로서 조명하는 것이 도움이 될 것이다.[5]

94~97년경 교황 클레멘스 1세가 심각한 내분에 빠져 있는 고린도 교회에 한 통의 편지를 보냈다. 이 편지에서 그는 각 파는 서로 화해하고 '적의 선동으로 인해' 지은 죄에 대해 용서를 구하라는 그의 바람을 전했다. 여기서 악마는 기독교 사회를 선동하여 죄를 짓게 하고 분란을 조장하는 분명한 실체로 인식된다.[6]

107년 순교한 안티오크의 주교 성 이그나티우스의 편지들은 순교에 임하는 그의 자세와 기독 공동체의 질서와 통합에 대한 관심을 보여준다. 바울에 영향을 받고 요한의 성업과 유사성을 보여주는 이그나티우스는 악마를 "이 시대의 지배자"로 보았다.[7] 그는 낡은 시대와 새로운 시대, 지상의 왕국과 하나님의 왕국 사이의 충돌을 사상의 근간으로 삼았다. 현세는 악이고, 이 악의 지배는 아담과 이브가 천국으로부터 추방된 이후 계속되어왔다. 그러나 이런 낡은 시대의 힘은 그리스도의 부활로 인해 무너졌고, 그리스도의 재림에 임해서는 마침내 완전하게 산산이 부서질 것이다. 그리스도는 이 세상과 이 세상 사람의 본성을 근본적으로 변형시킬 새로운 시대를 열 것이다. 이런 새 왕국 새로운 시대에서 악마는 어떤 힘도 발휘하지 못할 것이다. 한편 세상

은 '아르콘(archōn)', 즉 악의 군주를 가지고 있다.[8]

이그나티우스는 에베소인에게 그리스도가 인도하고자 한 생명의 길을 악마가 훼방하여 잘못된 길로 들어서지 않도록 이 지상의 군주의 '악취'를 피해야 한다고 경고했다.[9] 악마의 목적은 기독교인이 생명의 길을 향한 올바른 목표에 이르지 못하도록 함으로써 그리스도의 구원 행위를 막는 데 있다. 이그나티우스는 로마의 기독교도에게, 악마는 그 자신이 직접 우리 각자를 상대로 일대일 전투를 벌이고 있음을 명심하라고 경고했다. 이그나티우스는 그 자신이 긴박한 위험에 처해 있다고 느꼈다. 또한 그는 친구들에게, 마왕은 그의 확고부동한 믿음을 비틀어 없애려 하고 있고, 그에게 순교를 하지 말라고 유혹하고 있으니, 이 마왕과 싸워 이길 수 있도록 지원해달라고 사정했다.[10]

이그나티우스는 많은 천사들이 존재한다고 말했다. 천사들 중 일부는 악하며 악마를 추종한다.[11] 선한 사람과 악한 사람 또한 존재한다. 악의 천사와 악인의 목적은 우두머리의 목적과 같이 그리스도의 구원 사업을 막는 것이다. 이그나티우스에게 세상은 전장(戰場)—순교의 이미지는 결코 그의 마음에서 떠나지 않았다—이었으며, 이곳에서 선의 천사와 선인의 지휘관인 그리스도는 악마와 전투를 벌이고 있다.

분파주의와 거짓 교리로 기독 공동체를 혼란시키는 악인은 가장 위험한 존재다. 그 지역 기독 공동체의 우두머리가 사도의 계승자인 주교가 되었다. 주교만이 조직의 안정과 교리의 정통성을 보장할 수 있었다. 그 자신이 주교였던 이그나티우스는, 주교의 조언과 동의 없이 행동하는 사람은 누구나 악마를 숭배하는 것이라고 말했다. 다른 한편으로 기독 공동체가 평화와 조화 속에서 하나가 될 때 사탄의 힘은 활력을 잃을 것이다. 악마는 기독 공동체를 편 가르는 종파주의자와 거짓된 교리를 가르치는 이단자들을 부추긴다. 이들의 노동의 결실은 죽음이며, 그들은 하나님의 나라에 들어가지 못한다. 이단자들은 분파와 이단을 거부하는 빛의 자손들과 싸운다. 이렇게 세상을 빛의 자손과 어둠의 자손으로 이분화시키는 입장을 도덕 이원론이라 하는데, 이는 에세네파에서 나왔고 사도 교부들의 저작에 자주 등장한다.

어둠의 지배자인 악마가 이단자와 교회를 싸움 붙인다는 생각은 수세기에 걸친 결과물이다. 만일 세계가 빛과 어둠이 우주전을 벌이고 있는 전쟁터라면, 그리고 만일 그리스도의 지휘 아래 빛의 공동체인 교회가 어둠의 공동체와 치열한 전쟁을 치르고 있다면, 기독교도는 악의 화신과 전투 중이므로 적에게 자비를 베풀어서는 안 된다는 결론이 도출된다. 그러나 사도 교부들은 이 교의를 폭력 사용의 정당화에 대한 논리적 근거로 사용하지 않았다. 이 세상의 폭력에 대한 그들의 대응은 소극적인 저항과 순교였다. 그러나 다른 사람들은 이 교의를 이단자, 유대교도, 이교도, 이슬람교도, 그리고 마녀를 그들로부터 배척하고 가혹한 조처를 취할 수 있도록 하는 빌미로 사용했다. 이후 교회의 불관용은 많은 부분 이런 관점에서 나왔는데, 이것은 또한 세계는 그리스도와 사탄의 접전장이라는 신약성서의 기본 전제로부터 나왔다.

이 전쟁에서 순교는 중요한 논쟁점이 되었다.[12] 초기 교회는 순교를 악마의 하수인에 대항해서 싸우는 그리스도 전사의 투쟁으로 여겼다. 일반적으로 기독교에 대한 정부나 군중의 적대적 태도는 악마 때문이라고 믿었다. 고문과 죽음으로 몰아넣는 일이 악마의 일이었고, 심지어 악마는 이교도를 사주하여 순교자에게 친절을 베풀어 그로 하여금 친절의 덫에 걸려들게끔 했는데, 이는 순교자의 순교 결심을 약화시킬 수도 있기 때문이었다. 일반 경기자는 경기장에서 구체적인 승리를 위해 싸우지만, 기독교 경기자는 죽음을 통해 신앙을 보존함으로써 얻어지는 영적 승리를 위해 싸운다. 일반적으로 교부들은 순교를 그리스도가 한 일과 성인들이 이뤄낸 위업을 한층 더 발전시키기 위해 기독 공동체가 할 수 있는 투쟁의 총체로 보았다. 그노시스파는, 순교란 개인이 자신의 영성(靈性)을 고양시키기 위해 취할 수 있는 방법이라는 다른 믿음을 가지고 있었다. 로마의 기독교도에 대한 박해—사실 매우 산발적 정책이었지만—는 상징적으로 마치 로마 제국 전체가 악마의 왕국의 일부라고 여겨지게 만들었다. 이그나티우스는 그렇게까지 확대 해석하지는 않았으나, 그도 순교를 지상의 군주인 악마와의 투쟁으로 보았다. 이그나티우스는 "나는 기꺼이 고통을 받아들이겠다. 그러나 내가 그런 자격이 있는지는 잘 모르겠다. ……나는 이 지상의 군주에게 초조와 안달을 불러일으켜 결국 그의 뜻을 이루지 못하게 할 인내와 온순함이 필요하다"라고 기술했다.

이그나티우스는, 하나님은 언제나 사탄의 권능과 인식을 제어할 수 있다고 믿었다. 하나님은 사탄으로부터 마리아의 순결과 그리스도의 탄생과 고난을 지켜주었다. 악마의 권능은 오래가지 않을 것이다. 이런 궁극적인 선의 승리를 예정한 신정론의 한계는 로빈슨 크루소의 충실한 종이 질문한 것에서 분명히 드러났다. 프라이데이는 그의 주인에게 물었다. "하나님은 악마를 이기는 데 왜 그토록 오랜 시일이 걸리는 겁니까?" 이그나티우스는 이 질문을 깊이 탐구하지 않았지만, 이후의 교부들은 이 문제에 깊이 천착해야만 했다.

한 무명작가—그는 분명 사도 바나바는 아니다—가 쓴 「바나바의 서(Epistle of Barnabas)」(기독교 외경 중 하나)는 약 117~119년경에 이집트 알렉산드리아의 유대-기독 공동체에서 씌어졌을 것이다.[13] 아마도 '바나바'는 기독교로 개종한 랍비였을 것이다. 그의 문체와 용어 사용은 유대교적 특색을 지니고 있었다. 일단 개종하자 그는 개종하지 않은 유대인과 지나치게 구약의 옛 율법에 집착하는 유대-기독교인에 대한 강렬한 미움이 점차적으로 커지기 시작했다. 바나바는 그리스화한 비유적인 유대 사상의 관점으로 글을 썼는데, 이런 형식의 글을 주창한 사람은 필론이었지만, 70년 이후부터 바리새 랍비들은 점차적으로 이를 거부했다. 그는 또한 쿰란의 영향을 받았는데, 특히 유대교 윤리의 이원론, 즉 빛의 길과 어둠의 길, '두 길'에 강조를 둔 부분에 잘 나타나 있다. 바나바는 기독 공동체가 이스라엘의 구원 유풍을 대체했다는 견해를 가지고 있었다. 구약을 보면 하나님이 여러 나라들 중에서는 이스라엘을, 그리고 이스라엘 사람들 중에서는 하늘의 법을 충실히 따르는 이들을 선출한다. 그러나 기독교에서 구원은 구약의 율법을 따르는 것에서 그리스도로 바뀌고, 그리고 교회가 이스라엘의 구원의 유속을 대신한다.

이그나티우스처럼 바나바도 가르침의 중심에 두 길 또는 두 왕국 사이의 투쟁을 놓았다. 현세는 악이고 악마의 수중에 들어 있다.[14] 비록 사탄이 그리스도의 강생으로 영향력이 약화되었다 해도, 그는 머지 않아 이루어질 그리스도의 재림 때까지는 현세를 장악하고 있다. 두 왕국이 서로 전쟁 중이기 때문에 도덕적으로 책임이 있는 개체는 이 편 아니면 저 편에 서기를 요청받는다. 천사들은 벌써 선택을 했다. 주 하나님 편을 드는 천사와 악마 편을 드는 천사로 나뉘어져 있다. 주 하나님의 천사는 빛의 천사들이고, 그 나머지는 어둠의 천사들이다. 지상의 전쟁터에서 빛의 자손들은 어둠의 자손들과 전투를 벌인다. 이런 이미지는 쿰란과 「요한 복음서」에서 흔히 볼 수 있는 것이다.

마왕은 우리를 빛의 군대에서 나와 어둠의 군대에 들어가도록, 그래서 우리로 하여금 하나님의 왕국으로 들어가지 못하도록 유혹한다. 바나바에게 두 길의 갈림길은 확실하고 분명하다. 빛의 길은 천국으로 이어져 있으나, '암흑의 존재'에 의해 다스려지는 어둠의 길은 파멸로 이어져 있다. 이후 종족에 대한 고정관념의 진원지가 된 동의어들, 즉 악, 어둠, 암흑 등은 기독교 저작에서는 여기서 처음으로 등장한다. 바나바가 사용한 용어인 '검은(black)'과 '어둠'의 직접적인 전거(典據)는 유대교, 에비오나이트(Ebionite. 1~2세기경에 나온 외경 중 하나. ebyon은 히브리어로 '가난'이라는 뜻이다), 그리고 그리스 문화에 있다. 이 어원들 이면에는 악의 신 '아리만'의 어둠을 선의 신 '마즈다'의 광명 사상에 대립시키고 있는 조로아스터 사상이 깔려 있으며, 아리만의 이면에 있는 어둠은 세계적으로, 거의 보편적으로 악의 상징으로 사용되고 있다.[15]

악마는 우리를 유혹하여 어둠의 무리에 합류시키기 위해 우리에게 '살며시 침투'해 들어오는 방법을 구한다. 바나바에게 이것이 무엇을 뜻했는지는 분명치 않다. 이후의 교부들은, 악마는 오직 우리의 육체에만 들어올 수 있지 정신에는 들어올 수 없고, 오직 외형적인 것으로만 우리를 유혹할 수 있다고 주장하곤 했다. 그러나 바나바는 그 이상의 어떤 의미를 부여하려 했던 것 같다. 그는, 정신의 상징인 심장이 우상숭배에 심취해 있을 때 악의 소굴이 된다고 말했다. 그는 악마에 의한 홀림에 대해서 언급하지는 않았다. 악마 또는 악령은 일반적으로 (외부 현상으로) 우리를 홀리거나 또는 (육신 속으로 들어와서) 홀림으로써 우리의 육신을 공격할 수 있다고 믿었다. 이러한 두 유형의 공격은 완전히 무방비 상태인 사람들을 대상으로 이루어졌지만, 이런 공격들이 설혹 질병이나 광기를 일으킨다 해도 영혼을 타락시킬 수는 없었다. 왜냐하면 희생자의 자유의지는 적인 악마에게 굴복하지 않기 때문이다. 다른 한편으로 유혹으로 자유의지를 공격한다. 유혹이 비록 자유의지를 강제할 수는 없지만 이를 굴복시키려고 한다. 여러 가지 유혹들은 대체로 외부로부터 제공된다고 여겨졌다. 그러나 바나바는, 악마는 우리로 하여금 죄를 짓게 할 목적으로 우리의 마음 또는 영혼에 교활한 방법으로 침투해 들어온다는 생각을 가지고 있었던 것 같다. 그래서 개개인의 영혼은 그리스도와 악마의 전쟁터가 된다. 영혼에서 활약하고 있는 악령의 존재는 유혹과 자유의지라는 두 개의 교리와 선악의 두 성향이라는 랍비식 교리와 밀접한 연관이 있다.[16]

156년경에 순교한 스미르나(Smyrna. 이즈미르의 옛 명칭)의 주교인 성 폴리카르프는 이그나티우스처럼 이단에 대한 투쟁의 중요성을 강조했다. 폴리카르프는 순교자들이 신앙을 거부하도록 하기 위해 악마는 많은 음모를 꾸미고 지속적으로 고문한다고 말했다.[17] 폴리카르프가 생각하기에 악마는 영혼을 점령할 힘이 없다. 악마는 이단자에게 지적 · 도덕적 유혹을 제공하거나, 유혹을 통해 소심한 자에게 무서운 고통을 보여줄 수는 있지만, 개인을 하나님의 뜻에서 벗어나게 할 수 있는 그런 힘은 가지고 있지 않다. 그래서 만일 악마가 우리 마음에서 활동한다면 성령 또한 이에 맞서 활동하고 있는 것이다. 그러므로 이두 가지 성향의 내부 투쟁은 성령이 사탄에 대항하여 싸우는 내면의

예수는 사탄의 유혹을 물리치고 그를 몰아낸다. 사탄의 검고 기형적인 날개와 그리스도를 보좌하는 천사들의 우아하고 하얗고 풍부한 날개가 대조를 이루고 있다. 9세기 슈투트가르트 복음서.

투쟁이 된다.

폴리카르프가 필리피 교회에 보낸 편지에서 7번째 장은 이단에 대한 공격이다. "예수 그리스도가 인간의 육신으로 이 세상에 온 것을 믿지 않는 자는 누구든지 적그리스도이고, 예수가 십자가에서 진실로 고통 속에서 죽었다는 것을 믿지 않는 자는 악마다."[18] 이것은, 물질은 그리스도에게는 전혀 가치가 없으므로 그의 육신은 오직 환영일 뿐이라고 믿는 도케티스트의 주장을 반박하는 데 목적이 있었다. 폴리카르프는 "그리스도의 말씀을 자신의 욕망에 맞게 변형시켜서 부활이나 심판은 없다고 말하는 자는 누구든 사탄의 직계 자손"이라고 덧붙였다. 이 편지에서 가장 주목할 점은 '하나님의 직계 자손 집안'인 기독교도와 '악마의 직계 자손' 인 이단자 사이의 분명한 대조다. 폴리카르프는 이그나티우스나 바나바보다도 더 분명하게 이단과 정통을 단지 의견 이나 견해가 다른 것 정도로 보지 않고, 오히려 하나님과 마왕의 우주 적 투쟁의 한 부분으로 보았다. 이런 관점이 이단자와 이교도를 악마 로 취급하여 박해하는 초석이 되었다.

「헤르마스의 목자 서신(The Shepherd of Hermas)」은 인간 내면에 서의 선과 악이 벌이는 정신의 투쟁을 강조했다.[19] 두 길이 있다. 하나 는 굽은 길이고 하나는 똑바른 길이다. 그리고 두 도시가 있다. 하나는 주 하나님의 도시이고 다른 하나는 하나님에 반대하는 자들의 도시— 이 이미지는 이후 성 아우구스티누스가 처음으로 사용해 유명해졌 다—다.[20] 이 두 길과 두 도시에 대응하는 두 천사가 있는데, 그들은 인간 정신의 내면에 거주한다. '두 성향' 의 이론에서처럼, 헤르마스가 말하고자 하는 바가 두 우주의 천사가 우리 안에서 전투를 하고 있다 는 것인지 또는 우리가 개인적으로 각각 두 명의 천사들을 가지고 있 다는 것인지는 분명하지 않다. 그러나 개념들은 유사하다. 우리 내면 에 있는 악의 천사는 악마이거나 아니면 악마의 대표자 또는 악마의 발현일 것이다. 악의 천사는 성질이 고약하고, 원한에 차 있고, 어리석 고, 해롭다. 악의 천사는 우리의 마음으로 들어와 우리를 유혹하여 죄 를 짓게 한다. 헤르마스는 우리가 악마에 저항할 수 없다는 것을 말하 고자 한 것이 아니었다. 그는 디프시키아(dipsychia), 즉 '인간 영혼의 이중' 적 상태를 말하고자 했다. 인간은 선과 악을 본질적으로 정확히 가려낼 수 없다는 것이다. 정신의 이러한 이중성은 헤르마스에게 어떤 때는 망설임 또는 주저함을 뜻하기도 하지만, 어떤 때는 악마로부터 나온 악령으로 언급되었다.[21] 헤르마스의 이원론은 유대-기독교 윤리의 이원론으로, 두 길과 두 천사가 우리 안에 있고 우리는 그 둘 중에서 도덕적 선택을 한다는 것이다.

악마는 하나님과 대립되는 자신의 계명을 가지고 있다. 그러나 우리가 신앙을 돈독히 하고 죄를 뉘우친다면 악마를 두려워할 필요가 없다. 만일 우리가 진실로 하나님을 믿고 의지한다면 악마는 우리를 억압할 수 없다. 악마는 기독교 경기자들과 싸울 수 있지만 그들이 돈독한 신앙심으로 맞선다면 악마는 그들을 물리칠 수 없다. 신앙이 없는 자는 악마를 두려워하고 그의 노예가 되나, 신앙심으로 가득 찬 사람은 악마가 어쩔 수 없이 포기하고 물러난다. 왜냐하면 악마는 그들의 영혼으로 들어갈 어떤 길도 찾을 수 없기 때문이다. 사도 바울이 언급했듯이, 우리는 악마의 엄청난 권능에 맞서 우리를 지켜낼 공덕은 없고, 오직 그리스도를 향한 신앙심만이 그의 무한한 공덕을 끌어올림으로써 우리를 구할 수 있다. 그리스도는 참회의 천사를 보내 우리로 하여금 악마와 대항할 수 있게 했다. 믿음은 사탄의 힘을 마치 죽은 자의 근육처럼 약하게 하는데, 이는 하나님의 권능이 충실한 기독교인을 덮고 있는 모든 사탄의 권능을 파괴하기 때문이다.

회개의 천사에게는 정의로운 심판의 천사인 동료가 있다. 헤르마스는 "그는 정의의 천사이지만 처벌의 책무도 맡고 있다"고 했다. 여기서 몇 가지 가정을 뽑아낼 수 있다. 하나님은 선이지만 그의 선함은 심판을 동반한다. 그는 신앙심이 깊은 사람에게는 상을 주고 사악한 자에게는 벌을 준다. 이 처벌은 종종 그노시스파가 심판의 하나님을 사랑의 하나님에 대립되는 존재로 여겼을 정도로 매우 심해 보인다. 하나님은 천사를 통해 처벌을 내리는데, 이는 자신을 이런 불유쾌한 일로부터 일정 정도의 거리를 두기 위해서다. 정의로운 심판의 천사에서 사악한 심판의 천사로 전환되는 일은 쉬운 걸음이다. 정통 기독교도는 결코 심판과 사랑을 대립적 구도로 놓지 않았지만, 하나님이 지옥의 고통과 고문의 책임에서 벗어나기를 바랐다. 이런 과정에서 그들은 하나님 자신보다는 하나님의 적들을 이런 처벌의 일을 맡아하는 자리에 두었다. 일단 이런 전환 논리가 효과를 거두자마자 한 가지 궁금증이 발생했다. 즉, 악령들은 지옥의 파수꾼인가 아니면 지옥의 수감자인가? 결국 그들은 두 가지 모두에 해당했다.

헤르마스의 저작들에는 전체적으로는 비유적이고 구체적인 면과 추상적인 면이 혼합되어 있다. 그는 반복하여 악덕을 악의 천사 또는 악령들로 실체화시켰다. 그리고 이런 악의 천사는 가끔은 구체적으로 '인간의 특성'을 지니고 있는 것으로, 그리고 가끔은 '악마적 성향'을 대변하는 것으로 묘사되기도 했다. 바나바처럼 헤르마스도 검은색을

악의 상징으로 사용했다.[22]

히에라폴리스(Hierapolis. 고대 시리아의 도시)의 주교인 파피아스 (Papias. 신약성서 27권에 들지 않은 초기 기독교 주요 문서를 집필한 8인 중 한 사람)는 약 130년경에 고대 감시 천사의 이야기와 하나님이 땅과 그 나라를 다스릴 천사들을 임명했다는 또 다른 유대교적 계시의 전통을 하나로 엮었다. 후대 유대 사상과 초기 기독교 사상에서 각 개인과 각 나라에 각각의 천사가 있다는 관념은 일반적이었다. 파피아스는 이 각각의 천사들이 그들의 권력을 남용하여 결국 안 좋은 결말을 맞았다고 주장했다. 그리하여 지배 천사와 감시 천사들은 타락 천사의 대열에 합류하게 되었다. 순교자 저스틴, 이레나이우스, 아데나고라스 등도 후에 이와 유사한 견해를 보였다.

정전으로 채택된 성서들과 교부들의 저술 외에도 많은 외경들이 2세기에 유포되어 있었고, 일부는 상당히 존중받았다. 이 외경들을 현재의 형식에서 본다면, 대부분은 2세기 중엽 이후에 나왔고 유대-기독교 전통이 아닌 다른 영향을 받은 것임을 알 수 있다. 이 외경들 중 일부는 아그라파(agrapha), 즉 '기록되지 않은 것들'이라고 불리는데, 이는 예수가 한 말이라고 여겨지는 것들이 입으로 전해지다가 이후에 기록되었다는 뜻이다. 아그라파에는, 이 시대는 "사탄의 권세 아래 무법과 불신앙이 판치고 있지만 그의 권세의 종말이 곧 다가온다"고 하고 있다.[23] 외경인 「베드로 계시록」에는, 사탄은 우리로 하여금 하나님의 진리를 이해하지 못하도록 인간과 전쟁을 벌이고 있다고 기록되어 있다.[24] 모든 것이 안정되어 있지 않고, 세상도 불안하고 무법천지다. 지상의 군주인 마왕은 이런 상황을 이용하여 그의 의지대로 우리를 대상으로 활동하고 있다. 그러나 이런 상황은 오래가지 않을 것이다. 악의 시대의 종말은 가깝고, 그리스도가 악마의 권세를 영원히 부숴버리기 위해 다시 곧 이땅에 오실 것이다.

2세기 또는 3세기 유대-기독교 기록인 「솔로몬의 송가(Odes of Solomon)」에는 그리스도가 죽음의 신, 그리고 지옥의 신과 전투를 한다. 「솔로몬의 송가」는 그리스도가 지옥으로 내려간 것에 두 가지 의미를 부여한다. 하나는 그의 죽음이 자연적으로 그를 지하세계로 내려가게 했고, 다른 하나는 그의 하강은 죽음의 신의 힘을 깨부수었기 때문에 세례받은 그리스도는 이후 영생을 얻었다는 것이다. 「솔로몬의 송가」는, 그리스도는 악의 권능을 그의 십자가의 죽음으로써 물리쳤다는 사도 바울의 생각과, 그리스도는 지옥의 철장을 부수고 자신의 생명을 되찾음으로써 악마들을 물리쳤다는 성 요한의 생각을 종합했다. 바울의 견해는 신학에서 주류가 되었지만, 요한의 견해는 신화와 문학 속에서 지속되었다. 「솔로몬의 송가」는, 실체화된 죽음의 신은 지옥의 가장 깊고 어두운 곳을 점령하고 있고, 이는 악마가 지상에서 죽음의 축을 이루고 있다는 생각을 하게 하는 최초의 단서라고 말한다.[25]

교부들의 사상은 서로 다른 견해를 반박하면서 발전했다. 150년 이전의 유대-기독교 시기에는 정통과 이단의 경계선이 아직 확실히 그어지지 않아서, 이 둘은 서로 분명하게 구분되지 않았다. 그래서 나중에 이단시되는 사상들도 초기 기독 공동체들 속에서 관심을 얻기 위해 치열하게 경쟁했다. 모세의 율법을 완전하고 엄밀하게 해석하여 지키려는 유대인들은 사도들 사이에서는 일반적 공감대를 얻지 못했으며, 상대적으로 2세기에는 별다른 관심도 끌지 못했다. 그러나 다른 파들—에비오나이트, 도케티즘, 그노시스파—은 자신들의 사상을 강하게 주장했고, 그만큼 교부들로부터 강렬한 저항을 불러일으켰다.

70년에 등장한 에비오나이트는 그리스도를 한 명의 위대한 선지자로 여겼지, 메시아 또는 하나님의 아들로 추종하지 않았다. 에세네파의 영향을 받은 에비오나이트는 비록 한번도 세상은 하나님 외의 다른 권능에 의해 창조되었다고 주장하지는 않았지만, 가끔 그노시스파의 우주적 이원론의 경계에서 강한 윤리적 이원론을 가르쳤다. 예를 들면, 케린투스(Cerinthus)는 에비오나이트-그노시스파였던 것 같고, 어떤 에비오나이트는 "하나님은 그리스도와 악마, 두 존재를 탄생시켜서 그리스도에게는 다가올 세상의 권능을 주고 악마에게는 현세의 권능을 행사하게끔 했다"라고 믿는 데까지 나아갔다.[26] 이에 대한 해석이야 각기 다르지만, 이러한 진술은 그노시스파, 에비오나이트, 그리고 교부들 모두로부터 승인을 받을 수 있었다. 100년이 막 지나서 가르침을 펴기 시작한 엘케사이(Elkesai)의 추종자들인 엘케사이주의자는 그들이 '악의 성향'과 동일하게 여기는 악마로부터 영혼을 깨끗이 하기 위해 일종의 세례를 이용했다.[27] 도케티즘은, 물질은 너무나 더러운 것이므로 그리스도가 진실로 이런 물질로 이루어진 육신을 가졌을 리는 없으므로, 그의 몸은 단지 현상이거나 환상이고 따라서 그가 십자가에서 고통받지도 죽지도 않았다고 주장했다. 도케티즘은 영혼과 육신의 대립적 이분화를 강조하는 그노시스주의와 상당한 유사성을 가지고 있다.

그리스도 출생 이후 1세기 동안 그리스 철학 사상은 지속적으로 발전했는데, 이 사상들은 기독교와 그노시스 작가들 모두에게 영향을 미쳤다. 플라톤주의자들은 데몬들(demons)을 신들과 인간 사이를 매개시켜주는 존재로 정의했다. 이런 데몬들은 유대-기독교 천사들과 매우 유사했다. 플라톤주의자들에게 데몬은 선과 악이 혼합된 존재이고, 혼합의 정도는 얼마나 비이성적인 면이 그들의 영혼을 지배하느냐에 달렸다. 호메로스의 사상과 초기 그리스 사상에서 다이몬과 테오스(theos)의 구별은 분명하지 않았다. '신들'처럼 '데몬'도 신성한 섭리의 발현체로서, 그리고 그런 신성한 원리와 같이 선과 악의 혼합적 존재들이었다. 유명한 소크라테스의 '다이몬'은 분명히 선을 위해 영향력을 행사하는 수호 천사였다. 기독교 시대가 도래하자 '데몬'이라는 용어는 자주 더 부정적인 의미를 함축한 '다이모니온(daimonion)'으로 대체되었고, 기독교도들은 다이모니아(damonia)를 악의 천사와 연결시켰다.

　가장 위대한 헬레니즘 유대인 사상가인 알렉산드리아의 필론은, 성서에 대한 그의 비유적 접근 방법을 거부한 랍비에게보다 기독교도들에게 더 많은 영향을 미쳤다. 그는 그리스인의 데몬과 유대인의 천사를 동일시하면서 신들과 데몬을 구분했다. 이 천사/데몬은 대기, 아마도 대기 밖의 공간—천국 가까운 상층부 대기—에 살지만 신과 인간 사이의 중개자로서 천국과 지상을 옮겨다닌다. 천사/데몬은 열두 무리로 나뉜다.[28] 일부는 자비로워서 사람들과 나라들을 돕고 인도하고, 나머지는 "신의 명에 따라 벌받을 짓을 한 모든 사람들을 처벌한다."[29] 또한 필론은 제3부류의 존재를 언급했는데, 그는 이들을 악의 천사라고 불렀다. 그의 이런 호칭이 상징적인 것인지 아니면 사실적인 것인지는 분명치 않지만, 이들을 지상의 여인들에 음욕을 품었다 추락한 감시 천사들과 동일시했다는 것은 분명하다.[30] 다른 곳에서 필론은 선과 악의 두 성향에 대해 언급했다. 인간에게 내재되어 있는 악의 성향의 실재성 때문에 하나님은 인간을 직접적으로 창조하지 않고 오히려 중간 매개를 통했다. 그러므로 "인간의 옳은 행위는 하나님에게 돌릴 수 있으나, 죄는 다른 존재에게 돌려야 할 것이다. …… 왜냐하면 (하나님)은 악의 원인이 되어서는 안 되기 때문이다."[31] 중기 플라톤주의자인 플루타르코스는, 데몬들은 한편으로 선과 영성, 그리고 다른 한편으로 불완전함과 물질 사이에서 쭉 찢겨진 존재라고 주장했다. 그래서 데몬들은 영성을 고양시켜 우주의 질서에 합류하기 위해 애를 쓴다. 실패한 데몬들은 낮은 곳으로 떨어져 물질에 오염되고 윤회의 덫에 걸려들게 된다. 그러므로 데몬과 인간은 비슷한 본성을 갖게 되는데, 왜냐하면 이 두 부류는 물질을 초월하려고 애를 쓰기 때문이다. 데몬들은 지구와 달 사이를 돌면서 어떤 부류는 인간을 해치고 어떤 부류는 인간을 돕는다. 이란어의 영향으로, 데몬들은 혼합된 천성의 존재로 선과 악 사이에서 영적 투쟁을 한다는 관점에서 점차적으로 이분법적 구분, 즉 어떤 데몬은 본질적으로 선하고 어떤 데몬은 본질적으로 악하다는 관점으로 대체되었다. 이런 틀 속에서 그리스의 데몬 신앙은 눈에 띄게 선의 천사와 타락 천사에 대한 유대-기독교 사상과 일치점을 이루게 되었다.[32]

3. 변증론 교부들과 그노시스파

2세기 중엽 기독교는 눈에 띄는 변화를 겪었다. 사도 교부들 사이에서 유행하던 신비적·직감적 사고 대신 계시를 분석적이고 논리적으로 반영하는 신학이 뒤를 잇기 시작했다. 저스틴과 이레나이우스 등과 같은 '변증론자들'은 기독교가 보편성을 주장하려면 랍비의 사상이나 그리스 철학과 지적으로 경쟁해야만 한다는 것을 인식했다. 또한 기독교인은 로마 제국과 확고하게 자리잡은 로마의 이교도(물론 이 종교는 이미 깊은 쇠락의 길에 접어들었지만 말이다)가 갖고 있는 반감에도 직면해야 했다. 기독 공동체 안에서의 내부 분열은 점점 심각한 양상을 보이고 있었다. 신약성서의 규범화는 여전히 유동적이었다. 이런 상황에서 2세기에 견해의 급격한 차이가 발생했다. 여기서 승리한 집단은 이 싸움에서 이겼다는 이유로 결국 정통─'옳은 사상'─이 되었고, 이 싸움에 참여했던 작가들에게는 '변증 교부' 라는 칭호가 부여되었다. 이 싸움에서 패배한 교부들은 이단자라 불리게 되었다.

이단은 결코 번영하지 못한다.
왜냐고? 내가 감히 말하건대,
만일 이단이 번성한다면
누구도 감히 이를 이단이라 부르지 못할 테니까.

당시 교부들이 공통적으로 가장 극렬하게 반대한 세력은 그노시스주의이다. 그노시스주의는 서구 종교의 역사에서 중요한 종교운동의 하나다. 현대 학자들은 '그노시스주의' 란 용어를 다양한 의미로 사용한다. 간단히 말하면, 그노시스주의는 기독교의 급진적인 헬레니즘화로부터 나온 기독교 이단으로 간주되곤 했다. 그러나 쿰란과 나그함마디 유적들이 발견된 이후에 학자들은 후기 그노시스파의 거의 모든 사상적 요소들은 이미 쿰란에 존재하고 있었다는 것을 알게 되었다. 그리하여 현재 그노시스파는 일련의 사상들, 즉 페르시아의 조로아스터교, 그리스 철학(특히 중기 플라톤주의), 히브리 전통, 에세네파, 그리고 기독교에서 일반적 성향을 뽑아낸 사상으로 간주된다. 이러한 일반적 성향은 사상 논쟁 운동 속에서, 즉 처음에는 유대-기독 공동체에서, 그 다음은 그리스-기독 공동체에서 자기 목소리를 찾았다. 그리고 유대-기독교 환경에서 그노시스 사상은 그노시스교도보다 더 이원론적인 사도 작가들의 사상과 별다른 차이가 없었다. 그런데 약 150년 이후부터 그노시스주의는 더욱더 이원론적이고 신비적이고 한층 더 헬레니즘화했다. 이미 120년 또는 130년경에 기독교 작가들 중에는 벌써 그노시스파를 위험시하여 이를 이단으로 생각하기 시작한 사람들이 있었다.

2세기 교부들 사상의 중요한 측면은 그노시스교적 믿음에 대한 대응과 반발에서 비롯되고 있다. 그들의 많은 개념들 중 상당 부분, 악마와 물질의 관계성 등은 이러한 맥락에서 이해되어야만 한다. 물질은 선이고 선의 신에 의해 창조되었다는 정통의 주장은 서구 문명의 전환점이 되었고, 이는 미래의 과학과 기술 발달을, 그리고 재앙적인 생태계의 개발을 불러일으켰다.

그노시스주의는 다양한 형태들을 띠기 때문에 이 용어를 정의내리기는 여전히 어렵다. 현재 대부분의 학자들은 '그노시스(Gnosis)'와 '그노시스주의(Gnosticism)'를 다음과 같이 구분한다. ① 폭넓고 모호한 운동이라 불리는 '그노시스'는 유대교, 그리스 사상, 그리고 기독교 사상에서 그 성향을 발견할 수 있는데, 이는 ② 2세기 기독-그노시스주의자에 의해 제창된 복합 체계인 '그노시스주의'와는 다르다. '그노시스'가 기독교를 대신하는 신앙이라 할 수 있다면, 그노시스주의는 분명한 기독교다. 비록 기독교 전통의 정의에 의하면 전통과 그 너머 사이의 경계에 존재했지만 말이다. 기독 공동체는 여전히 초기 상태에 있었고, 그 경계선도 여전히 모호한 미완성의 단계였는데, 그노시스파와 교부들의 사상 충돌은 이런 모호한 경계를 정의내리는 데 도움이 되었다. 교부들 사이에 점차적으로 그노시스주의를 배제하자는 여론이 일어났다.

그노시스주의는 기독 공동체 안에서 주류를 형성하지도 심지어는 존중받지도 못했다. 그것은 기독 공동체의 경계를 세우려는 정통의 노력 때문이라기보다는, 그노시스주의 자체가 본질적으로 약하기 때문이었다. 그노시스 사상은, 최근 이 사상을 부활하기 위한 몇몇 인위적 노력에도 불구하고 죽은 사상이었다. 그 신화들은 수용하기 힘들고, 복잡하고, 믿을 수 없었다. 그 사상은 엘리트주의를 향한 호소였고, 사회적 조직은 일관성이 결여되어 있었고, 제도 조직은 비효율적이었다. 그노시스주의는 비록 4세기까지 근동에서 지속되었으나 서양에서는 3세기 말에 자취를 감추었고, 이의 영향은 산발적으로 마니교, 펠라기우스파(Paulicians), 카타리파(Cathars. 중세 유럽의 마니교의 이단), 점성술사, 만데안파(Madaeans. 고대 그노시스교의 한 분파로 남이라크에 현존한다), 장미십자회(Rosicrucians) 등에 나타났다. 그노시스 신학은 굉장히 다양하고 복잡하지만, 핵심 주제는 사상 자체뿐만이 아니라 정통으로부터 불러일으킨 반응으로서도 중요하다. 그노시스파의 주장은 신정론을 바탕으로 근본적인 이원론적 택일 구조 속에서 이를 지속적으로 옹호하고 있다. 즉, 하나님은 악에 책임이 없다. 왜냐하면 악은 독자적이고 사악한 원리에서 나왔기 때문이다.

악이라는 개념의 역사에서 그노시스파가 갖는 중요성은 우선 이 개념이 불러일으킨 반향에 있다. 악의 개념을 신정론의 중심 문제로 끌어들이면서, 그노시스파는 교부들에게 신약이나 사도 사상에서는 부족한 악마론을 체계적으로 제시해보라고 압력을 넣었다. 그노시스파가 주장한 악마의 권능에 대한 강조로 인해 교부들은 악마의 권능을 조심스럽게 다시 검토하여 정의내렸다. 그노시스파가 물질세계의 악을 강조한 이유는 하나님에 의해 창조된 영적 선의 세계를 방어하기 위해서였다. 두 번째는, 교부들은 많은 부분 그노시스의 사상을 공유하고 있었다. 3세기까지 전통과 그노시스파는 엄격하게 구분되지 않았다. 그때까지는 넓은 의미에서 사상이나 성향은 서로 공통된 면이 있었고, 그 결과로 몇몇 그노시스 사상은 영구적으로 기독교에 뿌리를 내리게 되었다.

그노시스파는 '그노시스', 즉 '앎(knowledge)'에다 초점을 두었는데, 이 앎은 학습 또는 명상에 의해서가 아니라 계시를 통해서 얻어지는 것이었다. 그노시스는 궁극적으로 '자신을 아는 것'이다. 그노시스주의는 정신적 깊이와 지적 세련을 바탕으로 한 영적이고 자아 중심적인 종교이며, 이의 목적은 계시적 앎을 통해 자아의 영적 수준을 향상시키는 데 있었다. 그노시스교도는, 경험적 세계관을 가진 사람들과는 공유할 수 없는 신비스런 비밀을 계시를 통해 은밀하게 간직하게 되는데, 이런 비밀은 오직 소수의 선택된 사람들에게 전달될 수 있으며 그 소수만이 전파할 수 있다고 믿었다. 그노시스교의 신학자들은 정교한 우주론적 이론과 신화 구조를 고안해냈는데, 이것은 자연스럽게 신비스러움과 인상적인 감명을 자아내었다. 그러나 그노시스주의는 이러한 강렬한 인상을 보여주기 위해 존재하지 않았다. 그노시스 이론의 근본적 문제점은 지나치리만큼 비이성적으로 악의 문제를 가지고 스스로를 괴롭히는 데 있다고 이후에 한 기독교 작가가 주장할 정도로, 그노시스교도들은 신정론을 확립시키기 위해 필사적인 노력을 기울였다.[1] 다양한 그노시스교파들을 하나로 통합한 것은 세계는 악 그 자체이고 구원될 수 없다는 믿음이었다.[2]

그노시스교의 악에 대한 관심은 경험, 즉 '우리가 살고 있는 이 세계는 우리에게 낯선 곳이고, 때문에 두려워할 수밖에 없는 그런 인간의 감정'에서 비롯되었다. 이 세계는 악 때문에 너무나 결함이 많으며, 따라서 이 세계는 단지 열등한 세계, 즉 더 고매하고 초월적인 어떤 세계의 그림자일 뿐이다.[3] 그노시스 교리는, 선과 악 두 영적 권능간에 우주 전쟁을 벌이고 있다는 마즈다이즘의 교리와, 선으로 정의되는 정신과 악으로 정의되는 물질 간에 투쟁을 하고 있다는 오르페우스교의 교리를 결합했다. 물질로 이루어진 우리의 육체는 사악하고 더러운 감옥이고, 이 감옥에서 우리의 영혼은 괴로워하고 있다. 천하고 어두운

이 물질의 세계는 마왕에 의해 다스려지는데, 이는 자비의 신에 의해 다스려지는 영적인 밝은 빛의 세계와 대립된다. 이 선의 신이 우리가 살고 있는 이런 저열한 세계를 창조했을 리 없다. 그는 이 세계와 너무 멀리 떨어져 있어서 이 세계가 보이지 않으므로 이 세계는 사악하거나 분별없는, 또는 이 두 가지 특성을 다 가진 한 명 또는 그 이상의 열등한 악령들의 생성물이다. 이러한 악령들을 그노시스파는 아르콘 또는 에온(eons)이라 불렀는데, 이는 악의 집정관(evil archon)—아이온(aiōn) 또는 코스모스(kosmos)—이라는 사도 시대 교리를 연상시킨다. 그러나 사도들은 우주가 하나님 또는 하나님 그 자체인 하나님의 말씀에 의해서가 아닌 어떤 영적 존재에 의해 창조될 수 있다는 것에 대해 전혀 언급한 적이 없었다는 점에서 커다란 차이가 있다. 그노시스파는 일반적으로 보통 7명의 아르콘들을 천사들과 구분했다. 아르콘들은 천사들보다 더 높은 지위에 있는데, 아마도 그들의 선조일 가능성이 높다. 그러나 개념상 이들은 서로 별 차이가 없다. 왜냐하면 그들은 모두 창조된 영적 존재들로 하나님보다 열등하기 때문이다.

정통 기독교와 그노시스파 모두 부분적으로는 이원론적 종교다. 그러나 정통 기독교 이원론은 하나님의 전능과 그가 창조한 것의 근본적인 선함이 서로 강한 균형을 이루고 있었다. 그노시스파는 이원론의 스펙트럼에서 볼 때 한층 더 극단에 가까웠고, 창조된 모든 세계는 악으로 간주했다.

그노시스교도 사이에서도 물질세계를 보조하는 존재인 악의 창조적인 본질에 대해서는 서로 다른 견해를 가지고 있었다. 이들 중 가장 극단적 이원론자들은 독립적인 두 영적 원리가 영원히 서로 적대적으로 존재하고 있고, 악령은 선의 하나님과는 상관이 없는 독자적 존재이고 그와는 전혀 다른 존재라고 주장했다. 온건적인 그노시스교도들은, 세계의 창조주는 원래 선했지만 점차적으로 또는 어느 날 갑자기 악에 빠지게 된 영이라고 여겼다. 그들은 종종 이런 무지하고 무분별하고 타락한 신령을 악마(Devil)와 동일시했다. 헬레니즘화한 그노시스파에서 악마는 창시자(prime mover), 하나님—이 개념은 플라톤 철학에서 끌어낸 것이다—에 대립되는 명칭으로 종종 '데미우르고스(Demiurge)', '하급신(partial mover)'이라고 불렸다. 악령은 처음에는 하나님의 한 부분이었으나 점차적으로 얼마간 그와 멀어지게 된다는 일원론 사상의 잔재들이 여전히 남아 있다. 로버트 윌슨은 "그노시스 이론에서 데미우르고스는 단지 유대교와 기독교 신학에서의 사탄일 뿐이고…… 지배적인 그노시스파의 염세주의에 의해서 세계의 창조주로, 현세의 군주로 변형된 것"이라고 말한다.[4] 명백한 이원론을 내포하고 있는 궁극적 일원론은 3세기에 씌어진 「빌립보서」에 보인다. "빛과 어둠, 삶과 죽음, 오른쪽과 왼쪽은 서로 형제다." 이런 성향은 그리스도와 악마는 서로 형제라는 엘케사이파의 교리에서 더욱 분명히 드러난다. 그노시스파가 세계 창조자의 영을 악으로 여기는 경향으로 인해 일부 그노시스교도는 구약의 하나님을 악마와 동일시하게까지 되었다.

그노시스파의 인간학은 암울하다. 인간은 마치 진흙에 묻힌 진주처럼 천한 육신에 갇힌 영혼의 소유자다. 인간은 우주의 축소판이다. 작은 세계인 인간 세계와 거대 세계인 우주는 빛의 선령과 물질세계를 다스리는 악령이 서로 전쟁을 하는 전쟁터다. 원래 인간은 순수한 영혼의 소유자였으나, 악마의 덫에 걸려 물질에 갇힌 세속적 존재가 되어버렸다. 그러므로 우리의 의무는 우리의 영혼을 육신으로부터 해방시키는 것이다. 선의 하나님이 우리에게 은총을 베풀어 우리 자신의 존재를, 기원을, 운명을 알도록 가르침을 베풀 때 우리는 자신을 물질로부터 해방시킬 수 있다. 신성한 구원은 "생물, 우선 무엇보다도 인간의 육신에 묻혀 있는 신성한 빛의 불꽃을 모아서 다시 살려내어, 천국으로 인도하는" 과정이라는 엘리아데의 말 속에 들어 있다.[5] 반면 악령들은 우리가 영적 유산을 버리고 천한 물질적 쾌락을 좇도록 유혹하는 일을 자신의 의무라고 생각한다.

2세기 그노시스파의 지도적 인물 중 한 명인 마르키온의 사상은 신정론에 대한 전형적인 그노시스주의적 접근 방식을 보여준다. 시리아 출신인 마르키온은 그 사상의 상당 부분이 바울과 요한과 유사함에도 불구하고, 139~140년경 로마에 도착해서 144년 7월 로마 기독교 공동체에 의해 이단으로 몰려 추방됐다. 후에 테르툴리아누스는 그가 고전적 질문, 즉 '악은 어디서 왔는가?'에 충분히 답하지 못했다고 부당하게 그를 비난하곤 했다. 사실 마르키온과 다른 그노시스교도들은 정통 기독교보다 더 치열하게 이 문제를 고민했다. 마르키온은 그의 이단 취급과 추방에 대해 충격을 받고 이 질문에 대한 답을 구약의 가혹한 하나님과 신약의 자비로운 하나님을 대비시킴으로써 찾으려 한 것 같다. 그가 생각하기에 이 둘은 같을 수 없었다. 사람들로 하여금 죄를 짓도록 유도하고는 그 결과에 대해 처벌하는 구약의 하나님, 인간의 마음을 냉혹하게 하고 세상을 황막하게 만든 구약의 하나님은 그리스도의 계시를 통해 보이는 자비로운 신약의 하나님일 수 없다. 이러한 불일치에 깊은 혼란을 느끼면서 마르키온은, 악이 명백히 존재하는 세상에서 어떻게 하나님이 절대 선일 수 있고 전능할 수 있느냐고 물었다. 그의 대답은 두 명의 신이 존재하고 있음이 틀림없다는 것이다. 사도 바울은 율법과 복음 간의 긴장 관계는 보았지만, 율법의 하나님과 복음의 하나님 간의 관계를 결코 서로 대립적 구도로 세우진 않았다. 그러나 마르키온은 그렇게 했다. 그는 기독교에 내재된 이러저러한 여러 이원론적 성향을 극단까지 밀고 나갔다.

마르키온에게 한 신은 정의로우나 또한 엄한 법을 적용시키는 데 있어서는 가혹하리 만큼 엄격하고 사납다. 이는 바로 구약의 하나님, 데미우르고스, 물질세계의 창조자다. 그는 '마왕'이다. 그와 그가 창조한 물질세계는 악이다. 선의 하나님은 친절하고 자비롭다. 그러나 그리스도의 복음 전파가 있기 전에는 이 하나님은 우리에게는 전혀 알려지지 않았고 심지어 지금까지도 대부분 감추어져 있다.[6] 경이로운 신약성서로 인해 우리는 처음으로 진실한 하나님을 엿볼 수 있게 되었다. 진정한 하나님은 예수 그리스도의 아버지로, 우리에게 악의 하나님에 의해 퍼트려진 거짓말들과 대조되는 우주의 진실을 알리기 위해 그리스도를 보낸 바로 그분이다. 비록 두 신은 각각 독립적인 존재이지만, 그럼에도 불구하고 악의 신은 열등하다. 왜냐하면 그가 군림할 날이 제한되어 있기 때문이다. 그의 시간은 예수 그리스도의 사역으로 더 줄어들었고, 결국 그는 선의 하나님에게 패배하여 그가 창조한 우주와 함께 사라져버릴 것이다. 악의 신이 악령을 불어넣은 물질세계는 우리의 영혼을 가두고 더럽히고 타락시킨다. 특히 우리의 육신은 바로 이러한 악의 활동 공간이므로, 그리스도의 세속의 육신은 단지 환영임에 틀림없다. 비록 모든 도케티스트들이 그노시스교도들은 아니었지만, 대부분의 그노시스교도들은 그리스도의 육신은 단지 환영일 뿐이라고 믿는 도케티스트들이었다. 그리스도의 임무는 우리의 영혼을 육신으로부터, 전 물질적 우주로부터 해방시키는 데 필요한 영적 지식을 알리는 데 있었다. 마르키온은 분명히 사탄을 악의 신 자체가 아닌 악의 신의 피조물로 생각하고 있었지만, 이것은 그의 사상이 가진 많은 다른 여러 가지 요소처럼 분명하지 않다. 아마도 그는 결코 이를 모순 없이 일관되게 정리하지도 못한 것 같다. 만일 마르키온이 악마를 악의 창조주의 조수로 여겼다면, 그는 그노시스교의 불필요한 정제성과 복잡성을 적용했을 것이다. 만일 사탄보다 더 악한 존재가 있다면, 그는 진실로 악마일 것이다. 악마에 대한 오직 유용한 정의는, 악마는 악의 원리이고 적어도 악의 군주라는 것이다. 사실 악의 창조신이 마르키온에게는 진정한 악마였다.

그노시스파의 불필요한 복잡성은, 발렌티누스주의자의 체계에서 더욱 증가했다. 발렌티누스는 이집트인으로 마르키온과 거의 같은 시기에 로마에 왔다. 그는 진정한 의미의 기독교를 복원하고 있다는 믿음으로, 점차적으로 그의 제자 프톨레마이오스의 도움을 받아 주로 악의 문제에 초점을 맞춘 복잡하고 혼란스런 유출론(emanationist) 신화를 만들었다. 그의 혼란스런 신화에 대해 몇 가지 언급하자면, 신(Being)은 오그도아드(Ogdoad)라고 불리는 8명의 '고등 에온들(eons)'과, 그리고 적어도 22명의 하등 에온들을 방출한다. 이 에온들은 신성이 가득한 신성한 '플레로마(pleroma: 충만)'를 형성한다. 정도의 차이는 있지만, 이 모든 유출자들(emanations)은 모든 부분이 신성하나, 연속된 유출을 통해 근원에서 멀어질수록 그만큼 불완전하게 된다. 플로티누스 사상에서처럼, 이런 불완전성이 무지를 낳고 결과적으로 실수와 두려움을 만든다. 근원자인 아버지로부터 가장 멀리 떨어진, 그래서 가장 낮은 단계의 방출인 소피아(Sophia)는 가장 모자라고, 그래서 그 모자람의 공백은 자만으로 채워지게 됨으로 인해 그녀는 불법적으로 아버지의 영적인 실재를 알려고 덤빈다. 그녀의 노력은 좌절되지만, 이런 행위는 플레로마의 평온을 침해한다. 결국 플레로마는 그녀의 오만함을 깨고 허공에다 던져버리는데, 그곳에서 이 오만함은 하등의 소피아 또는 아카모트(Achamoth)로 실체화되어 허공을 비참하게 헤매고 다닌다. 소피아의 부질없는 소망은 정신을, 그녀의 고통은 물질을, 그리고 그리스도의 그녀에 대한 연민은 영혼을 낳는다. 이제 그녀는 구약의 하나님을 낳고, 그는 위의 세 요소, 즉 물질, 정신, 영혼으로부터 물질세계를 창조한다. 그래서 이 세계에 거주하는 모든 존재들―인간을 포함하여―은 선과 악의 혼합물이다. 그러나 사람에 따라 이 요소들 중 하나가 더 지배적 요소가 된다. 그래서 세 부류의 사람들이 존재한다. 첫 번째 부류는 육신과 물질에 갇힌 사르키코이(Sarkikoi)로, 이들은 결코 구원받을 수 없다. 두 번째는 프시키코이(Psychikoi)로, 이들은 각고의 노력을 기울인 후에야 구원받을 수 있다. 마지막 부류는 프네우마티코이(Pneumatikoi)로, 이들은 그리스도가 그들에게 준 영적 지식을 흡수하여 구원을 얻는다.

악의 문제에 대한 발렌티누스의 적극적 노력은 불필요한 복잡성으로 인해 점차 곤궁에 빠지게 되었다. 그는 당혹스러울 만큼 가지각색인 유출물들로 이루어진 비천한 이 세상에서 신을 분리함으로써 용감하게 신의 선함을 지키려 했다. 그러나 이런 유출 사상은 언제나 신의 책임을 면하게 하지는 못했다. 왜냐하면 신이 유출로 인해 생겨난

부산물인 무지와 악을 알면서도 허용했다는 가정을 피할 수 없기 때문이다.

발렌티누스와 같은 견해는 기독교 신학의 여러 부분, 특히 원죄와 긴밀한 연관성을 가지고 있었다. 창조신은 결코 진정한 신이 아닌 부차적이고 타락한 존재이므로, 야훼 하나님에 대한 아담과 이브의 반란은 지금까지와는 상반된 도덕적 의미를 가진다. 창조자에 대한 반역은 미덕이 되고, 그가 우리에게 숨기려 했던 선과 악의 원리를 가르쳐준 뱀은 인간의 은인이 된다. 그노시스 일파인 세티안파(이집트에 근거지를 두었던 그노시스파), 나세니안파, 오피테스 등은 뱀이 인간을 악의 아르콘으로부터 해방시켰고, 최초의 구원의 영적 지식을 나누어주었다고 해서 존중했다. 이러한 생각은 '행복한 잘못'이라는 초기 기독교 전통과 유사한데, 즉 원죄가 인간으로 하여금 어린애 같은 순진성을 넘어서 지혜로움을 키울 수 있게 했고, 이는 또한 하나님을 대신한 예수 그리스도의 체현(體現)을 성사시킨 우주의 중심적 사건의 원인이 되었다는 것이다. 그러나 대부분의 그노시스파의 체계 속에서 에덴의 뱀은 부정적으로 남아 있고, 용, 악마, 그리고 악과 동일시된다.

'왜 최고의 신은 열등한 신이 나쁜 짓을 하도록 방치하곤 하는가?'라고 묻는 테르툴리아누스는, 악에 대한 비난을 최고의 신으로부터 보조적인 창조의 신에게 돌리려는 그노시스파의 어려움을 목격했다. 그노시스파의 극단적 이원론에 반대하여, 변증론자들은 악령은 선의 하나님과 권능이나 영원성에서 결코 견줄 수가 없고, 그 악은 유출물들로 인한 불완전성으로부터 생긴 것도 아니라고 주장했다. 그는 다름아닌 하나님의 피조물이고, 그런 만큼 그는 창조된 것으로서의 선천적인 선함과 자신의 자유의지로 인해 변형되어 뒤틀려진 악성도 가지고 있다. 교부들은 왜 하나님이 그의 피조물인 악마에게 실제로 이 세상에서 악을 저지를 수 있을 정도의 충분한 권능을 부여했는가에 대해 설명하지 못했기 때문에, 이런 정도의 설명으로는 악의 문제를 해결하지 못했다. 사실 일부 현대 작가들은, 당시 교부들은 새로이 발전하는 신학체계 속에서 악마의 중요성을 지나치게 강조함으로써 기독교의 메시지를 왜곡했다고 주장해왔다.[7] 그러나 사실은 신약에서의 악마와 악령들에 대한 두드러진 강조와 그노시스파의 악마의 권능에 대한 과장적 경향 속에서 교부들은 조심스런 중도적 길을 택했다.

그노시스파의 이원론과 더불어 일찍이 바나바에서도 발견되는 유대-기독교 이원론인 '두 길' 론은 2세기까지 이어져, 로마의 성 클레멘스의 것이라고 잘못 알려진 가짜 클레멘타인의 설교집에 나타난다. 이 설교집에서 두 왕국, 두 에온, 두 세력은 끊임없이 전쟁을 한다. 어둠의 군주를 추종하는 악령들은 우리를 흥분시켜 이성적 기능을 잃고 그들의 힘 아래 굴복하도록 할 양으로 우리의 몸과 마음을 공격한다. 악마의 노예로 전락하지 않기 위해 우리는 악마 쫓기 의식이나 세례 의식에서 그리스도의 이름을 부르고 기도하면서 그리스도의 신앙에 의

존한다. 2세기 세례 의식은 악령들의 중요성을 반영하고 있다. 세례받기 전 우리의 몸은 악령들의 소굴이다. 세례를 받음으로 인해 그리스도는 악령들을 쫓아내고, 우리를 우리의 죄에서 풀어주며, 우리 자신 속에 자신의 거처를 잡는다.

2세기부터 3세기 초에 걸쳐 외경들은 정통과 이단 사이에 폭넓게 자리잡고 있었다. 기독 공동체 내부에서 서로 공유할 수 있는 일관된 신학 체계를 세우려는 노력은 극적이지는 않지만 더 중요한 노력, 즉 신약을 공통으로 인정하는 정전으로 확립시키는 일로 이어졌다. 정전은 2세기 초 · 중엽까지만 해도 매우 유동적인 상태에 있었다. 어떤 글이 신성한 계시에 의한 영감으로 씌어졌는가에 대한 일반적 동의가 없었다. 약 150년경에 순교자 저스틴이 '우리의 저작' 이라고 부른 경전의 원본이 존재했고, 이것은 몇몇 복음서와 서간들을 포함하고 있었다(이것들이 어떤 것들인지는 확실치 않다). 120년경에 파피아스는, 일반적으로 신약성서의 한 부분으로 받아들여져서 사람들 사이에서 읽히고 있는 '대량의 문서들' ─「니고데모 복음서」, 「도마 복음서」, 「히브리 복음서」, 「베드로 복음서」 등─에 대해 의문을 제기했다. 신약성서를 구성하려는 최초의 공식적인 노력은 약 160년경 이단자 마르키온에 의해 이루어졌을 것이다. 그의 성경 구성은 성 누가(Luke)의 저작과 사도 바울의 열 통의 편지로 되어 있었다. 한 세기가 지난 후 정통 종파에서는 「마가복음」과 「마태복음」을 기존의 복음서에 추가시켰으며, 일반적으로 외경으로 여겨지는 책들은 배제시켰다. '외경'이라는 용어는 '숨겨진, 알려지지 않은'이라는 의미로, 처음에는 그노시스파의 '비밀의 책들'에 적용되었다. 이 책들은 그노시스교도 자신들이 프네우마티코이를 위해 보존하고 싶었던, 그리고 영적 지식을 이해하기 위해 보관했던 자료들이었다. 3세기 초 어떤 저술이 신약성서에 포함되어야 하는가에 대한 동의가 서서히 무르익어가다가, 4세기 중엽에 이르러서 지금 우리가 신약성서라고 부르는 경전이 확정되었다. 이때 정전에서 배제된 모든 책—이 책들이 그노시스파에 속하든 아니든—이 외경으로 분리되었다. 그러나 이런 외경들이 이전부터 폭넓게 받아들여졌다는 점에서 외경 사상의 많은 부분이 이미 전통 속으로 흘러들어가 있었다.[8]

예를 들면, 외경인 「이사야의 승천」은 중세에 전설로 편입된 벨리알/벨리아르(Belial/Beliar)에 대해 이야기하고 있다. 1세기 유대 사회를 배경으로 씌어진 이 책은 도입부에 야훼 하나님을 버리고 사탄을 섬긴 마나세(Mannasseh) 왕을 벨리아르라고도 부른다. 마나세는 "벨리아르의 시종, 즉 지상의 세계를 다스리는 불의의 군주인 벨리아르를 위한" 종이 된다. 벨리아르는 마나세로 하여금 마법, 마술, 점술, 간통, 그리고 정의로운 자들을 박해하는 짓뿐만 아니라 진정한 하나님을 저버리는 가장 큰 죄도 범하도록 재촉하고 부추겼다. 벨리아르는 이사야에 대해 분노한다. 왜냐하면 이사야가 메시아의 도래를 예언했기 때문이다. 그러나 벨리아르/사탄은 하나님의 승리를 막을 수 없다. 하나님은 "그의 천사들과 함께 이 땅에 오시어…… 벨리아르와 그의 무리들을 끌어다 게헤나에 던져버릴 것이다. 그리고 신앙심이 깊은 경건한 이들에게 평안을 가져다줄 것이다." 「이사야의 승천」 후반부는 2세기경에 기독교 내용이 첨가되면서 메시아와 그리스도를 동일시하게 된다. '사탄 사마엘(Sammael)'과 그 무리들은 서로를 시기하고 증오하여 혼란스런 싸움에 빠져 있는데, 곧 그리스도가 나타나서 사탄으로 하여금 그를 숭배하게 하여 악마의 권능을 영원히 없애버릴 것이다.[9]

약 180년경 준(準)그노시스 저작인 「베드로 행전」에서, 베드로는 사탄을 세계의 재앙이라고 비난한다. 영생의 파괴자요 파멸자인 사탄은 아담을 욕망의 덫에 걸려들게 하고는 "그를 옛날의 사악함으로 육신의 사슬로 묶어놓았다". 악마는 "순결한 영혼을 독 묻은 화살"로 쏜다. 그러나 마침내 '탐욕스런 늑대'는 그리스도에 의해 불 속에 내던져지고 '까맣게' 탈 것이다.[10]

정통의 교부들도 그노시스 저작들에 반대하면서도 종종 이러한 관념들을 끌어다 썼다. 많은 교부들—예를 들면, 타티아노스와 테르툴리아누스 등—은 이단 사상 속에서 삶의 일부분을 보냈으며, 통일된 교리에 대한 전선을 거의 형성하지 못했다. 그럼에도 불구하고 2세기에 일군의 신학자들, 특히 저스틴, 타티아노스, 아테나고라스, 이레나이우스, 테르툴리아누스는 마침내 교리에 대한 일반적 동의를 얻어

냈고, 이러한 동의의 결과로 점차적으로 이단과 정통의 경계선이 그어지게 되어 이후 이 경계선을 넘는 관념에 대해서는 더 이상 기독교에서 고려할 필요가 없게 되었다.

최초의 변증론 교부인 순교자 저스틴은 가장 초기의 기독교 신학자 중 하나이다. 저스틴이 최초로 신학적 용어로 악의 문제를 논한 이래 수세기에 걸쳐 그 영향은 지대했다. 저스틴은 철학과 기독교 사이에 아무런 모순이 없다고 보았다. 그에 의하면 기독교는 성숙한 철학 나무가 만들어낸 농익은 과실이었다. 그는 100년경 사마리아에서 태어났다. 진리를 추구한 뛰어난 사상가인 그는 그리스 교육을 받았고 플라톤 철학을 따랐다. 마침내 모든 세속 철학의 불충분함을 깨닫고는 기독교에 귀의했다.[11] 그는 약 150년에 로마로 가서 152~154년 사이에 『최초의 변증론(First Apology)』을 저술했다. 이 저술의 목적은 그리스인과 유대인의 비난과 조소에 대해 기독교를 방어하고, 기독교 사상의 일관성을 철학에서의 진리 탐구 방법을 사용하여 증명하려는 것이었다. 154~160년 사이에 저술된 『두 번째 변증론(Second Apology)』은 첫 번째 저술에 대한 긴 부록으로 기독교도에게 사형선고를 내린 것에 대해 반론할 목적으로 썼다. 기독교도에게 부과된 죄는, 사실은 무신론자에게 있다고 하면서 그는 논쟁의 화살을 이교도들에게로 돌렸다. 그의 세 번째 저작인 『유대인 트리포와의 대화(Dialogue with Trypho the Jew)』는 약 160년경에 썼다. 그는 163~167년 사이에 로마인들에 의해 처형당했다.

　최근 그의 일대기를 저술한 저자 중 한 명은 "저스틴의 세계관은 우주의 악마적 요소에 대한 의식에 초점이 맞춰져 있었다"라고 서술했다.[12] 변증론의 작가들처럼 저스틴과 2세기 교부들도 그리스도와 기독 공동체는 악마와 그 추종자들과 우주적 전쟁을 벌이고 있다고 여겼다. 저스틴은 천사의 존재를 조금도 의심하지 않았다. 천사는 창조된 존재다. 오직 하나님만이 완전한 영적 존재이기에 천사는 일정 정도의 육신을 가지고 있다. 그래서 그들은 하나님이 주시는 천국의 음식인 만나를 먹는다. 타락 천사는 선의 천사와는 다른 비천한 몸을 가지고 있고, 이 악의 천사들은 이교도들이 바친 제물을 먹는다. 천사들은 천국 또는 대기층에 산다.[13] 초기 교부들에게 대기층은 지상과 천국 사이의 지리학적 지역이었다. 일부 교부들은 스토아학파를 따라 지구와 달 사이에 있는 더 낮고 빽빽한 대기와, 달과 천국 사이의 더 높고 정제된 대기 또는 에테르를 구분했다. 그래서 악마 또는 천사에게 공기 같은 육체를 부여한 사람들은 공기로 만들어진 것보다 더 정제되고 영적인 육신을 가졌을 거라고 생각했다. 천국은 고정된 별들의 영역보다 더 높은 곳에 위치한다.

　하나님은 그를 대신하여 세계를 다스릴 일군의 천사들을 임명하고, 그들에게 어떤 한 나라, 지역 또는 사람을 각각 배당한다. 천사들은 하나님의 뜻에 따라야 할 의무가 있다. 만일 따르지 않으면 그들은 죄를 짓게 된다. 저스틴은 이러한 민족의 천사라는 후기 유대 사상을 음욕으로 인해 죄를 지은 감시 천사들의 종말론적 예언 사상과 연결시킨 독창적인 사상가였다. 그에게 죄인인 감시자들은 그들의 의무를 방기한 종족의 천사들이었다.

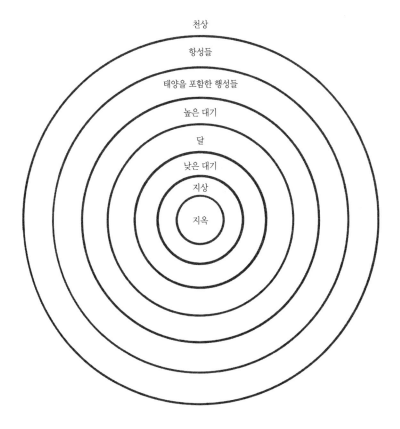

천상

항성들

태양을 포함한 행성들

높은 대기

달

낮은 대기

지상

지옥

초기 교부들의 우주관.

하나님은 천사를 창조하면서 그들에게 선과 악을 스스로 선택할 수 있는 자유의지를 주었다. 그들 중 일부는 이 자유의지를 잘못 사용하여 하나님의 은총에서 떨어져나갔다. 저스틴은 그들이 지은 죄의 본질에 대해서는 분명히 인식하지 못했지만, 음란한 감시 천사들에 대한 이론에 강하게 이끌렸다. 또한 그는 사탄이 천사들을 유인해 타락하게 했는지 아니면 그들이 자신의 의지로 죄를 범했는지, 어떤 경우에 그들이 악마를 따라했는지, 그리고 타락으로 인해 곧 천사들이 악마와 같아지고 결국 악마의 악업을 같이 행하게 되었는지에 대해서도 확신하지 못했다. 저스틴은 감시 천사들이 지상의 여인들과의 사이에서 난 어린아이를 양육하는 예언의 이야기를 반복했다. 따라서 악마를 제외하고도 적어도 두 종류—타락 천사와 그의 자식들—의 악령이 존재한다.[14] 저스틴이 주장한 타락 천사와 악령들의 구분은, 비록 사도 교부들과 의견을 같이하지만 창세기의 모호한 해석에 근거를 둔 것이었다. 악마, 타락 천사, 그리고 악령들 이렇게 세 부류로 나눈 것은 어떤 의미나 역할을 갖지 못했고, 마침내 모든 감시 천사 이야기와 함께 5세기에 전통 속으로 사라져버렸다.

저스틴은 악마와 악령들 사이의 관계에 대해 이중적 가치를 가지고 있었다. 그는 이원론적으로 악마를 독자적인 신으로 다루지 않았다. 그는 아마도 악마를 타락 천사의 지휘관, 군주 또는 장군 중의 하나로 여겼을 것이다. 그러나 악마가 만일 천사라면 그 권능 면에서 최초의 죄를 지은 시점이 다른 천사들과 다르다. 감시 천사들이 노아의 시대에 지상의 여인과 간음을 하여 죄를 지은 반면, 악마는 적어도 아담과 이브의 시대에 죄를 지었다. 왜냐하면 저스틴은 악마를 아담과 이브를 유혹한 뱀과 동일시하기 때문이다. 비록 그는 성경의 악마에 대한 묘사—태초부터 악마는 거짓말쟁이, 사기꾼, 그리고 하나님께 죄를 지은 죄인이었다—를 믿었지만, 신약성서처럼 '태초'가 정확히 언제이고 무엇을 뜻하는지에 대해서는 명확히 규정하지 않았다. 이것은 시간의 시작을 뜻하는가? 만일 악마가 정녕 하나님에 의해 창조되었다면, 악마는 언제 창조되었나? 악마가 창조되었다는 것은 그 본질이 처음 드러난 바로 그때부터 죄를 지었다는 것일까? 태초에 그는 악으로 창조되었는가? 저스틴은 이러한 질문들에 대해 체계적으로 대처하지 못했다. 그는 사탄이 아담과 이브를 유혹한 대가로 타락했다고 주장하는 듯했지만, 사탄이 창세기에 유혹자의 임무를 받아들인 것이 하나님의 의지가 아닌 자기 의지의 소산으로 인한 이전에 저지른 내면의 죄 때문인지에 대해서는 언급하지 않았다.

악마는 분명히 하나님에 의해 창조되었고, 확실히 하나님보다는 열등하다. 악마의 권능은 '오직 한 시대만' 지속되고, 그의 앎은 한정되어 있다. 예를 들어, 악마는 그리스도의 강림이 자신의 파멸과 지옥 추락을 가져올 수도 있다는 것을 예견할 수 없었다.[15] 저스틴은 「요한계시록」에 따라 구약의 사탄을 창세기의 뱀과 동일시했다. 계시록 12

장 7~9절은 대천사 미가엘과 악마의 전쟁을 묘사하고 있다. "그리고 거대한 드래건이 쫓겨났고, 온 세상을 기만한 악마라고도 사탄이라고도 불리는 저 늙은 뱀도 쫓겨났다. 그는 지상으로 내던져지고, 그의 천사들도 그와 함께 같이 쫓겨났다." 비록 저스틴은 악마의 기원, 본성, 또는 죄를 일관되게 설명하지는 못했지만, 사탄이 아담과 이브의 유혹자, 예수의 유혹자, 바로 그 뱀, 악령들의 군왕임을 확고히 했다. 그리스도의 권능은 악마의 권능과 대결하고 있는데, 저스틴에게는 그리스도가 행할 가장 근본적인 역할이 바로 그 악마의 권능을 파괴하는 것이다. 악마는 현세에서 완전한 권능을 지녔지만, 그리스도는 강생과 십자가의 고난으로 악마의 힘을 부숴버렸다. 그러나 악마의 권능은 그리스도가 재림할 때까지는 완전히 파괴되지는 않을 것이다. 악마의 왕국은 이전에 한 번 파괴되었고, 이후 미래에 완전히 파괴될 것이다.[16] 그러나 저스틴의 주장은 커다란 의문점을 남긴다. 일단 그리스도가 강림했음에도 불구하고, 왜 그는 사탄의 권능을 완전히 분쇄시키는 일을 미뤄야만 했는가? 이러한 딜레마는 신약에 나타난 낡은 시대와 새 시대에 대한 가르침의 모호성에서 비롯된다. 낡은 시대, 즉 악마에 의해 지배되던 시대는 그리스도의 강림과 더불어 종말을 맞았다. 새 시대는 그리스도의 강림과 더불어 시작됐지만, 낡은 시대가 새 시대로 완전히 교체되는 시기는 그리스도가 재림할 때까지 일어나지 않는다. 물론 저스틴에게 이러한 지체는 이후에 그리스도가 재림하는 것에 비한다면

많은 교부들은 사탄이 아담과 이브를 유혹하기 위한 도구로 뱀을 사용했다고 생각했다. 후에 이런 생각들이 보다 더 일반화되어 사탄이 뱀의 형상을 지녔다고 믿게 되었다. 로마의 카타콤(초기 기독교도의 박해 피난처)에 그려진 4세기 프레스코.

별로 중요하지 않았을 것이다. 왜냐하면 그도 사도들과 마찬가지로 그리스도의 재림은 머지않아 곧 일어날 것이라는 확신을 가지고 있었기 때문이다. 그는 또한 사탄 왕국의 최종적 파멸이 지연되고 있으므로 인해 많은 의로운 사람들이 이후 사탄과의 싸움에 동참할 수 있을 것이라고 말했다.[17]

사탄은 그리스도의 십자가 수난 순간부터 파멸의 필연성을 알았으나, 여전히 사악하게 그리고 부질없이 자신의 운명을 거역하며 기독 공동체인 교회에서 행하는 그리스도의 구원 사업을 파괴하려 하고 있다. 악마의 사업은 중단 없이 계속되는데, 이는 그가 참회할 수 있는 마음이 없기 때문이다.[18] 악마에 대한 처벌은 그 패배만큼이나 확실하다. 그와 그의 천사들은 이미 천국에서 축출되었고 최종적 파멸이 예고되어 있지만, 그들은 여전히 이 세계를 활보하고 있고 지옥의 불에서 받을 고통은 세상의 종말에나 행해질 것이다(타티아노스, 이레나이우스, 테르툴리아누스 등은 저스틴의 의견에 동의하여 심판은 예정돼 있다고 했지만, 다른 교부들은 이에 동의하지 않았고, 그래서 이에 대립되는 가르침이 우세하게 되었다. 그러나 악령들이 처벌된다는 것과 동시에 세상을 자유롭게 활보한다는 것은 분명 모순이다).

악마와 타락 천사들은 그리스도가 재림하면 영원의 불 속에서 고통을 받을 것이다. 그리하여 그들은 재가 되고 영원히 사라질 것이다. 하나님은 이미 악마 천사의 죄를 알고 있으나 이를 억지로 막으려고 하지 않았다. 왜냐하면 그는 모든 존재가 선하기를 바랐기 때문이다.

악마는 그리스도를 유혹했으나 타락시키지는 못했다. 그래서 그의 현세의 계획은 기독 공동체를 혼란시키고 기독교도로 하여금 죄를 짓도록 유도하면서 그리스도의 일을 방해하는 것이다. 악마는 우리의 약점과 비이성적인 생활, 그리고 세속적인 물질에 대한 집착을 이용한다.[19] 악령들의 주업무는 인간으로 하여금 자신을 신으로 여기게끔 하는 데 있다. 이와 같은 저스틴의 완강한 주장은 그가 얼마나 이교도를 증오하는지 말해준다. 그는 악령들은 우상 속에 살면서 이교도들이 그 우상에 갖다 바치는 예물들을 먹고 산다고 주장했다. 이교도의 신들은 단지 환영이 아니라, 지상에서 그리스도의 성업을 가로막는 데 혼신의 힘을 기울이고 있는 실재적인 악마의 종 악령들이었다. 이는 악령들의 잔혹하고 추한 행위의 목적이 무엇인가를 설명한다. 기독교에서 보편적으로 가지고 있는 이와 같은 관점은 왜 기독교인이 고집스럽게 제물을 제단에 바치는 것을 거부하는지 설명해준다. 우상에게 제물을 바치는 행위는 단순히 바보 같은 짓이 아닌 악마를 숭배하는 행위요, 그리스도를 모독하는 행위요, 지옥에 떨어질 정도의 죄인 것이다. 뱀은 이교도들의 우상숭배 제례와 연관된다.

악령들의 교시에 의해 씌어진 신화는 그리스도를 조롱하고, 사람들로 하여금 기독교인도 단지 이교도의 신을 모방하고 있다는 것을 믿게 했다. 악령들은 기독교인이 무엇을 가르칠지 이미 알고 있었다. 그래서 유사한 신화와 의식들, 예를 들면 페르세우스는 처녀의 몸에서 태어났다거나, 미트라교인들의 세례 의식 등에 관한 이야기를 만들어 냈다. 그러나 저스틴은 이교도 신화 어느 곳에서도 신이 그의 백성을 위해 십자가에서 죽었다는 이야기는 발견하지 못했다(그는 나무에서 수난을 당한 아티스 신화의 상징성은 무시했다). 저스틴은, 악령들은 그리스도의 십자가 수난은 모방하지 못했는데, 신성한 섭리에 의해 그들이 이를 알지 못하도록 했기 때문이라고 기술했다. 저스틴은 철학자를 죄의 비난에서 제외시키고 악령은 소크라테스나 헤라클레이토스같이 덕이 높은 이교도를 미워한다고 주장함으로써, 그리스 철학에 대한 존경과 그리스 종교에 대한 증오를 양립시켰다.

악마는 그리스도를 향한 우리의 사랑을 여러 가지 수단과 방법을 동원하여 막는다. 그는 꿈이나 환영 등을 통해 우리의 정신을 혼란에 빠뜨리고 제어한다. 악령들은 선과 악을 섞어놓아 우리로 하여금 이를 판별하지 못하도록 한다. 그들은 우리에게 마술과 다른 헛된 기술들을 사용하라고 부추긴다.[20] 그들은 죽은 영혼들을 포획하여 자기 세계로 끌고 가려고 한다. 그리스도가 이 세상에 오기 전까지 이런 일들은 그들에게 쉬운 일이었지만, 이제 그들은 그리스도의 권능과 싸워야만 한다. 악령들은 우리를 홀려 자기 수중에 넣고 병을 유발하며, 여러 가지 다른 육체적·정신적 질병을 안긴다. 그들은 우리에게 죄를 가르치며 죄를 짓도록 부추긴다.[21] 그들은 이단을 만들어내고 육성한다. 저스틴은 그노시스파 지도자들인 시몬, 메난데르, 마르키온 등이 악령들에 홀려 있다고 공언하며, 메난데르가 행한 기적들은 악령에 의해 이루어진 것이라고 단언했다. 악령들은 그노시스파를 조장하는 일 외에도, 교활하게 지옥의 벌은 존재하지 않는다는 환상을 심고 다닌다. 물론 정통 기독교에서 행해진 기적은 하나님에 의해 이루어진 것이다.

저스틴이 생각하기에, 악령들이 가지고 있는 가장 두려운 무기는 기독교인에 대한 박해의 유발이다. 악령들은 기독교인에 대한 증오를 불러일으키고, 유언비어를 퍼뜨려 이교도로 하여금 기독교도를 박해하도록 선동한다. 기독교인을 박해하는 재판관이나 군주는 악마의 시중을 들고 있는 자들이다. 저스틴 이후 기독교인은 박해의 원인을 악령들에게서 찾았으며, 지하토굴과 투기장에서의 희생도 그들 책임이라고 생각했다. 악령들은 정부와 군중을 자극했고 심지어는 친절한 행동들 배후에 있으면서 이를 이용하여 순교자의 굳은 의지를 꺾어놓기도 했다. 로마 제국은 악마에 의해 다스려지는 왕국으로 여겨졌다. 그리스도 자신이 한 명의 경기자로서 십자가에서 사탄과 싸워 물리쳤듯이, 순교자도 그리스도를 따르는 '경기자들'이었다. 기독교도는 자신을 방어하기 위해 어떠한 폭력적인 행동도 취하지 않았다. 그런 행동은 악마에게 정신적으로 항복하는 꼴이 되었을 것이다. 그보다는 그들의 신앙을 부정함이 없이 공포와 죽음을 견뎌냄으로써 오히려 악마에게 더 강력한 타격을 입힐 수 있었다. 그리스도가 악마와 싸워 이길 수 있도록 하기 위해 기독교도가 취할 수 있는 가장 효력 있는 행위는 순교—비록 누구든 죄를 짓지 않고 순교를 피할 수만 있다면 피해야지 순교를 자진하여 추구해서는 안 된다는 것이 전통이긴 했다—였다. 저스틴은 자신이 순교함으로써 순교에 관한 그의 사상이 진실이라는 것을 입증했다.

저스틴의 악마론은 가끔 모호하지만 사도 교부들의 '두 길' 이론보다 확실히 이원론적이지도 그노시스적이지도 않았다. 저스틴에게 악마는 중요하긴 하나, 악마는 사도들이 묘사했던 그런 독자적인 군주가 아니다. 저스틴과 다른 변증론자들은 기독교의 믿음, 즉 독자적인 두 권능이 우주적 대결을 하고, 영혼과 육신은 철저한 대립 관계에 있다는 믿음을 바꾸어놓았다. 악마는 하나님보다 절대적으로 열등하다. 하나님이 본질이라면 악마는 우연적이다. 하나님은 영원하나 악마는 소멸할 것이다. 하나님이 사탄을 없애어 악의 뿌리를 뽑아버리는 일은 확실하지만, 그동안 하나님이 악을 방치하는 이유는 분명치 않다. 변증론자들은 근본적인 문제를 해결하지는 못했다. 왜 하나님은 우주를 창조해서 악마가 죄를 짓고, 세계에 테러를 감행할 것을 알면서도 그를 존재케 했는가? 왜 하나님은 구시대를 지속시키고 있으며, 새 시대가 승리하도록 힘쓰지 않고 미루고 있는가? 비록 이런 문제제기들이 장밋빛 기독교 신정론을 마치 벌레가 파먹듯이 파먹었지만, 이것들은 이원론에서 제기하는 문제들과는 상당히 다르다. 기독교 전통은 우주에는 오직 '하나'의 절대적인 권능만이 존재하고, 이것은 궁극적 사랑이라는 것을 확정지었다.

타티아노스는 저스틴의 제자로, 120년경 아시리아에서 태어났다. 그는 그리스 교육을 받았고 철학을 공부했으며, 이곳저곳을 여행하는 소피스트로서 생활을 꾸려갔다. 그는 기독교로 개종한 후 로마로 갔고 그곳에서 저스틴과 함께 공부하여 기독 공동체에서 영향력 있는 존재가 되었다. 그는 180년경에 죽었다. 저스틴이 가졌던 그리스 종교에 대한 혐오보다 한 발 더 나아가 그는 그리스 철학—비록 무의식적으로 이에 의존하긴 했지만—도 비웃었다. 타티아노스의 우주에는 무섭게도 악령들이, 별에서부터 우리 몸에 이르기까지 모든 곳에 가득 차 있었다. 타티아노스는 정통과 그노시스 신학 사이의 경계에 살았다. 그래서 그노시스의 이원론적 요소들이 그의 신학에 등장하는데, 그 정도가 결혼을 세속적인 욕망의 결합으로 그리고 악마의 작품으로 여겨 거부하는 데까지 이르러 마침내 기독 공동체에서 소외당하게 되었다. 그는 177년경에 쓴 「그리스에 대한 반박」에서 악마와 악령들은 우주에서 중요한 부분을 차지한다고 주장했다.

타티아노스는 하나님이 인간보다 먼저 천사를 창조했다고 믿었다. 천사는 맑고 영적인 몸을 가지고 있다. 악령은 하나님의 참된 영혼을 받지 못했기 때문에 비천하고 물질적인 육신을 가지고 있다. 그는 악령의 물질적 영혼을 하나님의 참된 영혼과 대비시켰다. 악령은 그 존재 구조 자체가 물질, 즉 악으로 이루어져 있지만 육신이 없기 때문에 그 몸은 불이나 공기와 같다.[22] 악령은 오직 하나님의 성령에 의해 보호받는, 상대적으로 높은 영적 수준에 다다른 사람들에게만 보인다. 저스틴과는 달리 타티아노스는 악령과 타락 천사는 동일하다고 주장했지만, 말썽 많은 감시 천사와 그리스 신화에 등장하는 거인들의 이야기는 받아들이지 않았다. 그는 또한 악령이 죽은 사람의 혼령이라든지, 천지만물의 정령이라든지 아니면 단순히 비유적인 것이라든지 하는 믿음을 거부했다.

악마는 천사 중의 하나다. 이런 믿음에서 타티아노스는 반그노시스적 자세를 취했다. 악마는 악령들 중 장자(長子)이고 그들의 대장이며 군왕이다. 장자로서의 위치는 단지 그가 최초로 하나님께 죄를 지었고, 악령이 된 최초의 천사라는 의미에서 부여된 것이다. 태초부터 거짓말쟁이와 사기꾼이었던 악마는 하나님의 진실된 뜻을 의도적으로 무시해 하나님의 나라에서 추방됐다. 다른 천사들은 우둔함, 악의, 그리고 허명에 대한 탐욕 때문에 추방됐다. 이 타락 천사들은 곧 악마에 뒤이어 추방되었고, 그를 모방했기 때문에 한 무리의 악령들이 되었다. 악마와 악령들의 추방은 아담과 이브의 추방과 밀접한 관계가 있지만, 여성과의 성교와는 관계없다. 참되고 영원한 영혼은 아담의 가슴에 살고 있었으나 그의 죄 때문에 그를 떠났고, 그는 언젠가 죽어야 하는 인간으로 되었다. 아담과 이브의 추방으로 인해 악마와 그의 졸개 악령들은 천상에서 추방되어 낮은 대기로 추락했으며, 이곳에서 그들은 지금 혼란의 격변 속에서 방황하고 있다. 일단 추방되고 나자 악령들의 권능은 약화되었지만 아직 완전히 사라진 것은 아니고, 그래서 그들은 얼마 동안 지상에 머물면서 우리에게 해악을 미칠 수 있게 되었다.

비록 그리스도의 강생으로 악령의 위력이 약화되었으나 마지막 심판의 날까지 우리를 위한 그리스도의 구원 작업을 방해할 것이다. 모든 악과 불행은 인간을 복종시키고 타락시키고 싶어 하는 악령들로부터 비롯된다. 타티아노스는 악령들과 이교도의 신들을 동일시하여 제우스가 이런 신들의 우두머리라고 주장했으며, 이교도 신들의 왕을 악마로 보았다. 이런 이유로 기독교도는 그리스인과 로마인을 악령 숭배자로 경멸한다. 악령들은 우리를 자신들 손 안에 넣기 위해 일련의 음모를 꾸미고 사기를 친다. 그들은 성스러운 섭리나 우리의 자유의지를 의심하게 하고 운명을 믿도록 꼬드긴다. 그들은 천체의 움직임을 예언하여 우리로 하여금 그 별들이 우리에게 가야 할 길을 안내하고 있다는 생각을 갖도록 한다. 이렇게 그들은 우리에게 점성술과 점을 믿도록 유도한다. 그들은 마법을 가르친다. 악마들이 행하는 이 모든 것들은 하나님에 대한 우리의 신앙을 약화시키고, 우리에게 그들이 우주를 관할하고 있다는 것을 믿게 하기 위해서다.[23] 그들은 환영, 몽상, 에로틱 판타지, 질병, 그리고 홀림 등을 야기하고, 병의 진정한 근원이

악령들은 폭풍, 전염병, 화재 등의 재앙을 몰고 온다. 9세기 슈투트가르트 복음서.

그들 자신에게 있다는 것을 감추기 위해 약과 마술 등도 발명했다. 악령들은 이런 약과 마술을 이용하여 일단 사람들을 병들게 하고는 의사가 도착하면 사람들로 하여금 의사의 마술이 병자를 고쳤다고 믿게 하기 위해 병자에게서 물러난다. 악령들은 우리도 그들처럼 악과 비참함에 빠진 존재가 되기를 원하므로 우리가 죄를 짓도록 유도한다. 그러나 그들은 우리 자신이 오직 세속과 물질적 쾌락에 집착해 있기 때문에 우리를 지배하는 것이다. 물질의 영으로 이루어진 영혼의 약탈자 악령들은 우리의 물질적 집착을 이용한다.

악마와 그의 졸개 악령들로부터 우리 자신을 보호하기 위해서는 오직 그리스도를 방패로 삼아 의지해야 한다. 우리는 세례를 받음으로써 그리스도의 신령스런 몸과 하나가 되어 악령의 손아귀로부터 자유롭게 된다. 악령 쫓기 의식, 기도, 하나님에 대한 신뢰 등이 도움이 된다. 하나님은 결코 우리를 속이거나 실수하지 않는 반면, 악령들은 언제나 우리를 속인다. 심지어 악마는 우리에게 자신의 목적을 위해 진실을 이야기하려 할 때조차도 자신의 무지 때문에 실수를 저지른다. 타티아노스는 저스틴의 경우보다도 더 그노시스 사상에 강조점을 두었다. 즉, 원죄 때문에 우리는 고등 영혼(프뉴마. pneuma)을 잃고 하등 영혼(psyche)에 지배되어 무지 속에서 방황하며, 이 무지로 인해 우리의 물질적 욕망을 교묘히 이용하는 악령들에게 쉽게 속아 넘어가고 기만당한다. 그러므로 우리가 구원받기 위해서 물질과 육신을 거부하고, 무지를 구원의 지식으로 극복하여 우리 자신을 하나님의 성령과 다시 합쳐야만 한다.

하나님의 도움으로 우리는 악의 물질을 부숴버릴 수 있다. 그러나 악마와 그의 졸개 악령들은 회개할 수도 구원받을 수도 없기 때문에 최후의 심판을 피할 길이 없다. 하나님의 이미지—비록 우리가 이 이미지를 대단히 왜곡시키고 있다 할지라도—를 본떠 만든 인간과는 달리 악령들은 물질의 이미지를 본떠 만들어졌고, 영원히 그들의 죄에 묶여 있다. 그들은 죄를 짓는 순간에 천국으로부터 추방되었고, 지금은 지상과 대기를 오르내리고 있다. 그들은 대기권에 살면서 지상에서 천국으로, 물질에서 프뉴마로의 진행을 차단하려고 한다. 악령들은 불 속에서 고통을 받을 것이다. 비록 그들의 몸이 인간과 같은 피와 살로 이루어져 있지는 않다 해도 그들의 공기와 같은 몸은 이를 느낄 수 있을 것이다. 여기서 타티아노스는 기이한 방향으로 이야기를 끌고갔다. 인간은 하나님의 형상을 본떠 만들어졌고 구원받을 수 있으나, 악령들은 물질의 이미지로부터 나왔기 때문에 인간은 악마보다는 하나님에 더 가깝다. 그럼에도 불구하고 인간은 악령들보다 더 비천한 물질로 이루어진 육체를 가지고 있어서, 존재론적으로 인간은 하나님으로부터 더 멀리 떨어져 있다. 악령들은 영원하지 않기 때문에 그들이 인간에게 주는 고통도 영원하지 않다. 그러나 그들은 이 세상의 종말이 올 때까지 살 것이며, 그들이 인간에게 주는 고통은 그들이 살아 있는 한 계속될 것이다.

177년 『기독교도들을 위한 탄원』을 저술한 아테나고라스는 그리스 철학과 문학에 능통했다. 그는 저스틴이나 타티아노스보다는 관용적이었지만 역시 이교도들의 종교에 대항했다. 저스틴이 그랬듯이, 아테나고라스도 악령은 세 부류—악마, 타락 천사들, 타락 천사가 지상의 여성을 통해 난 거인들의 영들—가 있다고 주장했다.[24] 천사는 주인인 하나님의 시중을 들기 위해 로고스, 즉 하나님의 말씀에 의해 창조되었다. 악마는 이들 천사 중의 하나다. 다른 천사들처럼 그도 하나님에 의해 창조되었기에 본질적으로는 선한 본성을 가지고 있다. 하나님은 그를 신뢰하여 물질의 세계를 다스리도록 했다. 일부 천사들은 그들의 선한 천성을 그대로 가지고 있었지만, 악마는 하나님에 대한 의무를 내팽개치고 직무나 본성도 어겼으며, 자신의 자유의지에 함몰되었다. 천국으로부터 추방되자 악마와 타락 천사들은 더 이상 위로 상승할 수 없게 되었기에 천국과 지상 사이의 대기층만을 오르락거릴 수 있게 되었다. 그들은 악마의 지휘 아래 물질에 대한 지배력을 바탕으로 우리를 유혹하면서 안팎으로 공격한다. 아테나고라스는 '적 하나님(anti-God)'이라는 용어를 최초로 사용한 기독교 신학자인데, 그는 이 용어를 사탄을 지목하는 특별한 용어로 사용하지 않았지만, 이후 신학자들은 그런 의미에서 사용했다.

169년경 안티오크의 주교였고 180년 이후에 사망한 테오필루스는 플라톤 철학에 영향을 받은 그리스 신학자였다. 그는 『오톨리쿠스에 대한 논의』에서 일신론과 악마의 영향보다는 인간의 책임을 더 강조했다. 그러나 그가 사탄의 역할을 중시하지 않았다고는 상정할 수 없다. 왜냐하면 이 저술에 "악마에 대해 쓴 그러나 지금은 소실된 한 저서에서 이에 대해 언급했다"고 서술되어 있기 때문이다. 테오필루스는 아테나고라스보다 더 적극적으로 악마를 천사로 간주했는데, 이로부터 이런 견해는 하나의 전통으로 굳어졌다. 악행을 저지르는 악령 또는 사탄은 뱀을 이용하여 이브를 유혹했는데, 최초 커플의 행복을 시기했기 때문이었다. 악마는 아담과 이브의 낙원 추방 이후에도 그들이 완전히 비참한 지경에 빠지지 않은 것을 보자, 그의 시기심은 정도를 더하여 카인을 충동해 아벨을 공격하게 함으로써 인간 세상에 죽음이라는 것을 생기게 했다. 테오필루스는 시기심이 사탄의 추방 동기라고 강조하는 「솔로몬 지혜서」를 따른 최초의 신학자였다. 이레나이우스와 키프리아누스는 이후 이 설을 따랐지만, 오리게네스는 시기심보다는 자만심이 더 적절하다고 보았고, 결국 이 설이 지배적인 설이 되었다.[25]

4. 죄와 구원:
이레나이우스와 테르툴리아누스

2세기 말엽, 도덕·죄·속죄에 깊은 관심을 가진 두 신학자가 등장하여 이러한 개념을 악에 대한 논의의 최전방에 배치시켰다. 이레나이우스는 140년경 소아시아에서 태어나 리옹의 주교가 되었고, 그곳에서 갈리아 교회의 초석을 다졌다. 그는 202년쯤에 죽었는데, 순교했을 것으로 추측된다. 당시 그는 내부적으로 분열된 교회의 단합을 이루는 일을 가장 중요하게 여겼다. 이런 이유로 그는 『반이단론(*Against the Heretics*)』이라는 책을 저술했는데, 그노시스파, 특히 발렌티누스와 그의 제자 프톨레마이오스를 공격하기 위한 것이었다. 비록 이레나이우스는 다른 교부들처럼 그노시스파의 이원론적 성향은 지니고 있었지만 정통과 그노시스파 간의 차이를 분명하게 구분했고, 이때부터 기독 공동체는 그노시스파를 이단으로 여기기 시작했다.

이레나이우스는 이 세상은 악의 창조자의 산물이라는 그노시스파의 주장을 철저히 부정했다. 그에게 창조주는 로고스, 즉 선의 하나님의 말씀이었다. 그리고 천사들은 하나님이 창조한 우주의 한 부분이고, 악마도 일종의 천사이므로 다른 천사들처럼 그도 처음에는 선하게 창조되었다. 악마는 하나님의 피조물이기에 언제나 하나님보다 열등하고 영원히 하나님에게 종속되어 있다. 지금은 확고하게 자리잡은 이런 관념은 기독교를 우주론적 이원론으로부터 근본적으로 빠져나오게 했다.

악마는 하나님의 뜻을 저버렸기에 천국으로부터 추방당했다. 이레나이우스는 그노시스파나 다른 교부들이 사탄에게 부여했던 만큼의 권능을 부여하지 않고, 그 대신 죄에 대한 인간의 책임을 강조했다. 악마는 우리의 정신을 어지럽히고 우리의 가슴을 흔들어놓아 진리의 하나님보다 그 자신을 더 숭배하도록 한다. 그러나 우리를 지배하는 그의 권능은 제한적이다. 궁극적으로 그는 하나님께 속한 권능을 횡령한 강탈자에 불과하여 우리로 하여금 죄를 짓도록 강제할 수 없기 때문이다. 악마는 하나님의 은총에서 배제된 존재다. 그는 창조주인 하나님처럼 숭앙받고 싶어했고 따라서 하나님을 시기했고 심지어 인간까지도 시기했기 때문이다. 사탄은 하나님이 우리에게 베푼 호의, 즉 인간을 자신의 이미지와 형상을 본떠서 만들었고, 우주를 아담이 관할하도록 권세를 부여한 것을 견딜 수 없었다. 이런 시나리오는 사탄의 타락

시기와 관련된 연대기에 영향을 미쳤다. 그의 시기심은 무엇보다도 인간을 향해 있었기 때문에 하나님이 인간을 창조한 '이후'(가장 일반적인 설명), 아니면 적어도 하나님이 인간을 창조해야겠다는 의도를 가졌다는 것을 알아챈 이후에 타락했음이 틀림없다. 그는 이미 우리의 최초 부모를 파멸시키려는 타락한 마음을 가지고 에덴에 들어갔기 때문에, 아담과 이브에 대한 유혹 이전에 죄를 지은 것이다. 그의 이런 주장은 이후, 하나님은 타락 천사들로 인한 상실을 메우기 위해 인간을 창조했다는 반박에 부딪힌다. 이레나이우스는 어떤 천사들은 나중에 노아의 시대 때 추방됐다고 주장했다.[1]

　이레나이우스는 악령들에 대한 신화에는 별다른 관심이 없었다. 그보다는 하나님으로부터의 인간의 소외에 대해 관심을 가졌는데, 이 관심으로 인해 그는 악마의 죄를 아담과 이브의 죄와 긴밀히 연관지었다. 그는 최초로 인간의 원죄에 대해 완성된 신학이론을 세웠다. 하나님은 아담과 이브를 창조하여 그들을 낙원에서 행복하게 그와 더불어 살게 했다. 그러나 인간의 약점을 알고 있는 사탄이 낙원에 침입하여 뱀의 형상으로, 또는 뱀을 이용하여 그들을 유혹했다. 만일 하나님이 인간에게 선과 악을 선택할 수 있는 자유를 주지 않았더라면 사탄의 악의는 아무런 영향을 미치지 못했을 것이다. 사탄은 아담과 이브에게 강제로 죄를 짓도록 하지는 않았다. 그들이 스스로 자유롭게 죄를 택한 것이다. 그러나 하나님은 단지 그들을 자유로운 존재로만 만들지는 않았고, 사탄의 끈질긴 유혹에 넘어갈 만큼 약하게 만들었던 것이다. 이레나이우스는 인간의 원죄에 대해 일정 정도는 하나님의 책임도 있다고 보았는데, 왜냐하면 인간을 좀더 강하게 창조할 수도 있었기 때문이다.[2]

모든 인간은 아담과 이브의 죄에 관련된다. 우리는 스스로의 선택으로 자신을 해방시킬 수 없는 악마의 노예가 되었다. 사탄에 복종하게 됨으로써 우리는 신성한 이미지와 형상을 일그러뜨리게 되었고, 결국 한정된 삶, 즉 죽음을 운명으로 짊어지고 가게 되었다. 행복했던 에덴은 사라졌다. 우리 자신의 자유의지로 하나님께 등을 돌림으로써 결국 우리는 자신을 사탄의 권능에게 맡겼고, 따라서 우리가 구원될 때까지 사탄이 우리를 관리하고 있는 것은 옳고 정당했다. 처벌을 엄격하게 적용하여 하나님은 우리를 사탄의 권세 아래 영원히 내팽개쳐둘 수도 있었지만 자비로움 때문에 우리를 구원하기 위해 그의 아들을 우리에게 보냈던 것이다.[3]

이레나이우스의 견해로는 그리스도의 수난과 고통으로 우리가 구원됐다는 것이다. 이 수난은 악마가 제2의 아담인 그리스도를 유혹하는 데서 시작되는데, 아담에 대한 유혹의 재현은 이번에는 실패했다.[4] 그 다음은 예수에 대한 시험, 저주, 그리고 마침내 사형집행에까지 이르렀다. 이때 악마는 언뜻 그가 이겼다고 생각했지만 곧 망상이라는 것을 알았다.

기독교 전통에서는 그리스도의 수난을 통한 인간 구원을 크게 세 가지로 해석하고 있다. 첫 번째 해석에 따르면, 인간의 모습을 한 그리스도의 구원의 행위로 인해 인간의 본성은 깨끗하고 고귀하게 변형되었으며 마침내 구원받았다는 것이다. 두 번째는, 그리스도는 하나님과 인간을 화해시키기 위해서 그 자신을 하나님께 속죄 예물로 바쳤다는 것이다. 세 번째는 속죄 이론으로 이레나이우스가 최초로 열렬히 지지했다. 이 이론의 근간은 다음과 같다. 사탄이 정당하게 인간을 감옥에 가두었기 때문에 하나님은 우리의 석방을 위한 속죄로서 그 자신을 제공했다. 그 대가는 오직 하나님만이 지불할 수 있었다. 오직 하나님만이 자유롭게 제공할 수 있었다. 우리는 원죄로 인해 모든 자유를 빼앗겼기 때문에 어느 누구도 자유롭게 이런 제안을 택할 수 없었다. 그리스도는 자신의 자유의지와 선택을 사탄에게 내맡김으로써 악마로부터 우리를 구원했다. 하나님은 인질들을 석방하기 위해 예수를 악마에게 건네주었다. 악마는 예수를 인수했다. 그러나 그가 예수를 잡고 죽음에 이르게 했을 때 그는 심판의 정당한 경계선을 넘어서고 말았다. 왜냐하면 예수 자신은 죄가 없고 따라서 부당하게 가두어둘 수 없기 때문이었다. 악마는 과거에 정당하게 우리를 가두었지만, 그 자신이 정의의 원칙을 깼을 때 권리를 잃었고, 이제 더 이상 예수도 우리도 그 권세 아래 가두어둘 수가 없게 되었다. 결국 그리스도의 고난이 악마를 무력화하여 우리를 죽음과 재앙에서 구했다.

이레나이우스 시대의 또 다른 주요 대안 이론인 희생 이론은, 인간이면서 동시에 하나님인 그리스도는 인간에게 부과된 모든 죄를 자신이 짊어지고 자유의지로 자신을 죽음의 제단에 바침으로써 하나님이 받아들일 수 있는 보상을 했다고 주장했다. 첫 번째 속죄 이론에서는 그리스도의 운명은 사탄의 손으로 넘어가지만, 이 이론에서의 하나님은 그 자신을 위해 희생을 요구한다. 속죄 이론에는 가끔 어설프지만 사도 시대의 그리스도와 사탄 간의 우주적 전투에 대한 강조가 반영되어 있고, 전반적으로 초기 기독교의 온건한 이원론적 관념에 매우 잘 들어 있다. 이 이론은 이후 12세기에 성 안셀무스가 이를 바탕으로 한층 더 일관된 구원의 학(學)으로 성립시켰다.

이레나이우스에게 그리스도는 두 번째 아담, 즉 최초의 아담의 의지박약 때문에 우리에게 부여된 죽음의 사슬을 걷어낸 장본인이었다. 이렇게 최초의 인간이 저지른 죄의 매듭을 푸는 두 번째 인간 그리스도의 '재현'에 대한 관념이 이레나이우스의 중심 사상이었다. 그의 속죄 이론은 악마는 우리의 육신과 모든 물질세계의 창조자이기 때문에 인간을 지배할 권리가 있다고 주장하는 그노시스파와의 논쟁 속에서 나왔다. 이레나이우스는 물질세계는 악이며 사탄은 창조자라는 것을 강하게 부정하면서, 사탄의 권리는 전적으로 첫 번째 인간이 자유의지를 오용했기 때문에 생긴 결과물이라고 주장했다. 그리고 이제 두 번째 인간이 스스로의 자유의지로 택한 고난으로 인해 이러한 권리는 무효가 되었다고 말했다.

이레나이우스에 의해 점화된 그리스도의 수난에 대한 논쟁은 악의 개념에 대한 새로운 문제들을 불러일으켰다. 속죄 신학은 신정론과는 상당히 다른 접근 방법을 요구한다. 신정론은 철학적 성격을 띠고 있고, 종종 이교도나 불가지론자를 설득하여 확신시키는 데 목적을 두고 있었다. 반면에 속죄 신학은 오직 믿는 자만을 확신시킬 수 있다. 교부들은 이 두 가지를 함께 사용하지만, 사실 이 둘은 서로 모순적이다. 신정론은 경향상 일신론으로, 악을 신의 우주 계획을 위해 필요한 부분으로 설명한다. 반면에 속죄 신학은 악의 존재는 근본적으로 화해 불가능하다고 보기 때문에, 악의 근절을 위해서는 하나님 자신이 반드시 죽어야만 하는 것이다. 한편으로 하나님은 모든 것의 근원이고, 또 다른 한편으로 하나님은 악과 대립한다. 이후의 기독교 학자들은 대체로 이런 불일치를 해결하지 못했고, 그들이 이론적으로 어떤 일치성을 이루어냈을 때 그 이론체계는, 예를 들면 악의 무존재처럼 흔히 훨씬 더 복잡했다. 이에 대해 프랜시스 영은 당시 많은 학자들에게 "신정론과 속죄 신학은 실질적으로 서로 분리된 구역 속에 있었기 때문에 이 둘간의 상호 모순 관계는 제대로 파악되질 못했다"라고 서술하고 있다.

신정론과 속죄 신학 간의 서로 다른 접근 방식은 희생과 속죄 두 이론에 반영된다. 이 둘 중에서 신정론에 가까운 것은 희생 이론이었다. 희생 이론은 하나님이 창조한 우주의 조화와 근본적 선을 강조함으로써, 인간의 죄로 인해 일그러졌으나 하나님과 인간의 화해를 통해 다시 원래의 상태로 되돌아갈 수 있다고 본다. 구원에 좀더 초점을 맞춘 것은 속죄 이론으로, 이 이론은 하나님이 악마에 대항하여 싸우는 것이었다. 영이 언급했듯이, "교부들은 신정론과 속죄론이 시사하는 바를 상호 적용이 가능하도록 변화를 주거나 서로 일치하는 부분을 찾아내려 애쓰면서 두 이론 사이를 오락가락했다".

이레나이우스에 따르면, 악마는 그리스도에게 패배했음에도 불구하고, 무익하게도 끈질기게 우리의 구원을 막으려고 혼신의 힘을 기울이고 있다. 악마는 이교, 마술, 하나님에 대한 모독, 특히 이단과 하나님에 대한 변절 등을 부추긴다. 이단자들은 사탄의 졸개로서 그리스도에 대항하여 우주의 전쟁을 벌이고 있는 자들이다. 잠재적으로 신약성서에 깔려 있었고, 이레나이우스에 의해 이론적으로 완성된 체계를 갖춘 이 이론은 재앙의 씨앗을 품고 있었다. 이 이론은 많은 성스러운 전쟁, 십자군 전쟁에 대한 대의명분, 이단과 비기독교도에 대한 박해의 심판 준거로 사용되었다. 이 이론에 대한 혐오가 18세기부터 이 이론에서 주장하는 악마론에 대한 믿음의 쇠락을 가져온 주원인 중 하나다. 만일 악마가 그리스도와 전쟁을 치르고 있다면, 그리고 실제로 그가 악의 천사들과 악인들을 그의 깃발 아래 그리스도와 대항하기 위해 소집했다면, 그리스도의 구원의 성업을 반대하는 사람들은 정말로 악

그리스도가 귀신들린 사람을 치료하는 동안 머리에 검은 날개가 달린 사탄은 놀랍고 두려운 표정을 짓고 있다. 9세기 슈투트가르트 복음서.

마의 부하 병사들이다. 문제는 어떻게 기독 공동체를 정의내릴 것인가, 어떻게 이단자들을 정통으로부터 분리시킬 것인가에 있었다. 이레나이우스와 대부분의 교부들은 사도의 전통을 계승하는 것으로 그 해결점을 찾았는데, 주교는 사도들의 계승자일 뿐만 아니라 과오를 범하지 않도록 일정 정도 성령으로부터 보호받았다는 교의였다. 이단에 대한 이레나이우스의 정의는 주교가 이단이라고 선언함으로써 이루어지는 것이었다. 11세기부터 로마 교황의 권위가 증가함에 따라 이단은 곧 로마 주교의 직위에 적대하는 존재로 규정되었지만, 이러한 관념은 이레나이우스의 시대에는 형성되지 않았을 뿐만 아니라 그때 로마 교황청의 권력은 아직 체계가 잡히기 전이었다. 이단에 대한 이레나이우스의 정의는 오히려 간결했다. 이단자는 주교가 이단자라고 명명하는 자이다. 객관적으로 '이단'에 대한 정의를 내린다는 게 불가능했기 때문에 이러한 정의는 거의 절대적이었다.

다른 교부들처럼 이레나이우스도 악마로부터 우리를 지켜주실 분은 그리스도라고 주장했다. 악마는 우리가 그리스도의 이름을 부르고 기도하면 도망간다. 오직 죄를 지어 그 죄 때문에 두려워하고 약해진 사람들만이 악령에 의해 파멸될 것이고, 세례로써 성벽을 쌓고 신앙에 충실한 사람들은 하나님의 보호를 받는다. 그렇다고 악마와의 전쟁이 결코 끝난 것은 아니다. 악령은 궁극적으로 파멸할 존재이지만 지속적으로 우리를 괴롭힌다. 세상의 종말이 가다오면 배교자, 살인자, 강도 등 '악마의 모든 권능'을 소유한 적그리스도가 나타날 것이다. 지금 사탄을 따르고 있는 자들은 그때 적그리스도의 진영으로 모여들어 사탄과 적그리스도를 같이 숭배할 것이다. 그러나 적그리스도는 패배할 것이고 그때 세계는 종말에 이른다. 이때 사탄과 그의 졸개 악령들은 지옥으로 떨어져 그곳 불구덩이에서 영원한 죽음에 처하게 될 것이다. 비록 적그리스도는 악령이라기보다는 인간이고, 오직 이때 한 순간에만 등장하지만 이 시점에서의 그 역할과 기능은 사탄의 역할과 기능과 거의 구별할 수 없다. 이 둘은 마지막 혼신의 힘을 다하여 하나님의 구원 사업을 막으려고 한다.

테르툴리아누스의 악마론은 이레나이우스보다 훨씬 더 많은 영향을 미쳤다. 170년경 아프리카 북부 도시 카르타고의 부유한 학자 집안에서 태어난 테르툴리아누스는 인생의 대부분을 이 도시에서 보냈다. 그는 197년 이전에 기독교로 개종하고 이후 몬타누스파(Montanist)에 합류했고 220년경에 죽었다. 최초의 위대한 라틴 신학자인 테르툴리아누스는 라틴 신학의 어휘 확립에 공헌했으며, 여러 면에서 같은 아프리카 출신인 아우구스티누스가 위대한 신학적 통합을 이루도록 기반을 닦아놓았다. 테르툴리아누스는 그노시스파의 우주론적 이원론을 확고히 거부했지만, 옛 유대인의 윤리적 이원론 전통은 그 사상에 매우 짙게 깔려 있었다. 그는 신학을 일상적 생활에 적용시킬 것을 강조한 실용주의 작가로서, 엄격하고 규율적인 도덕적 생활이 곧 악마에 대항하는 한 운동이 되지만, 비도덕적이고 세속적인 생활은 곧 사탄 사단에 적을 두고 있는 것이라고 주장했다. 그는 "어떤 사람도 두 주인을 섬길 수 없다. 광명과 암흑이 어찌 서로 연관이 있으리요?"라고 성경을 인용했다. 그의 도덕적 엄격성에 대한 강조는 나이가 들어감에 따라 더해졌고, 212년경에는 극단적 태도를 취하여 4세기에 다수 교부들에 의해 이단으로 규정된 금욕주의 운동 단체인 몬타누스파에 가입

했다. 실용적인 테르툴리아누스는 그노시스파가 지나치게 이론적이었고, 특히 악의 문제를 너무 깊이 생각했기 때문에 잘못을 저지르게 되었다고 판단했다. 그는 그노시스파만큼이나 악에 대해 관심을 가지고 있었다. 그는 도덕적 성향과 기질로 인해 이교도에 대한 정면 공격인 악령론을 생각해냈다. 이교도는 구시대, 악의 시대의 시민들이고 사탄 사단의 졸개들이다.

창조는 선이다. 테르툴리아누스는 이 점에서 그노시스파와 완전히 대립적이었다.[5] 그러나 우리가 우리 주위를 둘러볼 때 세상은 결코 완전한 것과는 거리가 멀고 오히려 고통과 불행으로 가득 차 있음을 알 수 있다. 왜 그런가? 이것은 우리의 죄 때문이다. 이 죄에 대한 강조가 테르툴리아누스 악마론의 핵심인데, 이레나이우스의 이론과 더불어 이후 기독교 도덕 신학의 초석이 된다. 또한 테르툴리아누스는 마르키온의 이원론을 거부했는데, 이는 전형적인 교부들의 견해가 되었다. 죄가 이 세상을 뒤틀어놓으며, 세상의 모든 악은 하나님이 아니라 바로 우리 죄악의 결과다. 그리고 죄는, 그노시스파가 말하듯이 악의 창조주로 인해 생긴 것이 아니다. 악의 창조주 같은 존재는 없다. 왜냐하면 신이 하나 이상 존재한다는 것은 생각할 수 없기 때문이다. 하나님은 둘이 될 수 없다. 하나님이란 모든 권능을 소유한 존재를 말함이다. 불균등한 전능의 두 신은 존재할 수가 없는데, 둘 다 전능하지 않기 때문이다. 논리적으로도 똑같은 권능을 가진 두 신이 존재한다는 것은 불가능하며 증명할 필요도 없다. 더 나아가 우주는 서로 대립되는 극의 힘에 의해서 이루어지는 완벽한 균형을 이룰 수 없을 것이다. 만일 그렇다면 우주는 움직임이 없을 것이기 때문이다. 또 만일 이 두 세력 사이에 조금이라도 힘의 불균형이 생긴다면 한쪽이 주도권을 잡을 것이다. 그리고 이 우월성과 순간의 승리는 비록 간극의 차이지만, 영원히 한쪽으로 쏠리기 시작한다면 이는 한쪽으로 영원히 기울어지기 때문이다. 또한 이 두 대립되는 힘은 시간과 함께 성쇠를 거듭하지도 않을 것이며, 더욱이 이는 영원성의 맥락에서 불가능한 일이다. 이둘에게 내재된 권능이 고정되어 있다면 이들이 변할 이유도 없다. 만일 신이 존재한다면 그는 유일해야 하며, 만물은 모두 이 신에게 종속되어야만 한다. 신을 대신하는 것은 어떤 다른 존재가 아니라 바로 무존재이기 때문이다. 따라서 이원론은 악의 문제를 해결하는 열쇠가 될수 없다.

악은 독립적인 신이 아니다. 그러나 존재한다. 그럼 어디서 오는가? 사탄과 그 천사들의 죄, 그리고 인간의 죄, 이 두 곳에서 온다. 하나님은 우리에게 자유를 주었고, 이것은 그 자체로 위대한 선이었지만 우리 스스로 자유의지에 따라 이 자유를 오용하고 그래서 악을 불러들였다. 모든 악의 근원은 자유의지 죄에 있다. 그러므로 악마와 죄인들은 "하나님의 선물을 악용했다."

"세계는 하나님에게서 나왔으나 세속화는 악마로부터 나왔다."

이 언명은, 신약성서에 잠재적으로 나타나는 우주론적 이원론을 죄의 문제에 초점을 맞춘 윤리적 이원론으로 변형한 것이다. 사도 바울과 사도 요한은 악마를 이 세계의 주인(그리스어로 코스모스 또는 아이온, 라틴어로는 사에쿨룸)이라고 했을 뿐만 아니라, '이 세계'를 시공간적으로 하나님과는 분리된 하나의 실체로 보았다. 사도들과 사도 교부들이 말하는 '이 세계'가 정확히 무엇을 의미하는지는 분명치 않다. 아마도 물질, 에너지, 정신을 포함하는 시공간 속에 있는 창조된 전 세계 또는 이 세계에 대한 우리의 집착일 수도 있다. 테르툴리아누스는 우주를 악 그 자체라고 여겼을지도 모른다. 그러나 그는 우주론적 설명의 입장에서 단호하게 물러나 도덕적인 설명으로 방향 전환을 했다.

사에쿨룸(saeculum), 코스모스는 선이다. 악은 사에쿨룸이 아니라 사에쿨라리아(saecularia), 즉 세계 자체가 악이 아니라 하나님보다는 물질적 세계에 더 매달리는 세속화된 것이 악이다. '세계'는 이제 '죄로 뒤덮인 세계'라는 말로 환치할 수 있을 것이고, 이의 영향을 받은 대부분의 작가들은 이런 식으로 표현하곤 했다. 기독교도는 이제 '세계'를 아름답고 선하고 진실한 하나님의 우주로 사랑할 수 있게 되었고, 동시에 죄로 뒤덮인 세계로서 미워할 수도 있게 되었다.[6] 비록 테르툴리아누스가 가끔 이원론적 성향으로 지나칠 정도로 도덕을 강조했지만, 육신은 악한 것이라는 그노시스교적 관념은 분명히 거부했다. 육신은 선의 창조물이며, 그리스도 자신이 육신으로 강생함으로써 육신을 더더욱 고귀하게 했다. 오직 육신에 대한 악용이 악이다. 구약의 창조주 하나님과 신약의 구원의 하나님은 같은 분이다.

테르툴리아누스는 세계에 존재하는 진정한 악에 대한 질문을 결코 회피하지 않았다. 그는 세계에 있는 악의 존재는 너무나 명백하고 분명하기 때문에 사람들은 경험으로 악마의 존재를 파악할 수 있다고 말했다. 우리는 아름다움과 선함을 통해 하나님의 존재를 곧바로 느낄 수 있는 것처럼, 악을 관찰함으로써 곧바로 악마가 존재함을 알 수 있다. "우리는 창조주이신 하나님과 그의 라이벌인 파괴자를 한 번에 그리고 동시에 느끼고 알 수 있다." 사람들이 저주하면서 사탄의 이름을 부를 때 이것은 마치 그들의 영혼에서 솟아나는 악마에 대한 어떤 직감적 지식에 반응하는 것과 같다. 우리는 악에 대한 그리고 악의 근원에서 나온 어떤 사건들에 대해 직접적이고 매개체 없는 경험을 가지고 있다.

악마는 독자적 신이 아니고, 어떤 다른 독자적 신, 악의 창조자, 또는 하급 신 데미우르고스의 창조물도 아니다. 테르툴리아누스는 이 점을 강조한 마르키온의 견해에 반대했다. 악마는 그의 막강한 권력에도 불구하고 피조물이지 창조자가 아니다. 그러나 하나님은 비록 악마의 창조주이지만 악에 대해서는 책임질 수 없다. 하나님은 악마를 선한 성품으로 만들었다. 하나님은 천사를 창조했지만 이 천사가 스스로 자신을 악마로 만들었다. 자신의 행위로 그는 타락하게 되었다. "선한 존재는 선의 신을 본떠 창조되듯이 그도 하나님을 본떠서 창조되었지만, 이후 스스로의 자유 선택으로 악의 존재로 변형되었다." 타락하기 전 그는 단지 천사였을 뿐만 아니라 천사 중에서도 대천사였다. 일부 교부들은 악마가 대천사였다는 견해에 동의했으나, 이외 다른 교부들은 가장 높은 계급이 아닌 가장 낮은 계급의 천사들이 쉽게 죄에 빠진다는 근거로 이를 부정했다. 모든 천사들은 진정한 자율적인 자유를 부여받았으므로 대천사도 가장 낮은 계급의 천사처럼 얼마든지 죄를 지을 수 있기 때문에 이런 반박은 논리에 맞지 않는다.[7] 사탄은 '태초부터' 거짓말쟁이였기에 노아의 시대에 육욕으로 인해 죄를 지은 다른 천사들과 더불어 추방되지 않았다. 테르툴리아누스는, 악마가 태생적으로 또는 창세기 때부터 악하다고 생각하지 않았다. 하나님은 천사와 인간을 창조할 때 자유의지를 불어넣어주었고, 이는 그들이 단순한 기계적 존재가 되는 대신 스스로 도덕적 선을 추구할 잠재력을 지닐 수 있게 하려고 한 것이다. 그러나 이런 선에 대한 잠재성은 똑같이 그 반대의 가능성도 수반했다. 하나님은 사탄을 나무랄 데 없이 훌륭하게 창조했고 영광도 주었지만, 사탄은 자신을 타락시키는 쪽을 택했고 그 자유선택을 악을 위해 써버렸다. 그는 하나님의 모든 피조물 중에서 최초로 죄를 지은 자가 되었기 때문에, 죄와 악을 온 우주에 퍼뜨린 장본인은 바로 그였고, 그리하여 그는 '태초부터' 거짓말쟁이가 되었던 것이다.

사탄은 시기심과 질투 때문에 타락했다. 그는 하나님이 자신의 신성한 이미지를 본떠 인간을 만들고 그들에게 이 세상을 다스리는 역할까지 일임하자 격분했다. 이 시기심으로 인해 그는 하나님의 뜻을 저버리고 낙원에 들어가 아담과 이브를 유혹하고 속였으며, 이후에는 카인을 충동질하여 아벨을 죽였던 것이다.[8] 하나님에 대항한 그의 의지발현은 시간적으로 에덴의 침입 이전이었다. 그리하여 테르툴리아누스는 이레나이우스처럼 사탄의 타락 시점을 인간 창조 이후로 잡았다. 이 죄의 결과—처음 자신의 의지가 동했기 때문에 비롯되었든 또는 최초의 인간을 실질적으로 유혹한 결과 때문이든—로 사탄은 높은 곳에서 아래로 내던져졌다.

우주에서 악마의 역할은 분명하다. 하나님이 우주를 창조하면 악마는 이를 파괴한다. 하나님이 만물을 선하게 창조했기 때문에 악마는 이를 변질시키고 왜곡시킨다. 그리하여 테르툴리아누스는, 이런 악마의 역할과 기능은 하나님의 그림자, 즉 구약의 파괴와 분노의 야훼 하나님의 역할과 비슷하지만 악마는 성령이 아닌 피조물이라는 점에서 근본적인 차이가 있다고 생각했다. 악마는 하나님의 아름다운 창조물인데 그는 이를 거짓투성이로 변질시켰다. 모든 악의 창조자인 그는 이 세계의 군주가 되었지만 이는 우주를 제어하고 관할한다는 의미에서가 아니라, 단지 그가 타락시킨 우주의 한 부분을 지배한다는 의미에서다. 그리고 그가 그 부분에서 군주라고 해도 절대적인 것이 아닌,

단지 하나님이 허락한 한도 내에서다. 악마는 하나님과 경쟁자이고 하나님을 흉내내는 자이며, 하나님의 세계를 타락시키고 변질시키는 자이다. 하나님이 들판에 보리를 심으면, 악마는 그곳을 잡초로 뒤덮는다. 모든 면에서 악마는 하나님과 반대로 행동하여 진리를 파괴하고 미덕을 더럽히며 아름다움을 오염시키려 한다.[9] 우주를 변질시키는 자로서 그는 그리스도와 인간의 가장 큰 적이다. 정의롭지 못한 것은 모두 그에게서 비롯된다.

사탄이 하나님의 세계에 저지르는 악행 중에서 가장 큰 해악은 하나님이 자신의 이미지와 형상을 본떠 만든 존재들을 타락시키는 것이었다. 이레나이우스와 달리 테르툴리아누스는, 만일 아담과 이브가 진실로 악마의 유혹을 물리치려는 의지가 있었다면 충분히 성공적으로 악마의 유혹을 물리칠 수 있었을 것이지만 그들은 스스로 악마를 따랐다고 믿었다.[10] 먼저 인간을 타락시켜놓고 사탄은 동료 천사들에게 관심을 돌렸다. 천사들은 하나님의 이미지로 창조되지 않았기 때문에 인간보다 열등하다.[11] 하나님의 대행자요 심부름꾼인 그들은 훌륭하게 정제된 순결한 육체를 가지고 있다. 비록 우리의 감각으로는 본질적인 인지가 불가능하지만, 그들은 아마도 어떤 형태를 취할 수 있고 그들이 원하는 대로 자유롭게 그 형태를 바꿀 수도 있다. 일부 천사들은 여인들에게 유혹되어 '자신을 타락시켰고', 천국에서 추방되었다. 이때 사탄은 그들의 군주가 되었다. 천사들과 지상의 여인들의 성적 교섭으로 인해 그들은 더 타락한 '악령 종족'을 만들어냈다. 타락한 천사들, 그리고 그 자식들인 거인들이 악령 집단을 구성한다.[12] 사탄은 모든 악의 존재들—타락 천사들, 거인들, 그리고 타락한 인간들—의 대장이다. 악마는 천사이지 이상한 별종이 아니라는 것을 테르툴리아누스는 확실히 믿었다. 초기 교부들은 악마를 천사와 다른 존재로 보는 경향이 있었다. 따라서 논리적으로 다음과 같은 선택이 가능했다. ① 사탄과 그 천사들은 다른 본성과 다른 죄를 가지고 있었다. ② 사탄과 그 천사들은 같은 본성 그러나 다른 죄를 지니고 있었다. ③ 사탄과 그 천사들은 같은 본성 같은 죄를 가지고 있었다. 이에 대해 전통적으로는 앞의 전제에서 나중 것으로 움직이는 경향이 뚜렷했고, 이런 점에서 테르툴리아누스의 중도적 선택은 한 발 더 나아간 감이 있었다.

악마와 그의 졸개 악령들은 온 세상을 파괴할 야심을 품고 있다. 악마마다 악령을 가지고 있으며, 이 악령은 그들과 같이 살면서 유혹한다. 악마와 졸개 악령들은 낮은 대기층에 살며 그곳에서 그들의 날개를 이용하여 믿을 수 없을 정도의 빠른 속력으로 하늘을 날아다닌다.[13] 그리스도의 수난 때까지 하나님은 자신이 설정해놓은 범위 안에서 자신을 대신하여 악령들이 인간을 시험하고 처벌하도록 허락했다. 그들의 권능은 사탄이 우리의 원죄로 인해 우리 위에 군림하게 된 바로 그 권능에서 나온 결과물이었다. 그리스도의 십자가 수난으로 악마의 권능은 약화되어 파괴되었고, 우리는 이제 그리스도 안에서 신앙의 힘으로 그들을 내쫓을 수 있게 되었기 때문에, 그들을 우리의 권능 안에 둘 수 있게 되었다. 그러나 악마들은 여전히 최후의 심판 때까지는 자유롭게 우리를 공격할 수 있고 지금도 여전히 하나님의 허락 아래 이 세계에 폭넓은 영향력을 행사하고 있다. 하나님이 인간에 대한 악마의 권능을 허용하는 데에는 두 가지 목적이 있다. 즉, 유혹하고 처벌하기 위해서다.

초창기에 감시 천사들은 우리의 헛된 호기심을 부추기기 위해 여자들에게 마술, 야금술, 그리고 이외 다른 기술 등을 가르쳤다. 그리스도가 이 땅에 왔을 때 악마는 그를 유혹했다. 사탄과 악령들은 질병, 흉작, 태풍, 악몽, 죽음 등을 불러일으켰다. 그러나 이 중 어떤 재난과 고통은 하나님이 우리의 죄를 벌하기 위해 직접 내린 것이고, 악령들은 하나님으로부터 이런 자연 재앙을 불러일으킬 수 있는 권능을 부여받았다. 도덕적 악에 대해서 사탄은 속임수, 유혹, 공포 등을 사용하여 우리 마음을 분노로, 욕망으로, 망상으로, 광기로 가득 차게 만든다. 악령들은 짐짓 신들처럼 행세하며 이교와 우상숭배를 장려한다. 그들은 이교도의 신화와 제례 의식을 장려하고 거짓된 기독교 사상을 이교도들에게 전하는데, 그들의 이야기는 참된 진리에 대한 믿음을 약화시킨다. 악령들은 박해를 조장하지만 이는 또한 하나님의 뜻에 따른 것이다. 왜냐하면 하나님은 이런 박해가 순교를 불러일으키고, 이 순교는 악에 대한 승리요 다른 이들에게 모범이 된다는 것을 알기 때문이다. "기독교인들의 피는 곧 교회의 씨앗이다." 박해는 "악마로부터가 아니라 바로 하나님을 통해서" 온다.

이교 신앙만큼이나 나쁜 것이 이단으로, 이 이단도 사탄이 만들어 냈고 장려했다. "이단에서 생겨난 영적 부정의는 악마로 인해 비롯되었다. ……이단은 우상숭배와 결코 다르지 않다. 왜냐하면 이 둘은 모두 같은 저자의 작품이고 기술이기 때문이다. ……모든 하나님에 대한 거짓은 일종의 우상숭배다." 만일 이단자가 마치 하나님을 숭배하는 것처럼, 그리고 마치 진실된 것처럼 행동한다면, 이는 단지 언제든지 자신의 의지에 따라 빛의 천사로 변형시킬 수 있는 악마의 덫이다. 테르툴리아누스는 다시 어떤 특정의 사람들을 거대한 사탄 사단의 졸개 병사로 만들 수 있는 그 위험스런 교리를 끄집어냈다. 그뿐만이 아니다. 그는 영혼의 분별력, 즉 우리가 하나님의 업적과 악마의 것을 그들의 행위를 통해 구별할 수 있다는 그 분별력으로부터도 한 발 물러섰다. 선한 삶일지라도 이단자로 비기독교도로 살았다면 그것은 진정한 선일 수 없고, 단지 그것은 언제나 악마가 분장한 위선적인 삶이라고 주장함으로써 테르툴리아누스와 이외 다른 교부들은 유대교인, 이단자, 그리고 마녀들을 수세기 동안 박해할 수 있는 근거를 마련했다.[14]

테르툴리아누스는 도덕성 강조와 더불어 일상생활 속에서의 악마 활동에 깊은 관심을 보였다. 점성술, 굿, 마술, 그리고 이런 류의 모든 기술은 본질적으로 악마적이다. 그의 저작 중 『쇼(*Shows*)』는 그 주제가 악마적 오락의 본성들을 보여주는 것으로, 여기에는 경마, 목욕 문화, 선술집, 그리고 야외극장(사창가가 아님), 심지어는 집 안에서의 오락도 포함된다. 이것들은 첫째 우상숭배적이고, 둘째는 감정을 자극하여 우리의 이성을 잃도록 하고, 셋째 헛된 거짓이다. 화장을 하고 정성들여 옷을 입는 여자들은 진실을 왜곡한다. 테르툴리아누스는 이런 말들을 은유나 과장 없이 사용했고, 또한 악마는 이런 활동에 있다고 직설적으로 말했다. 여자가 원래의 자신의 모습과 달리 보이게 화장을 하는 것, 그리고 배우가 극 중에서 그 자신이 아닌 다른 역할로 연기하는 것 모두 거짓이었다. 쇼는 악마가 세상을 타락시키기 위한 총체적 계획에 속한다. 이러한 일에 관여하는 자는 비록 관람자라 할지라도 실질적으로 악마의 시종이다. 극장은 사탄의 종들의 집회소다. "누구든지 쇼를 보러 가서 악마의 무리와 함께한 자는 자신을 주 하나님과 단절시키고 있는 것이다."[15] 또한 악마는 간음, 조급함, 성냄 등과 같은 비도덕적인 성품을 자극하여, 비록 그가 강제할 수는 없지만 우리가 죄를 짓도록 충동질한다.

악마와 대기층을 어마어마한 숫자로 덮고 있는 그의 졸개 악령들의 끊임없는 유혹에 맞서 기독교도를 지켜줄 수 있는 보호막은 오직 예수 그리스도뿐이다. 테르툴리아누스는 이레나이우스보다 더 직접적으로 그리스도의 십자가 수난의 근본적 기능이 우리를 악마로부터 구하는 것이라고 주장했다. "만일 하나님의 아들이 출현하면, 이는 악마를 쳐부수는 것이다." 악마를 쳐부수어 또다시 패퇴하게 만든 것이 바로 우리를 위한 그리스도의 수난이었다. 그러므로 기독교인들은 악령들을 물리치기 위해서는 그리스도의 이름을 부르고 성호를 그으면 된다. 그러나 그리스도의 보호를 받기에 가장 효과적인, 사실 유일하고도 필수적인 방법은 세례를 받는 것이다. "만일 하느님의 아들이……악마를 퇴치하기 위해 나타나면, 그는 세례를 통해 그 영혼을 전달함으로써 악마를 물리치는 것이다." 세례는 모세가 홍해에서 보여준 기적과 같은 것이다. 믿는 자는 세례의 은총에 힘입어 이 세상의 험한 물을 건너지만, 악마는 홍수에 잠긴 이집트의 왕 파라오처럼 물에 잠기게 될 것이다.

"세례를 받기 위해 물에 들어갈 때 우리는 신성한 율법의 말씀에 따라 우리의 신앙을 고백하며 악마와 그의 헛된 영광과 그의 천사들을 부정한다고 외친다." 이교도는 이러한 이점을 갖고 있지 않다. 세례를 받지 못하면 우리는 악마의 먹이가 될 수 있고, 세례를 받으면 악마를 누를 수 있는 그리스도의 힘을 가질 수 있어서 그의 도움으로 악마를 물리칠 수 있다. 테르툴리아누스는 '겉치레'라는 용어를 최초로 정확히 구사한 라틴 작가였다. 그는 이 용어를 설명하기를 "악마의 겉치레란 세속적 명성, 명예, 의식(儀式), 그리고 이 모든 중심에 있는 우상숭배다. 쇼, 사치, 그리고 이 세상의 모든 헛된 가치들은 그 뿌리를 우상숭배에 두고 있는데, 이는 주 하나님의 일을 존경하는 것이 아니라 사탄의 일을 존경하는 것이다." 만일 누군가가 궁극적인 관심을 하나님보다는 돈이나 어떤 세속적 가치에 둔다면 그때 그는 하나님 대신 다른 어떤 것을 숭배하는 자이다. 테르툴리아누스는 그 당시에 세례 의식 절차를 막 표준화시키고 있었다. 200년이 될 때까지 세례는 종종 악마 쫓기 의식 이후에 행해졌다. 200년 초 무렵에 악마 쫓기 의식과 공식적 사탄 거부가 세례 의식과 합쳐졌다. 이런 변화는 아마도 그노시스파의 영향 때문이었을 것이다. 테르툴리아누스와 동시대 살았던 히폴리토스(Hippolytos. 로마에서 활약한 그리스 교부)는 이 의식 행사의 표준화에 영향을 미쳤다. 이때부터 공식적인 사탄에 대한 거부는 세례에서 중요한 첫 행위가 되었다.

켈리(H. A. Kelly)의 연구에 따르면, 3세기에 악마와 대항하기 위해서 세례 의식에서 이전과 다른 독특한 세 가지 것을 행사했는데, ① 세례받을 후보자가 악령 쫓기 의식으로 악령들을 내몰기, ②후보자가 자발적으로 악마 부정하기, ③이후 신입 기독교인에게 악마가 공격할 것에 대비한 예방 조처 등이 있었다. 악령 쫓기 의식에는 두 종류의 행사가 있었는데, 첫째는 세례에 사용하는 성수와 성유로 악령 물리치기이고, 둘째는 후보자 자체를 대상으로 하는 악령 물리치기였다.[16] 후보자가 원죄 때문에 사탄에 잡혀 있기도 하지만 실제로 악마에 홀려 있기도 하다는 신학적으로 받아들일 수 없는 내용을 함의하고 있음에도 불구하고, 일부 초기 세례 의식에 등장했던, 아마도 그노시스파의 발

기독교 미술에서 묘사된 초기의 악마 또는 악령은 이 그림에서 볼 수 있듯이 한 쌍의 귀신들린 사람들과 같은 검은 형상이었다. 586년 「라불라 복음서」. 이 그림에 보이는 언어는 고대 시리아어다.

렌티누스의 영향을 받은 후보자의 악령 몰아내기 의식은 이후 점차적으로 늘어났다. 자발적 사탄 부정은 하나의 전통이 되었는데, 이는 상징적으로 후보자가 사탄의 사단에서 그리스도의 진영으로 옮겨왔음을 뜻했다. 지금까지 알려진 것 중에서 가장 오래된 사탄 부정의 의례 형식은 3세기 초 성 히폴리토스의 『사도의 전통』에서 찾아볼 수 있다.

"나는 너 사탄과 너의 천사들, 그리고 너의 헛된 영광을 부정한다." 이런 부정 의식은 대부분의 기독교 의식에서 사탄과 철저하고 분명하게 단절하고 그리스도의 품 안으로 넘어오게 만드는 의식의 전범으로 자리잡았다. 4세기에는 세례 후보자가 일반적으로 석양과 죽음의 방향인 서쪽을 향하여 사탄을 부정하고, 일출과 빛의 방향인 동쪽을 향하여 그리스도를 섬길 것을 맹세했다. 그리스어로 이 부정은 아포탁시스 (apotaxis), 그리스도에게 복종하는 것은 신탁시스(syntaxis)라 했는데, 어원은 이 둘의 대응적인 면에 대해 강조하고 있으며, 특히 기독교도가 악마의 사단(taxis)에서 그리스도의 진영으로의 전향을 보여주고 있다. 켈리는, 비록 제3의 요소인 미래 악마의 유혹에 대한 예방법이 교부들에 의해 발전된 체계적인 악마학과 잘 맞았는 데도 불구하고 상대적으로 무시되었다고 주장한다. 이 악마 예방 의식은 세례 후보자의 엄숙한 맹세, 즉 미래에는 죄와 악마의 유혹을 멀리하겠다는 맹세를 수반했다. 세례에 필요한 물과 기름은 악마를 몰아내기 위한 의식에 공식적으로 사용했다. 히폴리토스와 테르툴리아누스 시대부터 모든 세례 의식에서 공통적인 것은 사탄에 대한 부정으로, 이는 곧 기독 공동체에 들어오기 위한 필수적인 절차가 되었으며, 특히 동쪽 지역에서는 세례 후보자의 악마 쫓기와 결합되었다. 이러한 강조는 무의미한 것이 아니었다. 일반적으로 사람들은 악마가 그의 권능으로 우리를 휘어잡고 있으며, 이것은 그리스도의 수난으로 우리가 구원될 때까지 지속될 것이지만 세례를 받음으로써 우리는 그리스도의 희생으로 인한 혜택을 받을 것이라고 믿었다.

악마와 그의 졸개 악령들에 대한 처벌은 세 번이나 된다. 한 번은 그들이 최초의 죄 때문에 천국에서 추방된 것이고, 두 번째는 그리스도의 수난으로 인해 이 세상에 대한 그들의 강철같이 견고한 장악이 깨진 것이다. 그러나 그들은 여전히 세상을 횡보하며 악행을 저지르고 있는데, 세 번째이자 마지막 처벌은 이 세상의 종말에 그들에게 가해질 것이다. 그리스도가 이 세상에 다시 강림할 때 그들은 지옥 불에서 영원히 타버릴 것이다. 비록 대체로 암시적이고 묵시적이었지만, 이 세 번의 처벌은 세 단계에 걸쳐 일어난다는 데에 점차적으로 동의가 이루어졌다. 이로써 교부들은 전통적으로 분명한 연대기적 모순을 해결할 수 있었다.

테르툴리아누스에 영향을 받은 2세기 말엽의 미누키우스 펠릭스 교부와 3세기 때의 키프리아누스 교부는 악마론에 일정 정도 기여를 했다. 웅변가이자 로마의 변호사인 미누키우스는 『옥타비우스(Octavius)』라고 불리는 생생한 대화록을 남겼는데, 여기에서 그는 이교도들이 기독교도에게 씌운 죄를 전력을 다해 반박하고 있다. 플라톤 철학을 빌려서 미누키우스는 고전적 악령들인 기독교의 악령들과 천사들 사이의 구분을 없애버렸다. 기독교도처럼 철학자들도 세속의 더러움과 음욕 때문에 천국의 신분에서 추락한 '불결하고 방황하는 영적' 존재를 인식하고 있었다. 악령들과 천사들은 모두 허약한 영들이고, 두 부류는 모두 하나님의 심부름꾼 또는 사자로 여길 수 있으나 천사들은 지금까지 천국에 살고 반면에 악령들은 지상에 살고 있다. 악령들은 완전히 죄로 이루어진, 속이고 또한 속는 존재들이다.[17] 악의 천사로 추락했을 때 그들은 신적 순수성을 잃어버림으로써 신적인 것과 인간적인 것이 반반씩 섞인 존재가 되어버렸다.

200년경 중상류층 가정에서 태어난 키프리아누스는 수사학을 공부했고 세속적인 친구들과 폭넓은 모임을 가졌다. 245년경 그는 개종하여 세례를 받았고, 248년 아프리카 북부의 고대도시 카르타고의 주교로 활동하라는 통보를 받을 때까지 금욕적인 은둔 생활을 했다. 그는 데키우스(Decius. 로마의 황제, 249~251 재위. 최초로 로마 제국 전역의 기독교도를 박해했다)의 혹독한 박해 기간에 신앙을 버린 기독교도에 대해서 상당히 강경한 입장을 취했지만, 배교자를 철저히 비난하는 노바티아누스와 대립한 로마 기독교(교황)를 지지했다. 키프리아누스는 258년 로마 황제 발레리아누스의 박해로 순교했다. 이러한 위험과 두려움의 고통스런 시기에 그는 인내, 용기, 신앙을 권유했다. 비록 그는 그의 동료 카르타고인만큼 악마를 강조하지는 않았지만, 그가 '스승'으로 여기는 테르툴리아누스를 따라 악마는 하나님의 창조물을 변질시키고 왜곡시키는 일을 하는 자라고 주장했다. 태초부터 거짓말쟁이요 사기꾼인 사탄은 위대한 대천사로 창조되었으나, 이후 모든 존재 중에서 제일 먼저 죄를 지은 자가 되었다. 그는 인간에 대한 시기와 질투심으로 인해 추방되었고, 방출된 뒤 이런 악덕들을 이용하여 우리를 유혹하여 원죄를 짓게 했다.[18] 그의 주 임무는 박해와 이단 조장으로, 전자는 외부로부터, 그리고 후자는 내부에서 기독 공동체를 공격한다. 악마는 박해를 조장하며, 마치 경기장의 검투사처럼 기독교 전사들과 대항한다. 순교자들은 그리스도의 지휘 아래 수많은 사탄의 무리와 싸우는 병사들이다. 교회의 분열은 사탄의 음모에 의해서다. 이단자와 분파주의자는 자신들이 옳다고 믿는다. 왜냐하면 악마는 빛의 천사의 모습으로 나타나 그들을 속이기 때문이다. 사실 이단자는 적그리스도인 자들이다. 악마는 이단자를 괴롭히지 않는다. 그들은 이미 그의 편이 되었기 때문이다. 이단이나 분파주의에 의한 세례는 무의미할 뿐만 아니라 심지어는 하나님의 자손이 아닌 악마의 자손을 만드는 결과가 된다. 기독교인들의 일상생활은 끊임없는 악마와의 투쟁이지만, 죄는 궁극적으로 우리의 책임이다. 모든 악은 우리 자신의 죄로부터, 우리 안에 있는 모든 선은 그리스도로부터 온다.

5. 자비와 천벌: 알렉산드리아인들

왜 어떤 사람은 죄를 짓고 어떤 사람은 죄를 짓지 않는가? 왜 어떤 사람은 다른 사람보다 더 많은 고통을 받고, 왜 선한 사람이 종종 타락한 사람보다 더 고통스런 삶을 사는가? 개인의 세속적 · 영적 운명의 불평등은 하나님의 심판에 의해 해소될 수 있는가? 이것들은 하나님의 자비와 일치한다고 할 수 있을까? 알렉산드리아의 클레멘스와 오리게네스는 이러한 문제들에 대해 깊이 연구했다.

클레멘스(150~210)는 이교도의 자식으로 태어났다. 그는 알렉산드리아에서 배우고 가르쳤다. 로마가 교리 논쟁의 정점이었듯이 알렉산드리아는 기독교 문화의 정점, 즉 기독교 철학과 신학의 중심부였다.[1] 그의 폭넓은 지식, 탐구 정신 그리고 열린 마음이 저작에 잘 드러나 있는데, 그의 저작들은 넓은 의미에서 철학적이고 비유적이며 그노시스적이고, 윤리적 감성과 심리학적 이해를 그 특징으로 삼고 있다.

그는 철학, 특히 스토아 철학과 중기 플라톤 철학, 그리고 알렉산드리아의 유대인 대학자인 필론의 사상 등에 깊이 경도되었는데, 이는 그가 이교도 사상에 대해서도 저스틴보다 더 열린 마음의 소유자라는 것을 보여주고 있다. 여러 면에서 그의 정신은 그와 동시대인인 신(新)플라톤주의자인 플로티노스를 닮았다. 기독교로 개종한 이후에 클레멘스는 이교에 대해서는 철저히 반대하는 입장을 취했다. 그러나 그는 저스틴처럼 계속하여 철학적 진리를 추구했는데, 우리가 철학을 제대로 이해만 한다면 그리스도를 지향하고 있는 것이라고 주장했다. 우리가 우리의 삶을 점검해야만 한다는 소크라테스의 주장에 덧붙여 클레멘스는 신성한 계시에 비추어 우리의 삶을 점검해야만 한다고 했다.

클레멘스는 하나님의 창조와 연관해서 악의 모순점을 깊이 통감하고 있었기 때문에 철학적 일관성으로 이를 해소하려고 했다.[2] 그의 도덕론은 테르툴리아누스만큼 그렇게 극단적이지는 않았지만, 유대-기독교와 스토아 철학의 윤리를 종합한 것이었다.

알렉산드리아인, 유대인, 그리고 기독교도는 성경 해석에 비유법을 도입하면서 성경은 적어도 서로 다른 세 가지 방법으로, 즉 어구에 충실하게, 도덕적 관점에서, 그리고 초월적 관점에서 이해해야만 한다고 주장했다. 클레멘스에게 악마는 형이상학적으로도 객관적으로도 존재하지만, 인간 내면에 존재하는 악령을 상징하기도 한다. 한 현대의 학자는 클레멘스가 이 두 관점 "사이에서 오르내리고 있다"고 주장하는데, 이 둘을 종합했다고 보는 것이 더 타당할 것이다. 악마는 인간의 내면에도 그리고 외면에도 모두 존재한다.

플라톤 철학의 영향으로 클레멘스는 악마론 대신에 존재론(존재의 형이상학)을, 그리고 관념적 마왕의 존재보다는 악의 무존재를 강조했다. 비록 그가 테르툴리아누스나 오리게네스보다는 악마에 대해 덜 관심을 보였지만, 그럼에도 불구하고 그는 기독교 전통과 그노시스파에 대한 관심에 입각하여 악마를 심각하게 생각했다. 클레멘스는 당시에 널리 퍼진 이원론의 영향을 받았는데, 예수는 선택된 소수의 사람들에게 하나님의 숨은 뜻을 알리고 그들에게 구원의 지식을 가르치려고 이 땅에 강림했다는 설을 받아들였다.[3] 그는 플라톤학파의 유출론(4장 참조)적 요소들을 자신의 기독교 체계에 적용했지만, 그노시스파의 현학적이고 번잡스런 신화적 소품들과 지나친 이원론은 철저히 배격했다. 그의 악마론은 부분적으로 그노시스적 개념에 대한 반박에서 이끌어 낸 것이다.

클레멘스는 결여(privation) 신학과 존재론으로 악을 설명하려고 한 최초의 기독교도였다. 그의 이론에 따르면, 악은 본질적으로 진정하게 존재하는 것이 아니라 아예 존재 자체가 없다. 플라톤적 · 그노시스적 유출론의 영향을 반영한 결여론은 기독교 악마론에 혼란스럽고 불필요한 요소로 작용하게 되었다. 클레멘스는 하나님의 존재성으로 논의의 출발점을 삼았다. 하나님은 진실로 존재한다. 그의 존재는 완전하고 완벽하며 선 그 자체다. 오직 하나님만이 완벽하다. 따라서 그 외의 다른 어떤 존재도 당연히 그보다 더 진실하지도 선하지도 않다. 하나님은 무로부터 세계를 창조했다.[4] 하나님의 창조 동기는 단지 순수한 자비에서 비롯됐다. 비록 그 자신 자체가 완벽하여 필요한 어떤 것도 없었지만, 선을 나누고 싶었고 다른 존재에게도 확대하고 싶었다. 그는 홀로 존재했기에 다른 존재를 창조해야만 했다. 오직 하나님만이 완벽하기 때문에 창조된 세계는 당연히 불완전하다. 이 세계는 실재하지만 전적으로 실재하지는 않고, 선하나 완전히 선하지는 않다. 이 우주는 단지 진정한 실재의 어설프고 결핍된 반영일 뿐이다.[5]

　　모든 것이 똑같이 결여된 것은 아니다. 엄청나게 다양한 형상들이 우주를 채우고 있고, 이러한 형상들 사이에 존재하는 차별성으로 인해 필연적으로 어떤 것은 다른 것보다 더 결핍되게 되었다. 이로써 존재의 고리 사슬을 구성할 수 있게 되었다. 낮은 곳에 있는 존재들은 높은 곳에 있는 존재들보다 실재적인 면에서, 선적인 면에서, 영적인 면에서 뒤떨어진다. 즉, 그들은 실재성과 선함이 더욱 결여되어 있다. 하나님은 제일 높은 곳에 있고, 완벽한 존재이며, 선의 화신이며 영 그 자체다. 하나님 아래에는 천사들이 있고 이들은 다시 등급별로 나뉜다. 그중에서 대천사는 가장 실재적이고 가장 선하며 하나님에 가장 가깝다. 천사 다음에는 인간, 그 다음에는 동물, 식물, 돌 등이 순서대로 자리잡고 있다. 계속해서 내려가면 가장 근원적인 무형상의 물질에 다다

르는데, 이것은 가장 비실재적이고 비선적이고 비영적이며, 거의 존재성을 상실한 가장 큰 악이다.[6)]

악은 선의 반대이기에 결핍 또는 결여는 악이다. 여기서 이 주장은 도덕과 존재의 문제를 혼동하고 구분하지 못하여 무너져내리고 있다. 악은 단순한 결핍이다. 악은 무존재, 즉 실재의 결여다. 이제 하나님은 가장 완벽에 가까운 우주를 창조하려고 한다. 우주는 완벽한 세계는 아닌, 그것과는 거리가 먼, 그러나 존재할 수 있는 것 중에서는 가장 훌륭한 세계다. 하나님을 제외한 어떤 것도 완전한 선이 아니기 때문에, 모든 존재는 논리적으로 얼마간 선이 결여되어 더 악에 가까운 존재가 된다. 그러므로 악은 창조의 필연적인 부산물이다. 악이 없는 우주란 불가능하다. 이 논의의 특징 중 하나는, 이전의 이분법적 선악 구도의 단순성을 탈피하여 선으로부터 악까지 스펙트럼으로 펼쳐지게 했다는 점이다. 그러나 이 논의는 이 범위 안에서 어떤 일관성을 끌어내지 못하고 있다. 만일 최고의 천사가 비록 하나님보다는 선하지 못하지만 그래도 여전히 모든 피조물 중에서는 최고의 존재인데 어떻게 이 존재를 악이라 부를 수 있는가? 그리고 만일 그가 악이 아니라면 우리는 하향성 스펙트럼의 어느 지점부터 실질적으로 악이라고 명명할 수 있는가?

이후 많은 신학자와 철학자는 이 '거대한 존재의 사슬' 개념을 채용했다. 도덕적이기보다는 존재론적으로, 죄와 구원의 문제보다는 신정론의 문제를 논함으로써 이 이론은 신앙인들 가슴에 호소력을 발휘하기보다 철학자에게 확신을 심어주기에 더 적합한 것이 되었다. 결핍 신정론은 근본적으로는 속죄 신학과 일치하지 않는다. 이 불일치는 명백하다. 프랜시스 영이 언급했듯이 "하나님은 사랑이고, 하나님은 분노이다. 하나님은 궁극적으로 모든 것에 책임이 있고, 악마는 악에 대해 책임이 있다. 하나님은 자신의 아들을 악을 물리치기 위해 지상으로 보냈고, 하나님은 아들의 희생으로 감정을 풀었다". 클레멘스의 신정론은 악의 무존재성을 강조하면서, 한편으로는 그의 속죄 이론은 악의 존재가 인간을 하나님으로부터 소외시켰다고 주장했다. 이런 이중적 논제의 연결점이 없다.

결여 이론은 일관성이 없다. 이것은 자연적이고 물리적인 악들을 설명하는 데는 도움이 될 수도 있지만, 도덕적 선택 문제와는 상관성이 없다. "만일 악이 단지 선의 결여된 존재라면, 왜 도덕적으로 자유로운 개체들이 선을 택하지 않고 악을 선택해야만 하는가? 악이 선의 부재라면, 악의 계획적 반역은 어디에서 비롯되는가?" 혼란은 더 심해진다. 인간은 존재론적으로 소보다 높은 위치에 있다. 그렇다면 누가 '더 나은가?' 건강하고 생산적인 소인가 아니면 타락한 인간 사디스트인가? 천재는 존재론적으로 지능이 뒤떨어진 사람보다 높은 위치에 있다. 그러면 누가 '더 나은가?' 지능은 처지지만 친절한 사람인가 아니면 잔혹하고 악의적인 천재인가? 이러한 질문은 부조리하게 들린다.

왜냐하면 실제로 이 질문들 자체가 부조리하기 때문이다. 즉, 존재론적 질문과 도덕적 질문을 같은 선상에 놓고 논한다는 것 자체가 적절하지 않기 때문이다.

어떤 것도 악마론보다 더 혼란스럽지 않다. 결여 이론에서 천사들 중 하나인 악마는 존재론적으로 매우 높은 위치를 점하고 있지만, 도덕적으로는 가장 낮은 그리고 가장 타락한 존재다. 존재론적으로는 무형의 물질이 하나님으로부터 가장 멀리 떨어져 있고, 도덕적으로는 악마가 하나님으로부터 가장 멀리 떨어져 있지만 악마와 물질 간의 연관성은 거의 없을 뿐만 아니라 연관된다 해도 비논리적이다.

세 번째 혼란은 이 중 가장 근본적인 것으로, 존재와 무존재의 본성에 관한 것이다. 클레멘스는 악은 존재하지 않는다고 했다. 그러나 그는 강간, 살인, 고문, 전쟁 등을 의식하고 있었다. 그가 악은 존재가 없다고 했을 때의 의미는 악은 진정 하나님이 만든 완전한 실재이며 선한 존재의 형식을 가지고 있지 않다는 것이다. 클레멘스가 생각하기를, 악은 '존재한다'고 말할 수 없는데, 이는 단지 선의 '부재'이기 때문이다. 예를 들면, 이는 마치 스위스 치즈에 구멍이 나 있으면 치즈가 아니라고 할 때, 그것은 질적인 면으로 그 치즈를 정의한 것이지 실질적으로 치즈가 아니라는 의미가 아닌 것과 같은 논리다. 그러나 그는 악의 무존재성을 주장하면서 동시에 악은 실질적인 권력을 행사하고 있고, 이 권력을 이 세상에서 사용하고 있다는 것을 인정해야만 했다.

이 점에 이르러 그의 주장은 사실상 의미 없는 것이 되어버렸다. 즉, 악은 실질적으로 영향력을 행사하면서 존재하는데, 실질적인 몸체는 없고 그래서 진정으로 존재하지 않는다. 이러한 답답한 혼란은 '실재 (real)' 라는 모호한 어휘의 사용에서 비롯되었다. 이를 하나님과 같은 부류의 존재로 정의내려서 그외의 다른 종류의 존재와 구분해버리면 도움은 안 될지라도 논리적 일관성이라도 있으련만, 다른 종류의 것들은 전혀 존재성을 가지고 있지도 않다고 한다면 이는 일관적이지도 더 이상 말할 가치도 없다. 그리고 난 다음 이런 가상적인 존재론적 무존재를 도덕적인 결함과 연관시키는 데까지 다다르면 이는 혼란의 극치다. 비록 수세기 동안 많은 사상가들이 이 이론을 따랐지만 클레멘스의 신정론은 결국 폐기처분되었다.

클레멘스가 보기에, 하나님은 자기가 창조한 어떤 것도 미워할 수 없기 때문에 악마는 선하게 창조되었다고 할 수 있다. 악마는 천사들의 군왕이었고, 존재 사슬에서 높은 위치에 있었으나 그 자신의 자유 의지로 악을 택했다. 최초로 추방당한 그는 하나님을 적대하는 모든 악령의 우두머리가 되었다. 일단 악마로 낙인 찍혀 추방당하자 천사들을 설득하여 자신의 기치 아래 모이게 했다. 악마는 도둑, 강도, 거짓 말쟁이, 변절자, 죄인의 고소인, 유혹자, 뱀, 그리고 성서에서 말하는 '피의 인간' 이다.

스스로 은총으로부터 멀어졌듯이, 악마는 할 수 있는 모든 것을 다 동원하여 하나님으로부터 인간을 소외시키려 한다. 클레멘스는 자유의지를 그 무엇보다도 중요하게 여겼다. 악마는 유혹해도 좋다는 허가증은 가지고 있지만, 우리로 하여금 죄를 짓도록 강제할 권능은 없다. 악마는 적극적으로 아담과 이브를 충동하여 하나님을 배반하도록 했지만, 그 잘못의 원인은 하나님도 악마도 아닌 바로 인간의 자유의지 오용에 있었다. 악마는 죄의 대행인이라기보다는 선동가이고 "악은 인간 종족을 단단히 휘어잡고 있는데 이는 악 자체의 무신앙성 때문이다". 원죄는 영원하고 초월적인 시간에서의 사건이다. 비록 이 사건은 한순간에 일어났지만, 또한 매순간 일어나고 있다. 그러므로 모든 인간은 아담과 이브와 함께 그리고 아담과 이브 안에서 죄를 지었고 죄를 짓고 있다. 우리 모두는 원죄에 책임이 있다. 그 죄는 하나님의 뜻보다는 우리 자신의 의지를 더 선호한, 진실과 선함과 실재 대신에 환영과 무존재를 택한 우리의 자유 선택 때문에 비롯됐으며 비롯되고 있다. 원죄의 결과는 끔찍했다. 이는 온 우주를 휘저어놓았다. 최초로 행한 우리 자신의 잘못이 없었더라면 자연적 재앙들은 발생하지 않았을 거라는 관념은 오랫동안 기독교 전통 속에서 지속되었다. 이러한 관념은 클레멘스가 인간의 타락을 악마의 타락보다 오히려 더 큰 우주의 중심 문제로 여긴 것에서 비롯된 것이다. 존재론적으로 높은 위치에 있고 시간적으로 가장 선행하는 천사들의 우두머리의 타락은, 논리적으로는 우주를 혼란에 빠뜨리는 행위였음에 틀림없다. 그러나 클레멘스에게는 천사가 아닌 인간이 하나님의 관심 초점이었는데, 그의 이미지와 형상을 본뜬 것은 바로 우리 인간이었기 때문이다. 원죄는 우리를 노예로 만들었고 따라서 우리는 그리스도의 수난이 우리를 해방시킬 때까지는 사탄의 의지에 운명이 걸려 있게 되었다.

일단 우리가 악덕에 빠지면, 악마와 그의 수하들은 하나님의 허락을 얻어 계속적으로 우리를 시험에 들게 한다. 그들은 우리에게 죄를 지으라고 충동질하지만, 그들의 감언이설에 속고 안 속고는 오직 우리의 자유로운 선택에 달렸다. 악령들은 감각적 쾌락을 자극하여 우리의 이성을 혼란시킴으로써 길을 잃게 한다. 그들은 거짓을 말하여 우리가 참된 즐거움 대신에 허망한 쾌락을, 신성한 아름다움 대신에 세속적 매력을 택하도록 하며, 폭력과 공포를 휘둘러 우리를 겁준다. 결코 변하지 않는 그들의 목적은 우리를 구원의 길에서 탈선하도록 유도하는 것이다. 모든 부정한 사람은 그가 인식하든 인식하지 못하든 악마의 손 안에 있는 것이고, 매번 죄를 지을 때마다 악마의 권능은 그의 영혼 속에서 점점 증가하는 것이다. 죄를 지을 때마다 우리는 그리스도와 점점 더 소원해지게 되고 잘못은 더 굳어지게 되는 것이다. 악령들이 조장하는 죄들 중에는 우상숭배, 이단, 무신론, 망상, 마술, 박해, 부도덕 등이 있다.[7] 그들은 때때로 인간의 육신으로 옮겨가기도 하지만, 대부분의 악행들은 인간 자신의 자유의지에 의한 것들이지 인간 속에 들어간 악령들의 소행이 아니다.[8]

클레멘스는 비록 악마가 이교도의 우상숭배의 근원이지만, 이교도 철학의 근원은 아니라고 주장했다. 그는 진리가 그리스 철학에 존재한다는 관념에 반대했는데, 왜냐하면 악의 천사 또는 천사들이 하나님으로부터 진리를 훔쳐 철학자들에게 가르쳤기 때문이다. 철학은 감시 천사들이 인간의 딸들에게 가르친 마술 중의 하나라는 의견에 대해서도 그는 반대했다. 클레멘스에게 그리스 철학은 하나님이 보낸 일종의 조감도였다. 이것이 기독교 원리와 다른 이유는 악마가 그리스 철학의 진의를 흐려놓았기 때문이다. 따라서 그는 그리스 철학은 단지 진리에 가까이 근접해 있을 따름이라고 주장했다. 완전한 철학은 오직 이러한 진리의 불순물을 정제하고, 하나님의 진리를 왜곡 없이 진실되게 전달하는 기독교 철학에만 있다.

원죄로 인해 수많은 세월 동안 우리는 죽음의 통제 아래 놓여 있었고, 비록 우리가 의지의 자유를 가졌다고 해도 그 의지는 매우 깊숙이 죄에 경도되어 있었다. 수세기 동안 우리는 음욕, 전쟁, 우리에 대한 기만 등으로 잔혹한 상처를 입힌 암흑 세계의 지배자로부터 죽음에 이를 정도로 야만스런 매질을 당했다. 이러한 악의 권능으로 우리를 감옥에 가두었다. 그러나 그리스도의 구원 행위는 죽음의 통제를 깼고, 우리의 상처를 치료했으며, 우리의 의지를 강하게 했고, 마침내 하나님과 악마를 자유로이 선택할 수 있도록 우리의 자유를 온전히 완전하게 복구해주었다. 하나님은 악의 권능을 평정하기 위해서 그리스도를 대행인으로 보냈다. 그리고 이는 클레멘스에게 에덴에서의 추방 이후 모든 사람들 중에서 기독교인이 오직 처음으로 죄와 악마로부터 풀려났다는 극적인 영감을 주었다.

그리스도의 수난의 양식―그것이 희생이든 아니면 속죄이든―에 대해서 클레멘스는 분명히 하지 않았고, 이 효과에 대한 정의조차도 결여되고 있다. 언제나 그랬듯이, 악마에 대항한다는 것은 여전히 끊임없는 경계와 단호한 결의가 요구된다. 그는 구원은 점차적으로 진행되고 있다고 믿었다. 심지어 그리스도 이전에도 악마가 우리를 강제로 죄를 짓도록 할 정도의 능력은 없었고, 그리스도의 수난은 사탄의 영향력을 단지 약화시켰을 뿐 완전히 제거하지는 못했다. 그리스도는 우리에게 하나님께 가는 은총의 길을 다시 열어놓았지만 선택은 우리에게 달렸다. 우리는 스스로의 선택으로 우리를 위한 여행을 해야 한다.[9] 그리스도의 수난은 우리가 이 신성한 일에 참여함으로써 우리에게 한 번 더 개과천선할 기회를 주자는 데 가장 큰 취지가 있는 것이다. 죄로 인해 말라버린 우리의 영혼을 하나님은 자신의 생명과 사랑으로 채워줄 수 있다. 누구나 이 일에 참여할 수 있는 것은 아니다. 우리는 하나님의 초대를 거부할 수도 받아들일 수도 있는 자유로운 존재다. 만일 우리가 거부한다면 그때 우리는 그리스도 이전의 우리 선조들처럼 암흑 속에서 죄에 갇혀 지내게 될 것이다.

클레멘스는 그리스도의 하데스로의 하강을 구원 행위의 한 부분으로 연관시킨 신학자들 중 한 사람이었다.[10] 그리스도의 지하세계로의 하강에 대해서는 신약성서에 암시적으로 나오기는 하지만, 그 의미가 무엇인지는 분명하게 규정되어 있지 않았다. 2세기에는, 이미 그리스도는 금요일 오후 십자가에 못 박히고 난 후 일요일 오전에 부활하기까지 어떤 일이 일어났을 것이라는 믿음이 널리 일반화되었다. 이 기간에 그리스도는 거의 죽음의 경지에 이르렀다는 것을 일반적으로 받아들였고, 이 죽음의 장소는 지하세계라고 생각했다. 악마는 종종 인간의 죽음과 연관돼 있었기 때문에 그리스도의 지하세계에서의 투쟁은 그리스도가 인간의 가장 큰 적인 죽음과 악마를 우리를 위해 물리치고 있는 것으로 여겨졌다. 그리스도의 수난은 단지 십자가에 못 박히는 것만으로 이루어지는 것이 아니고 겟세마네에서 붙잡힌 것으로부터 부활할 때까지 전 고뇌의 과정으로 이루어졌다. 그리스도가 지하세계로 하강한 것도 고난과 십자가 시련의 의미처럼 구원의 한 행위였다.[11]

비록 그리스도가 지옥으로 하강한 것이 구원 사상을 이루는 데 중요한 부분이라 해도 1세기 때는 그가 지하세계에서 정확히 무엇을 했는가에 대해서는 공유된 의견은 없었다. 피조물인 물질세계를 증오했던 그노시스파는, 그리스도가 지옥으로 하강한 일은 그가 인간 세상에 강림한 것과 같은 것이라고 주장했다. 그들에게 이 현세의 땅은 그 자체로 고통과 시련으로 뒤덮인 악의 장소였기 때문에 그리스도가 지옥으로 간다 해도 별다를 것이 없다고 여겼다. 이런 관념은 이 세상을 단

사탄은 지옥의 가장 낮은 곳인 얼음 위에서 생각에 잠겨 있다. 한편 단테와 베르길리우스는 높이 걸린 바위 위에서 내려다보고 있다. 그의 죄로 인해 위대한 천사의 날개는 끔찍한 박쥐의 날개로 바뀌었다. 완전한 절망, 영원한 수감. 단테 「신곡」 지옥 편을 위한 구스타브 도레의 판화.

지 하나님의 왕국을 모방한 열등한 세계라고 여긴 클레멘스나 오리게네스, 그리고 그외의 다른 정통 교부들에게 전혀 낯선 것이 아니었다.

그러나 그리스도의 지옥으로의 하강에서 가장 중요한 점은, 이것이 심판과 자비 두 면을 포괄하는 신학의 매개체가 되었다는 것이다. 하나님은 인간의 원죄 이후 수세기 동안 그리스도의 강림을 미루어왔기 때문에 이로 인해 수많은 사람들이 단지 그리스도 이전에 태어나서 죽었다는 이유만으로 구원의 기회를 박탈당했을지도 모른다. 이것이 부당하다고 생각되어 문제로 불거지자 기독 공동체에서는 산 자와 죽은 자 모두에게 구원의 길을 확대시킬 방법을 모색했다. 만일 구원의 행위가 그리스도의 지하세계로의 하강도 포함한다면, 그리고 그 지옥에서 그리스도가 이전에 이미 죽은 자들에게 하나님의 말씀을 전도할 수 있다면, 그때는 속죄의 효과를 모든 사람들이 누릴 수 있을 것이라고 생각했다.

　그리스도가 하강했던 지옥은 어디였는가? 히브리어로 지옥이란 단어는 스올(Sheol)과 게헨나(Gehenna)였는데, 『70인역 성서』는 각각 하데스(Haidés)와 게나(Geenna)로 번역했다. 신약성서에는 하데스와 게헨나에 대해 분명하게 구분하지 않았고, 클레멘스도 또한 이 둘을 구분하지 않았다. 그렇지만 대부분의 교부들은 모호하나마 이 둘을 구분했는데, 게헨나는 영원한 고통의 장소로, 하데스는 죄를 정제하는 장소로 구분했다. 그리스도의 구원의 실천이 이루어진 이후 정의로운 사람들은 곧바로 천국의 길로 들어설 수 있었지만, 그리스도 강림 이전의 사람들은 그 길이 막혀 있었으므로 정의로운 사람들은 하데스로 보내져야만 했고, 거기에서 그들은 구세주가 나타날 때까지 기다려야만 한다. 게헨나에 있는 사람들은 악독한 죄인들로 구제될 수 없는 자들이며, 그리스도의 수난 이후에도 그전처럼 그곳에 남아 있었다. 하데스나 게헨나 모두 지하세계에 있고, 두 곳 모두 고통의 장소라고 여겨졌다. 그러나 그리스-로마의 영향 아래 하데스는 그늘진 정죄의 장소로, 게헤나는 대비적으로 불구덩이에서 영원한 고통을 맛보는 장소로 여겨졌다. 이 두 지옥의 차별에 의미를 두지 않는 신학자는 보편구제설주의자라고 할 수 있다. 그들은 그리스도의 지옥으로의 하강은 그리스도 이전의 모든 사람들을 지옥으로부터 구제하고자 한 행위였다고 믿었다. 반면에 이 두 지옥의 차별을 보다 분명히 하는 신학자는 그리스도가 게헤나로 내려간 것이 아니고 하데스로 갔고, 그는 오직 정의로운 사람들만을 구원했고 나머지 죄인들은 모두 지옥에 놔두었다고 믿었다. 두 단어를 라틴어 inferus, inferi, infernus, inferni(프랑스어 enfer, 이탈이아어 inferno, 영어 infernal 참조) 등으로 번역하면서 이 구분—한 번도 명확히 구분된 적이 없지만—은 더더욱 없어졌고, 지하세계에 사는 튜턴 여신의 이름에서 따온 '헬(hell)'이라는 단어를 사용함으로써 영어에서 다시 구분이 흐려졌다. 게헤나는 현대적 개념으로 하데스보다 지옥에 더 가깝고, 하데스는 가톨릭에서 말하는 연옥과 어느 정도 유사한 개념이다. 현대의 보편구제설주의자 중에는 지옥을 온건하게 하데스로 해석하려는 추세도 있었다.

클레멘스 시대의 중심 논쟁은 그리스도가 지옥에서 설교할 때 누구를 대상으로, 그리고 누구를 구제했느냐에 대한 것이었다. 세 개의 가능한 답이 있었다. 그리스도는 약속의 땅의 사람들—말하자면, 구약에 나오는 장로들, 그리고 모든 신심 깊은 히브리인들—에게, 이교도와 유대인 모두를 포함한 정의로운 사람들에게, 마지막은 죄인을 포함하여 모든 죽은 자들에게 설교를 했다. 반면 이그나티우스, 이레나이우스, 히폴리토스 등은, 그리스도는 오랫동안 메시아를 기다려왔던 오직 정의로운 히브리 사람들만을 대상으로 설교했다고 생각했다. 그노시스주의자인 마르키온은, 그리스도는 물질세계를 만든 악의 창조자에 대립되는 진정한, 감춰진 하나님을 믿는 모든 이들을 구제하기 위해 하강했다고 말했다.[12] 「솔로몬의 송가」에서는 그리스도의 강림과 지옥으로의 하강 모두가 악의 권세를 물리치기 위한 것이라고 강조했다. 테르툴리아누스는 그리스도가 지옥의 빗장을 부수고 문을 박살내는 생생한 장면을 소개했다.

이 신화는 신학으로부터 출발했기 때문에 지옥과 죽음을 의인화했다. 3세기 초 『실바누스의 가르침(The Teaching of Silvanus)』에는 내용이 풍부하고 구성이 치밀한 이야기가 실려 있었다. 그리스도가 지하세계로 내려가려는데, 길이 철장으로 막힌 것을 발견한다. 지옥은 그리스도의 방문이 곧 멸망의 시작이라는 것을 알고 있으므로 길을 막아버린 것이다. 그리스도는 지옥의 쇠창살과 구리빗장을 부숴버린다. 그가 들어갔을 때 지옥은 그리스도를 잡아서 묶으려고 했으나, 그리스도는 쇠사슬을 끊어버린다. 그리스도에 대항하기 위해 지옥과 죽음이 악마를 대동하고 나타나자, 그는 모두를 굴복시키고는 '지옥이 가지고 있던 화살을 동강냄으로써' 그들의 권능이 영원히 끝났다는 것을 보여준다.[13] 4세기의 신화는 종종 그리스도와 암흑의 권력자들 사이의 극적인 대화를 보여주기도 했다. 그러다 6세기부터는 틀을 갖추게 된다. 예를 들면, 「니고데모 복음서」에서는 '암흑의 계승자'인 사탄 또는 마왕 바알세불은 지옥에게 자기가 그리스도의 십자가형을 선동했다라고 알린다. 악마는 그리스도는 죽었다고 그의 연합군들에게 의기양양하게 알린 후 이제 할 일은 그리스도를 자신들의 세력권 안에 확실히 잡아두는 것이라고 선포한다. 왜냐하면 그리스도는 그들의 계획을 좌절시키기 위해서라면 할 수 있는 모든 일을 다할 것이기 때문이다. 지옥은 사탄이 그리스도를 그의 수중에 가둘 수 있을까에 회의를 표명했으나, 사탄은 그를 겁쟁이라고 신랄하게 비판한다. 만일 그리스도가 말씀으로 나사로를 어둠에서 풀어줄 수 있다면, 그가 이곳에 있는 모든 사람을 자유롭게 할 수도 있음을 알고 지옥은 기겁을 한다. "제발 그가 이곳에 내려오는 것을 막아주십시오. 그는 나의 모든 죄수들을 다 빼앗아갈 테니까요." 지옥은 사탄에게 사정하지만 사탄은 자기 주장을 굽히지 않았고, 이에 지옥도 체념하여 사탄에게 나가서 그리스도의 진입을 가능한 한 막아달라고 부탁한다. 지옥은 모든 문을 봉쇄하지만, 승리의 영광은 한순간에 오직 그리스도의 한마디 말씀으로 이루어져 쇠창살문은 모두 박살나고 그 안으로 빛이 홍수처럼 쏟아져 들어간다. 그리스도는 사탄을 붙잡고는 빛의 천사들에게 묶으라고 명한 다음, 사탄을 지옥에게 넘기면서 자신이 재림할 때까지 이곳에 붙들어 매놓으라고 명한다. 한때 사탄의 협력자였던 지옥은 지금은 그리스도의 간수가 되어 이전의 친구였던 사탄의 어리석음을 비난한다. "너는 졌어. 영광의 왕께서 모든 죽은 자를 나에게서 빼앗아갔어. 한 명도 남지 않았어. 십자가가 우리 둘을 모두 망쳐놨어." 이 문장은 그리스도가 모든 죽은 자를 구원하여 자유롭게 했고, 악마는 태초부터 그리스도가 강림할 때까지 감금되어 있다는 것을 암시한다. 그러나 나머지 '지옥으로의 하강' 의 절에서는 아담, 선지자들, 그리고 '성인들' 의 구원은 특히 강조했지만, '정의로운' 히브리인들이 구원되었는지, 모든 히브리인들이 구원되었는지, 아니면 착한 히브리인과 착한 이교도들이 구원되었는지, 아니면 모든 죽은 자들이 구원되었는지에 대해서는 명확하지 않다. 전통적으로 이 문제는 해결되지 않았지만, 클레멘스는 깊은 연민과 학식으로 모든 정의로운 사람들, 히브리인이든 이교도든 똑같이 구원하는 것을 택했다.

사실 클레멘스는 한때 사탄 자체도 구원받지 않았을까 하는 의구심을 가졌다. 그는 악마는 태초에 죄를 짓고 이후로도 계속하여 죄를 지었다는 것을 인정했다. 그러나 그는 여러 가지 고려 끝에 보편구제주의, 즉 시간의 궁극에서는 보편적 구원이 일어날 것이라는 관념으로 방향을 정했다. 첫째, 본질적으로 무한한 하나님의 자비가 모든 자유롭고 지적인 존재들의 궁극적인 구원을 위해 힘을 쓸 것이다. 둘째, 모든 피조물들은 본질적으로 자유의지를 가지고 있기 때문에 악마도 여전히 속죄할 수 있는 능력을 가지고 있고 이는 언젠가는 가능할 수도 있다. 셋째, 클레멘스의 존재론적 관점에서 모든 피조물은 잠재적인 선의 궁극적 완결을 이루게 되어 있다. 넷째, 그리스도는 그의 재림에 임하여 자애로움을 모든 이들에게 주고 싶어할 것이다. 그러나 클레멘스에게 이러한 점들에 대한 설명은 매우 불충분했고, 이러한 과제는 오리게네스에게 넘겨졌다. 그는 악마를 포함한 모든 존재는 궁극적으로 그들이 나온 원래의 곳, 즉 하나님에게로 돌아간다는 모든 인간의 궁극적 구원 사상으로 발전시켰다.

기독교 전통을 통틀어 가장 독창적인 악마 연구자인 오리게네스는 185년 알렉산드리아에서 태어났다.[14] 그의 집은 부유한 기독교 집안이었고, 아버지 레오니다스는 아들에게 기독교 신앙을 가르쳤다. 197~204년 사이에 있었던 기독교 박해로 인해 레오니다스는 순교했는데, 어린 아들은 이로 인해 엄청난 충격을 받았고, 그 또한 이와 유사한 결말을 맞이했다. 오리게네스에게 세계는 무서운 곳, 명백히 안전해 보이는 곳이 순식간에 방어할 수 없는 공포로 바뀔 수 있고, 그곳에서 당하는 위협은 오직 하나님의 자비에 의존해야만 온전히 벗어날 수 있는 그런 곳이었다. 예술과 철학을 공부한 오리게네스는 중기 플라톤주의와 그노시스파의 영향 아래 있었고, 얼마 동안 알렉산드리아에 있는 자신의 아카데미에서 문법을 가르치기도 했다. 클레멘스는 그가 기독교를 높은 수준까지 이해하도록 도움을 주었다. 강렬한 종교적 체험을 위해 그는 책을 팔아버리고 금욕적 생활과 도덕적 생활을 시작했지만, 마침내 자기 스스로 성기를 자르는 극한 지경에까지 이르러버렸다. 지중해 지역을 여행하면서 그는 철학과 성경을 가르쳤는데, 그의 명성은 점차 자자해졌고 많은 사람들이 토론하고 토의하기 위해 그를 찾았다. 악의 문제에 대해 그는 자주 언급했는데, 이교도인 켈수스와의 논쟁에서 "우리가 말하는 소위 악마와 그의 천사들에 관한 진실을, 그가 악마가 되기 이전에는 누구였는지 그리고 그가 어떻게 악마가 되었는지를 파악하지 못하는 자는 누구도 악의 근원에 대해 알 수 없을 것"이라고 선언했다.

켈수스를 논박하면서 오리게네스는, 자비로운 신이 어떻게 영적 존재들 가운데서도 불평등이 존재하는 그런 세상을 창조할 수 있었는지를 설명했다. 이후에 그노시스주의자인 칸디두스와의 토론에서 그는 확고히 그노시스적인 이원론을 거부했다. 이러한 논쟁을 통해 그는 만물은 하나님으로부터 나왔다는 일원론적 입장을 공고히 했다.

220~225년은 악에 대한 오리게네스의 사상에서 가장 풍부하고 생산적인 기간이었는데, 이때 그는 가장 영향력 있는 작품인 『기원(*The Beginnings*)』을 저술했다. 알렉산드리아 교회는 점점 더 그와 대립하기 시작했는데, 그들은 그의 극단적 금욕주의를 못마땅하게 여기는 만큼 그의 천재성을 싫어했으며, 이런 대립의 심화로 인해 그는 이단자로 몰리게 되었다. 230년 오리게네스는 알렉산드리아를 떠나 팔레스타인

으로 향했다. 그곳에서 성직을 신청했으나 그의 거세 때문에 거절당했다. 231년 안티오크에서 그는 여왕인 율리아 마마이아를 만났고, 여왕이 그에게서 감명을 받았을 때 그의 미래는 보장된 것처럼 보였다. 여러 곳을 전전하던 그는 마침내 232년 팔레스타인 카에사리아(Caesarea. 팔레스타인의 고대 항구이자 행정도시. 이스라엘의 하이파 남쪽 지중해 연안에 있었다)에서 성직을 수여받았고, 이후로 한동안 평화롭고 행복한 시간이 흘렀다. 이 기간 동안 그는 켈수스의 사상에 논박하는 글을 저술했다. 후반기 그의 인생은 그에게 내린 이단의 죄를 끝까지 고수하려는 알렉산드리아 주교와의 고조되는 다툼과, 250~251년 황제 데키우스의 기독교 탄압으로 어지럽고 불안했다. 그의 아버지처럼 오리게네스도 배교를 거부하여 수감되었다. 그의 아버지와는 달리 그는 풀려났지만 건강은 이미 회복할 수 없을 정도로 망가졌고, 석방된 지 몇 달 후에 죽었다. 오리게네스는 악마에 대한 전통적인 견해를 더욱 고착화시켰다. 그는 수백 권의 책을 저술했다고 알려져 있지만, 이단자란 평판 때문에 대부분 사라지고 라틴어 번역본으로 남아 있는 저술들도 번역자에 의해 어느 정도 손질되었다.

세계관에 있어서 오리게네스도 클레멘스처럼 자유를 강조했다. 완전한 선의 실현을 위해 하나님은 우주를 창조했고, 우리 모두가 구원받을 수 있는 최상의 세계가 되기를 원했다. 도덕적 선은 선택의 자유를 수반해야 하므로 하나님은 우주를 창조하고 피조물이 그곳에서 진정한 자유를 누릴 수 있게 했다. 그들 없이 세상은 선을 행할 필요도 또한 의미도 없을 것이다. 이러한 자유에는 악을 행할 수 있는 가능성도 포함된다. 따라서 악은 우주 창조에 필연적으로 수반되는 것이다.

하나님은 먼저 일군의 지적 존재들을 만들었는데, 이 숫자는 영원히 고정되어 있다. 이 지적 존재들은 모두 평등하게 창조되었고 또한 자유인이었다. 그들은 모두 자유로운 선택으로 이 신성한 통일체를 떠났다. 하나님은 우주를 다양한 형상으로 채우기 위해 이를 허락했다. 그리하여 모든 지적 존재들은 정도의 차이는 있지만 완전한 세계를 떠나 각자 자기가 선택한 곳으로 향했고 따라서 하나님과 멀리 떨어져 살게 되었다. 가장 조금 떨어진 존재들은 천국 가까운 곳에 살고 공기처럼 가벼운 몸을 지니게 되었다. 이보다 멀리 떨어져 사는 존재들은 낮은 대기층에 살며 보다 무거운 물질로 이루어진 몸을 소유하게 되었다. 이 존재들은 훌륭한 지성의 소유자로 인간보다 더 영적이고 전반적으로 더 뛰어났다. 고등 지능 존재를 '천사'라고 부르는 관습은 천사라는 개념의 불명료성과 모호성을 불러일으키나, 오리게네스 시대에는 완전히 일반화되었기 때문에 그와 그의 동료도 천사 이외에는 달리 부를 방도가 없었다.

다른 지적 존재들은 더 멀리, 심지어 지구까지 떨어져나왔다. 그곳에서 그들은 비천한 물질의 육체를 가지게 되었고 인간이 되었다. 그외의 다른 존재들은 모두 지하세계까지 떨어져나갔고 악령들이 되었다. 오리게네스에게 있어서 하강은 천사가 인간 또는 악마의 상태로 추락했다는 것이 아니고, 천사와 같은 이전의 지적 존재들이 천국에서 하강해 내려왔다는 것이다. 이 점에서 그의 생각은 잘못 이해되고 있었는데, 그와 의견을 같이했던 폰티쿠스의 에바그리우스(Evagrius. 신플라톤 철학의 영향 아래 사변적 신비사상을 전개한 기독교 신비사상가)조차도 이를 잘못 알고 있었다. 여기서 원래의 지적 존재들은 두 가지(또는 세 가지) 범주로 나뉘어 떨어져나오는데, 즉 천사, 인간, 그리고 악마다. 이 하강은 존재의 다양성을 의미하는 것이지 도덕적 타락으로서가 아니었다.

이 이론에는 많은 어려움이 존재한다. 그래서 그러한 오해가 생기는 것도 이상할 게 없다. 오리게네스는 존재의 다양성에다 진정으로 도덕적 타락을 보강해야만 했다. '천사'가 된 지성적 존재들은 이후 죄를 지어 존재론적으로 강등되어 일부는 인간의 지위로 나머지는 악마의 지위로 떨어졌다. 그러나 인간이 된 모든 천사들이 죄인은 아니었다. 엘리야, 세례 요한, 그리고 그리스도, 이들 모두는 죄 때문이 아닌 선을 전달할 목적으로 인간의 육체를 가졌다. 인간이 된 지성적 존재들 또한 죄를 지음으로써 그들은 세속적인 비천함 속에 빠졌거나 아니면 악마의 세계에까지 더 내려가게 되었다. 모든 지성적 존재들은 태초에는 모두 평등했기 때문에 그들은 잠재적으로 상승 또는 하강할 수 있다. 우주에서 그들의 위치는 자신들의 선택에 의해 결정된다. 그래서 그들은 위로 상승할 것인지 아니면 더 밑으로 내려갈 것인지 선택할 수 있다. 그리스도를 영접하여 하나님의 도움을 받을 수 있는 자는 누구나 존재의 계단에서 위로 상승할 것이다. 지성적 존재들은 언제든지 자신의 위치를 바꿀 수 있는 자유가 있으므로, 인간도 천사 또는 악마가 될 수 있다. 그래서 하나님의 구원 사업의 한 일원으로 추락한 '천사들'로 인해 위계상 빈자리를 정화된 인간 영혼들로 채울 것이다. 천사들도 바뀔 수 있다. 대천사가 악마가 될 수도 있고 악마가 다시 상승하여 대천사가 될 수도 있다. 오리게네스가 존재론적인 것과 도덕적인 것을 구별하려고 노력했음에도 불구하고, 이 설계의 근본적 문제는 지성적 존재들의 도덕적 선택에 따라 존재론적으로 상승 또는 하강할 수 있다는 그의 주장에 의해 뒤섞여버렸다는 데 있다.

오리게네스는 세상을 창조한 목적이 우리가 하나님을 사랑하도록 가르치는 데 있다고 말한다. 그래서 하나님을 사랑하는 데 목적을 두지 않는 어떤 행위도 진정한 것이 아니다. 목적이 없는 행위는 곧 죄를 의미하고, 우리를 진실과 더욱 멀어지게 하는 어리석은 행위가 된다. 어떤 사람은 죄를 썩어서 곪아 터질 때까지 쌓아놓는다. 그래서 그의 구원은 산더미처럼 쌓인 죄악을 씻는 일로부터 시작된다. 다니엘로는 "구원의 역사는…… 점진적으로 영혼을 원래의 상태로 복원하는 것"이라고 오리게네스의 견해를 빌려 서술했다.[15] 죄는 우리를 하나님의 존재로부터 멀어져 악의 무존재로 나아가게끔 한다.

하나님은 악마를 포함한 모든 존재를 선으로 창조했다. 그러나 악마는 스스로 진정한 존재와 참된 목적 대신에 무존재와 무목적을 택했다. 사탄은 선의 천사로 창조되었으나 스스로 천사를 악마로 만들어버렸다. 그래서 그를 따르는 모든 존재들도 이와 같다. "자신들로부터 신성한 존재를 스스로 제거함으로써 자신에게 내재된 신성성의 요소를 포기한 모든 자들은 무존재가 되었다." 악령들은 하나님에 의해 이성적 존재로 창조되었지만, 그들은 자신들의 자유의지로 악령이 되었다. 악마는 존재한다. 그의 존재를 하나님이 만들었기 때문이다. 그러나 자신을 악에 맡기는 순간 그는 존재성이 결핍되게 되었다. 그는 거의 온몸으로 악에 매달리고 전념했기 때문에 거의 완전한 무존재라고 할 수 있다. 그러나 그는 우주에서 가장 강력한 악의 힘을 가지고 있다. 여기서 다시 오리게네스는 클레멘스처럼 존재론적인 것을 도덕적인 것과 뒤섞었다. 비록 존재론적인 의미에서 악은 무존재이지만, 도덕적인 의미에서 악은 자유의지로 악행을 저지른 바로 그 실질적 결과로서 존재한다.

오리게네스는 존재론적 문제와 도덕적 문제를 묶어서 한 바구니에 담을 수 있는 그런 이성적 토대를 마련하기 위해 대담한 시도를 했다. 다른 대부분의 교부들과는 달리 그는 적어도 이것이 문제인 것을 의식하고 있었다. 그는 모든 존재는 잠재적 완전성을 구비하고 있다고 믿었다. 이 믿음은, 우주에는 총체적으로 악의 양이 자유의지를 지켜줄 양보다 더 거대하고 많기 때문에 신은 존재하지 않는다는 주장에 대한 그의 일관된 답이었다. 우리 인생의 전 과정을 살펴보면, 비록 일시적인 불행은 있을지라도 더할 나위 없는 완전한 행복을 누린다. 이 땅에서 또는 심지어 지옥에서 우리가 어떠한 고통에 시달려도, 시간이 흐르면 하나님은 정의를 실현하고 자비를 베풀어 우리에게 참다운 행복을 줄 것이다. 이땅에서 우리가 어떠한 죄를 얼마나 범했든, 시간이 흐르면 언젠가는 하나님은 참회의 마음을 이끌어내어 결국 우리로 하여금 선을 택하도록 하실 것이다. 이것은 또한 강력한 구원의 이론이다. 왜냐하면 하나님의 무한한 자비, 그리고 우리 모두를 위한 그리스도의 희생을 강조했기 때문이다. 오리게네스는 죄와 구원의 반복 순환을 생각했던 것 같으나, 이런 반복의 가능성이 인류를 위해 오직 한번의 필요성으로 행한 그리스도의 수난을 손상시킨다. 이런 이유로 (그리고 또한 그를 싫어했기 때문에도) 당대의 교부들은, 자신의 이론도 그의 이론만큼이나 일관적이지 못했음에도 불구하고 그의 이론을 받아들이지 않았으며, 그후에도 계속 그의 이론은 무시당했다.

오리게네스의 이론은 악마의 존재에 대한 일관된 논리 구조를 갖추고 있지 않았다. 첫째, 그는 인간의 자유의지에 대한 책임을 강조하다보니 인간의 죄는 악마의 유혹 없이도 생겨날 수 있었을 것이라고 주장하게 되었다. 둘째, 악은 존재가 없다고 믿었다. 셋째, 어떤 의미에서 악은 상대적이라는 것을 알았다. 즉, 우리는 개인적 성향에 따라 선과 악을 판단하는 경향이 있다. 이는 마치 맑은 가을날을 선이라 하고 광란의 태풍을 악이라고 부르는 것과 같은 것으로, 비록 이 두 사건이 자연스런 자연의 한 현상이고 우리에게는 불명료하지만 어떤 목적이 있었음에도 불구하고 말이다. 하나님은 모든 도덕적 악의 결과들을 어떻게 섭리대로 종결짓는지를 안다. 그가 창조한 어떤 것도 악이 아니다. 그러나 오리게네스는 켈수스와의 논쟁에서 악마의 실재를 주장했고, 그의 이론은 클레멘스에 비해 더 많은 자리를 사탄에게 할애했는데, 비록 그의 신정론이 악마를 필요로 하지는 않았지만 그의 구원 이론에는 악마가 필요했기 때문이었다.

이교도 켈수스는 기독교 악마론은 터무니없는 이원론이라고 주장했다. 그는 신의 의지가 관철될 수 없다는 것은 어리석고 신을 모독하는 것이라고 했다. 신은 선을 바랄 뿐만 아니라 어떠한 반대 세력도 그의 뜻을 좌절시킬 수 없다. 만일 좌절당한다면 그는 신이 아닐 것이다. 악마가 하나님 그 자신이며 인간으로 강생한 그리스도에게 고통을 줄 수 있다는 말은 터무니없는 것이다. 오리게네스는 구약성서에 의존하여 이를 반박했으나 아마도 켈수스에게는 무의미했을 것이다. 오리게네스는 기독교 악마 사상이 켈수스의 이교도 신화보다 더 합리적인 것이라고 지지했으며, 이를 우주 퇴보 설계 속에 집어넣었다. 오리게네스는 하나님이 모든 존재를 선으로 창조했다고 말했다. 사탄은 "최초의 존재로 평화와 축복 속에 살다가 날개를 잃고 그 축복의 상태에서 영락했다". 사탄의 추락은 그의 잘못에서 비롯된 것이지 하나님의 계획과는 무관하다. 악마는 천사들 가운데서 즐겁게 지내고 있었다. 그러나 그는 자신의 의지로 스스로를 타락시켰다. 그리하여 그는 자신으로부터 거의 모든 존재와 선함을 뽑아내버리고는 거의 완전한 무존재가 되었다.

악마와 그를 따른 천사들의 죄는 물질세계를 창조하기 이전에 생겼다. 사실 하나님은 그들의 죄 때문에 생긴 선의 상실을 벌충하기 위해 물질적 우주를 창조했다. 천사들의 타락은 아담과 이브의 창조에 선행하므로 그들이 인간에 대한 갈망이나 시기 때문에 타락했을 리는 없다. 그보다는 하나님의 의지 대신 자신의 의지를 내세우려는 그들의 오만함에 타락의 이유가 있었다. 후에 아우구스티누스는 악마의 시기심은 자만심에서 나왔다고 주장하곤 했지만, 악마는 하나님을 시기했지 인간은 아니었다고 믿었다. 그의 주장은 설득력이 있었고, 그리하여 이때부터 악마는 오만함 때문에 죄를 얻었으며, 그의 타락은 아담과 이브의 창조 이전에 일어났다고 믿게 되었다.

이러한 사건의 순서를 바탕으로 오리게네스는 사탄과 루시퍼(Lucifer) 사이에 새로운 연결점을 만들었다. 「욥기」, 「에제키엘서」, 「이사야서」 등 일련의 다양한 구약성서의 전통들을 모아서 그는 루시퍼, 티레(Tyre. 옛 페니키아의 항구 도시)의 왕, 용이 모두 악마와 동일하다고 주장했다. 그는 성경의 구절들을 빌려서 사탄의 자만심과 천국으로부터의 추락을 강조했다. 루시퍼는 사탄이다.

어찌하여 그대는 천국에서 떨어졌는가, 오! 루시퍼, 새벽 여신의 아들이여! …… 그대는 마음속으로 외쳤지, 나는 하늘에 올라 하나님의 뭇별 위에 나의 보좌를 높이리라. ……나는 구름보다 더 높이 오를 것이다. 나는 가장 높은 자처럼 될 것이다. 그러나 그대는 지옥으로 끌려 내려갈 것이다. −「이사야서」14:12

티레의 왕은 사탄이다.

그대는 넘치는 지혜와 완벽한 아름다움으로 둘러싸여 있었지. 그대는 하나님의 정원인 에덴에서 살았지. ……그대는 임명된 천사였고…… 나는 너를 그렇게 살도록 했지. ……그대는 창조된 날로부터 그대의 죄가 발견될 때까지는 여러 가지 면에서 완벽했지. ……그대의 가슴은 그대의 아름다움 때문에 지나치게 고양돼 있었고, 그대의 총명은 그대의 지혜를 더럽혔어. 나는 그대를 지상으로 내던질 것이다. ……나는 그대의 가슴 한복판에 불을 내어, 그리고 이 불이 그대를 삼켜버리도록 할 것이다. −「에제키엘서」28:12-19

드래건 리바이어던은 사탄이다.

그대는 능히 낚시로 리바이어던을 낚을 수 있겠는가? ……그대는
낚시 바늘로 그의 코를 꿸 수 있겠는가? -「욥기」 41:1-2[16]

이러한 화려한 구문들은, 악마가 아름다움에서나 완벽함에서나
천사들 가운데 가장 위대한 최고의 천사였다는 것을, 그리고 태초에
이러한 지나친 자부심으로 인해 그는 하나님께 반기를 들었고 결국 천
국에서 쫓겨나 불구덩이에서 심판을 기다리고 있다는 그 전통을 견고
히 지탱했다. 오리게네스는 신화나 문헌을 활용하고 재구성하여 그 속
에 나타난 매우 생생한 악마의 본성을 독창적으로 보여주고 있다.

천사들은 태초에 사탄을 따라 타락했는데, 이는 모두 자만심 때문
이었다. 사탄은 그들의 군주였다. 오리게네스는 가끔 악마의 직책을
선출직으로 여기곤 했다. 즉, 천국에서 추방된 추락 천사들이 그들 중
에서 한 명을 뽑아 대장으로 삼는다. 오리게네스는 감시 천사들과 그
들의 음욕에 관한 부분을 언급하지 않았기 때문에 악령들과 타락 천사
들을 구별하지 않았다. 악령들 사이의 차이는 존재론적인 것으로 도덕
적 죄의 정도에 따라 생겨났을 것이다. 이것은 인간에게도 그대로 적
용된다. 사탄과 투쟁하는 사람은 존재론적인 것이 상승하여 점차 영적
인 존재가 되지만, 이와 반대로 사탄에게 굴복하는 사람은 하강하여

점점 육욕적인 존재가 된다. 최소의 물질로 이루어진 몸과 대부분 물질로 이루어진 몸 사이의 스펙트럼에 관한 오리게네스의 이론은 당시 영적 육신을 전적으로 거부하는 이론과 상충되었다. 존재론적 지위에 대한 책임은 도덕적 선택에 있다고 함으로써 존재와 도덕을 통합시키려 했던 그의 노력은 전반적으로 실패했다. 이에 대한 잠재적 가치가 무엇이었든지 그는 자신의 이론을 일관되게 이끌어갈 방도를 찾을 수 없었다.[17]

악령들은 자연과 인간사에 모두 영향을 미친다. 오리게네스는 대부분의 자연재해는 부분적으로 악령들에 기인한다고 생각했다. 왜냐하면 하나님은 천사들에게 땅·공기·불·물의 요소들과, 별이나 동물과 식물을 포함한 모든 자연물들의 움직임의 관리를 맡겼고, 따라서 천사들과 함께 우주를 관리하는 데 천사인 악령도 포함되기 때문이다. "땅을 그리고 나무의 파종을 관리하는 자, 샘물과 강물을 마르지 않게 감시하는 자, 비와 바람, 지상과 수중에 사는 모든 동물들, 그리고 모든 이 지상의 것들을 보살피는 자는 바로 천사들이다." 낮은 계급의 천사들은 자연을 책임지고, 높은 계급의 천사들은 인간의 일을 관리한다. 이 천사들은 대체로 우리를 위해서 일하지만, 두 가지 면에서 우리와 대립되는 일을 할 수도 있다. 첫째, 어떤 자연재해, 질병 등은 하나님의 계획 속에 들어 있는 필수적인 것들이다. 그래서 하나님은 악의 천사들에게 그런 질병을 내리도록 허락한다. 악령들은 더 많은 재앙을 일으켜도 좋다는 허락을 받고 싶어하지만, 하나님은 반드시 필요한 만큼만 하도록 제한한다. 그리고 그들이 저지른 어떠한 재앙도 하나님은 궁극적으로는 선으로 되돌려놓는다. 그러나 그들의 악한 심성은 이를 무시한다. 악령들은 가뭄, 기근, 불모지, 전염병, 그리고 이와 유사한 재해들을 일으킨다. "공인된 사형집행인처럼 그들은 이러한 모든 재앙을 불러올 수 있는 신성한 임무를 부여받은 자로서의 권능을 가지고 있었고······ 이는 인간을 개종시키기 위해서거나······ 또는 그들을 훈련시킬 목적에서다." 이런 시련을 통해 정의로운 자와 정의롭지 못한 자 모두는 그들의 진정한 본성이 드러나게 된다. 하나님의 의도와는 무관하게 모든 자연질서는 악령들의 횡포로 무너지며, 악마는 궁극적 자연 악, 죽음을 관할한다.[18)]

인간 사회는 천사와 악령 간의 전쟁터다. 인간 종족이 바벨탑에서 나눠진 후 하나님은 각 민족을 천사들의 책임 하에 두었다. 각 나라, 지방, 지역 등은 한 명은 선의 천사와 한 명은 악의 천사 등 두 명의 강력한 천사를 두어 관리한다. 악의 천사는 자기들이 맡은 나라에서 탄압과 박해, 명분 없는 전쟁 등을 일으키는 역할을 한다. 이교도가 자기 나라의 천사를 실수로 신이라 부르고 존경하는 것까지는 좋지만, 선의 천사를 숭배하지 않고 악의 천사를 숭배함으로써 악령을 그들의 신으로 섬기는 크나큰 잘못을 저지르고 있다. 그리스도의 강생은 인간을 하나의 기독 공동체로 재통합하게 했고, 천사의 권세를 무력화시켜버렸다. 기독 공동체에 속하지 않는 사람들은 어떤 민족의 천사로부터 조차도 자신을 보호하지 못한다. 오리게네스는 이 점에서 일관성을 잃어버렸다. 즉, 그리스도는 민족의 천사의 권능을 꺾어버렸지만 그들은 여전히 박해, 전쟁, 그리고 다른 악행을 저지른다. 적어도 이러한 비일관성은 그리스도가 전반적으로 인간 상황에 영향을 미쳤다는 것과는 일관성을 이루고 있다. 기독교도는 언제나 그리스도의 수난은 세상의 구원을 위해서는 필요하고도 충분했지만 그가 재림할 때까지 세상은 완전히 개벽되지 않을 것이라고 주장해야만 하는 어려운 처지에 놓이게 되었다.

하나님은 개인뿐만 아니라 민족까지도 돌보며, 개개인들에 대한 지도는 상대적으로 덜 영향력 있는 천사들의 책임 하에 둔다. 모든 사람들은 두 종류의 천사를 가지고 있는데, 하나는 정의의 수호 천사이고 다른 하나는 부정한 타락 악령이다. 개개인은 선의 천사와 악의 천사 사이에서 내면의 도덕적 투쟁을 벌인다. 선의 천사는 하나님의 지도 아래 우리를 영적으로 끌어올리려고 노력하는 반면, 악의 천사는 우리를 하나님으로부터 멀리 물질과 허무의 세계로 끌어내리려고 한다. 기독교도의 일상생활은 선의 천사의 도움을 받아 악의 천사의 유혹을 물리치는 투쟁이다. 아담과 이브가 죄를 지은 이후 선과 악의 균형은 악의 천사 쪽으로 기울었고 인간도 죄의 성향을 띠었다. 하나님이 이스라엘과 더불어 맺은 성약인 옛 율법은 단지 부분적으로만 우리를 이 죄로부터 해방시켜주었고, 악의 천사가 갖고 있는 권세의 파괴와 우주의 질서 회복을 위해서 그리스도의 수난을 필요로 했다. 적어도 지금은 그리스도를 따르는 사람들에게는 선의 천사가 우위에 있다. 하나님이 비록 악마로 하여금 우리를 유혹해도 좋다고 허락했다 해도 우리에게는 언제나 이에 저항할 수 있는 자유가 있다. "우리는 우리 가슴 속에 존재하는 악에 대해 스스로가 책임이 있고, 이것이 바로 악의 정체다. 악은 내면의 악이 구체적으로 드러난 행위일 뿐이다."

　아이러니하게도 우리에게 악행을 저지르도록 선동했던 악마가 마지막 날에, 그리고 우리의 개인적 심판에 모두 고발자로 등장한다. 개인의 '특별한' 심판에 관한 관념은 원시 기독교에는 존재하지 않았다. 그러나 그리스도의 재림이 지연됨에 따라 사람들은 죽음과 마지막 심판 사이의 간격이 몇 년에서 몇십 년 또는 몇백 년으로 벌어지게 되자, 그동안 우리의 영혼에는 어떤 일이 일어날까 하는 데 궁금증을 갖게 되었다. 그래서 이 특별한 심판에 대한 관념은 3세기와 4세기에 급속도로 번졌다.[19] 특별한 심판에 우리의 보호 천사는 우리의 옹호자로서 우리 곁에 선다. 한편 개인적 악마는 우리를 고발하는 책임자로서 함께 자리한다. 만일 수호 천사가 우리의 일생이 기본적으로 그리스도의 신앙 속에서 이루어졌다는 것을 보여주는 데 성공한다면 우리는 위로 상승한다. 반대로 악마가 이긴다면 우리는 추락하여 물질의 구렁텅이로, 지옥의 불 속으로 떨어진다. 최후의 심판은 개개인이 받은 심판을

한 쌍의 우람한 악령이 위안받을 길 없는 한 영혼을 지옥으로 끌고가고 있다. 안에는 지옥에 떨어진 망령들이 벌써 형벌을 받고 고통스러워하고 있다. 9세기 슈투트가르트 복음서.

확정지을 것이다.

사탄의 지휘 아래 우리의 영혼 속에 살고 있는 악령 또는 악령들은 '수단 방법' 을 가리지 않고 끊임없이 우리가 죄를 짓도록 유혹한다. 그러나 그들은 우리를 강제할 힘은 가지고 있지 않다. 그래서 어떤 죄를 짓든 모두 우리의 책임이다. 심지어는 원죄조차도 악마의 충동 없이도 일어났을 수 있다. 그리고 우리는 지금, 비록 악마가 존재하지 않았다 해도 끊임없이 죄를 짓고 있을 것이다.

우리는 수호 천사와 이에 대립되는 악령의 계속된 긴장 관계 속에서 어떤 판단 또는 결정을 내리기 전에 이 둘 중 어떤 편의 말을 들어야 할지를 판단할 수 있는 능력, 즉 '천사들에 대한 구별 인식' 을 향상시켜야 할 필요가 있다. 악마는 거짓말쟁이로 선을 가장하여 그가 행하고 있는 일들이 언제나 옳고 선하다고 우리를 설득시키고 있다. 그러나 비록 그가 옳게 보이는 어떤 제안을 한다 할지라도 우리는 결코 그가 제안한 일을 해서는 안 된다. 왜냐하면 그는 결국 그 일을 악으로 돌릴 것이고, 이를 이용하여 우리를 파멸시킬 것이기 때문이다. 선과 악의 천사를 분별할 수 있는 자, 평화로 향하는 그래서 다툼이 없는 행위는 대체로 선의 천사의 격려에 힘입은 것임을 알 수 있을 것이다. 그러나 악마는 악을 선으로 어떻게 가장하는지 알기 때문에 우리 내면에 있는 악의 성향을 자극한다. 악의 성향은 아담과 이브가 추락한 결과로 생긴 죄의 성질이다. 악마들은 이런 악의 성향을 이용하여 우리의 마음을 흥분시키며 저급한 욕망에 불을 댕긴다. 악마는 두 방향으로 우리에게 접근한다. 외부적으로는 세상의 감각적 쾌락을, 내부적으로는 우리의 은밀한 욕망과 소망을 자극하여 우리를 유혹한다. 그리스도는 세례받은 자에게서 악의 성향을 제거해주었다. 그러나 그가 죄를 다시 지으면 예전 악의 성향은 다시 살아나고 악마에게 다시 문을 열어주게 된다.

오리게네스의 구원 이론은 악마를 강조했다. 그는 구원의 효험성에 대한 믿음을 현존하는 악마의 유혹을 인식하는 현실적 심리 상태와 결합시키려고 했다. 분명히 인식해야 할 것은 구원의 행위가 본질적으로 인간의 본성에 많은 영향을 미쳤다 할지라도, 인간의 행동에는 획기적인 변화가 없었다는 것이다. 비록 기독교도가 비기독교도보다 악의 성향과 충동 면에서, 그리고 이를 추진하는 악령으로부터 더 많은 보호를 받지만, 그들은 여전히 약하다.

우리의 영혼이 옳은 길을 택할 때마다 우리는 영적인 길을 따라 한 발 더 하나님에게로 다가갈 것이고, 우리가 이 길을 따라 올라갈 때마다 우리를 적대하는 악령의 힘은 그만큼 약화될 것이다. 그러나 우리가 영적으로 상승할 때마다 악마가 우리에게 쓰는 유혹도 그만큼 더 지능적이고 교활해질 것이다. 우리가 잘못을 저지를 때마다 우리의 영혼은 영적인 길과는 점점 더 멀어질 것이고, 만일 우리가 계속하여 악을 선택하게 되면 우리는 작은 사탄이 될 것이다. 이런 점에서 "그리스도를 머리로 한 교회의 몸체와는 대립되는, 즉 몸은 죄로 이루어지고 머리는 악마인 자가 된다". 마술사, 우상숭배자, 이단자, 그리고 부도덕한 생활을 일삼는 자들은 모두 머리카락을 곤두세우며 기독 공동체를 공격한다. 이를 통해 신비스런 현신인 사탄은 현세의 왕국을 다스린다.

그리스도의 강생 이전에는 지상의 왕국, 즉 구시대가 이 땅을 지배했다. 그리스도의 전체적 임무는 악마, 악령들, 그리고 죽음과 전투를 벌이는 것이었다. 그가 태어난 바로 그 순간부터 그리스도의 '위대한 권능'은 사탄의 권능을 완전히 파멸하기 위한 준비 단계로서 그들을 분쇄하기 시작했다.

그리스도의 수난은 이러한 긴 여정의 투쟁에서 중요한 사건이다.

오리게네스가 갖는 그리스도의 수난에 대한 견해는 일련의 아이디어들을 끌어모은 절충식이다. 첫째, 그리스도의 죽음은 원죄를 범함으로써 하나님과 소원해진 우리를 하나님과 다시 화해하도록 했다. 그리스도는 우리와 우리 죄를 대신하여 짊어지고 죽음으로써 자신을 희생하여 아버지이신 하느님께 우리를 바쳤다. 아버지이신 하나님은 이 희생을 갸륵히 여겨서 인간이 저지른 죄를 용서했다. 둘째, 그리스도의 수난은 최초로 우리 위에 군림하는 악마의 권세를 분쇄할 만한 일격을 가한 것이 되고, 그 다음은 그리스도의 재림 때가 될 것이다. 셋째, 그리스도는 하나님이 악마에게 지불한 몸값이었다. 이 속죄 이론은 희생이론과 근본적으로 다르다. 속죄 이론에서 그리스도는 하나님이 아닌 악마에게 인도된다. 오리게네스는 비유를 통해 이 둘을 결합시키려고 시도했다. 그는 하나님은 진정으로 우리로 인해 화가 난 것이 아니라고 주장했다. 하나님의 분노는 시련의 과정을 통해 우리를 참된 지혜의 길로 인도하려는 일종의 상징이다. 하나님은 그리스도의 희생을 요구하지 않았다. 그는 단지 악의 권세를 뒤집어엎을 수단으로서 이를 허락했을 따름이다.

그러나 희생과 속죄의 의도적 화해는 이론적으로 명쾌하지도 않았고 설득력도 없었으며, 흔히 그렇듯이 오리게네스는 단지 속죄 이론과 책략 이론에 의존했다. 죄를 지은 자는 처벌해도 좋다는 정의의 심판을 거스르지 않고 우리를 악의 권세에서 구하기 위해서는 하나님은 악마에게 그 대가를 치러야만 했다. 악마가 받아들일 수 있는 유일한 대가는 완전한 인간이었다. 그래서 하나님이 그리스도를 제안했을 때, 악마는 기꺼이 그리스도를 인도받고 그를 악독한 인간들에게 넘겨 고문하여 죽게 했다. 죽음의 담당자와 악마는 그들의 승리에 축배를 들고 환희의 노래를 불렀다. 그러나 승리는 단지 일순간의 일이었다. 왜냐하면 그 지불은 계략이었기 때문이었다. 그리스도가 하나님이었기 때문에 악마는 그를 잡아놓을 수 없었다. 그리고 그리스도는 죄가 없기 때문에 그를 가두어두려는 것은 정의의 심판을 모독하는 일이 되기 때문이다. 이 모독은 나머지 우리를 구속하겠다는 악마의 요구를 무효화시키는 것이 되었다. 깨끗하게 청산된 죄의 기록은 곧 우리가 자유라는 것을 의미했다. 사탄은 속임수에 넘어가 바보가 되었다. 이런 하나님이 최고의 사기꾼이라는 오리게네스의 관념은 무엄하기도 하고 논리적이지도 않다. 왜냐하면 이것은 사탄이 그리스도의 죄 없음과 신성성에 대해 무지했다는 전제에서 출발했기 때문이다. 만일 사탄이 그렇게 진실로 무지했다면, 그는 처음부터 그리스도를 기꺼이 충분한 보상으로서 받아들이지 않았을 것이다.

오리게네스에 따르면 희생이든 속죄든 그리스도의 십자가 수난은 두 가지 의미를 지닌다. 세속적 시각으로 수난은 예수의 패배를 의미하지만 하나님의 진정한 세계 속에서는 악마의 파멸을 뜻한다. 죽음과 부활로 그리스도는 악마의 힘을 분쇄하고 악마의 왕국을 휩쓸어버리고는 사탄을 굴복시켰다. 그는 우상의 권력을 부숴버림으로써 오랫동안 우리로 하여금 신이라고 여기게끔 속인 악령을 극복하도록 했다. 그는 선과 악의 민족의 천사가 가지고 있던 권위도 없애버렸다. 왜냐하면 민족의 분열은 이제는 그리스도 안에서 기독 공동체로 통합되었기 때문이다.

비록 그리스도가 '악령을 제거하고', '거대한 악령, 악령들의 군주'를 없애버렸지만, 그리스도의 수난이 곧바로 오만한 사탄의 성을 부숴버린 것은 아니고, 그보다는 재림할 때까지 지속적으로 그 일이 이루어지도록 장치를 해놓은 것이다. 그리스도의 수난이 시사하는 바는 큰데, 수난 시점부터 악마는 그리스도를 자신의 수중에 넣으려는 의도가 어리석다는 것과 궁극적으로 자신이 패배할 수밖에 없다는 것을 자각했기 때문이다. 이런 사실은 악령들에게 충격적인 것이었고, 그래서 일부 악령들은 개과천선을 생각했을 정도였다. 그리스도의 수난 이후 선의 천사는 그리스도에 합류하여 재림 때까지 사탄에 대항하여 치열한 전투를 벌인다. 한편 악마는 지속적으로 인간을 유혹하고 공격하며, 특수한 권능을 사탄의 신비스런 육신의 일부를 이루는 죄인, 이교도, 유대교인, 이단자에게 발휘한다. 이러한 견해는 그리스도의 수난을 구원의 행위 자체로 보기보다는 구원 과정의 한 단계로 여기는 위험을 안게 되었고, 따라서 그리스도의 희생은 평가 절하되었지만 죄와 악은 계속된다는 명백한 사실을 나타내게 되었다.

오리게네스는 선택의 자유를 강조한다는 점에서 클레멘스를 따르고 있다. 이 견해는 뒤에 나타나는 아우구스티누스의 숙명론적 견해와는 확연히 다르다. 그리스도는 전 인류를 위해 죽었다. 그리고 오리게네스의 관점에서는 그리스도가 아마도 천사를 위해서도 죽었을지도 모른다. 왜냐하면 그는 그리스도의 구원 행위로 인해 모든 이들이 혜택 받기를 원했기 때문이다.[20] 그러나 오직 신앙으로 기꺼이 자신을 그리스도에게 던진 자만이 구원의 혜택을 받는다. 비록 그리스도가 모든 사람을 초대하고 세례를 주며 기쁨을 같이 나누려 하지만, 모든 사람이 그의 초대를 받아들이는 것은 아니다. 오직 세례를 받은 자만이 구원의 행사에 참여할 수 있고, 세례 이후에도 신앙이 변치 않는 자들만이 구원받을 수 있다. 결국 죄를 짓게 되는 자는 악마에게 다시 문을 열어주는 것이다. 그러나 우리를 구원하겠다는 그리스도의 의지는 강렬하고 그의 자비는 무한하므로 그의 은총에 힘입은 자들은 마침내 그들의 소망대로 천국에 들 것이다.

악마는 그리스도의 수난이 자신의 권세를 파괴시켰다는 것을 알고는 절망적 상태에서 더욱 새롭고 광적인 공격을 인간에게 퍼붓는다. 하나님은 그리스도를 따르는 이들에게 이러한 공격에 저항함으로써 높은 덕행을 쌓을 기회를 주기 위해서 이 공격들을 허용한다. 기독교도가 성공적으로 악마의 유혹을 물리칠 때마다 악마의 힘은 줄어든다. 그렇게 악마와 그의 졸개들은 점차적으로 쇠락하다가 마침내 그리스도가 재림하여 그들을 한번에 영원히 없애버릴 것이다.

세례를 받기 전까지 악마는 우리 위에 군림할 것이다. 그래서 그는 언제나 기독교로 개종한다든가 세례 받는 일을 가능한 한 지연시키려 든다. 세례를 받아서 기독교도가 된 사람은 악마의 손아귀에서 벗어나게 되고, 수호 천사가 그를 보호하게 된다. 이제까지 그는 쉽게 죄에 노출되었지만, 지금부터는 보호 천사가 그를 위해 방어막을 쳐준다.

악마는 결코 개종한 기독교도를 하나님의 은총으로부터 멀어지도록 유혹하는 일을 포기하지 않는다. 따라서 기독교도의 삶은 끊임없이 어둠의 신과 투쟁하게 된다. 우리가 신앙으로 그리스도와 완전히 하나가 된다면 우리는 악마의 공격으로부터 자유롭게 된다. 신앙, 도덕적 생활, 기도, 이것들이 성공적인 '신앙의 경기자'를 만드는 방어물들이다. 그러나 이것들은 그리스도의 수난을 불필요한 것으로 여기지 않고 동참한다. 왜냐하면, 그리스도 없이 악마의 힘에 대항하려는 모든 노력은 무기력하여 허사가 될 것이기 때문이다. 그러므로 의로운 행위들은 그 자체로서 효험이 있다기보다는 은총에 기인하는 한 효용이 있다.

그리스도의 재림이 있기 전에 적그리스도, 즉 '악령의 자손인 사탄과 악마'가 기독 공동체를 향해 최후의 공격을 가할 것이다. 그때 그리스도는 교회를 이끌고서 악마를 공격하여 최후의 승리를 거둘 것이고, 이때 악마와 그 추종자들은 지옥에 떨어지는 형벌을 받을 것이다.[21] 악마의 처벌에 관해서는 초기 교부들의 사상 속에 다양하게 나타났다. ① 사탄과 악령들은 그리스도의 수난 순간부터 지옥에 갇혀 지내다가 적그리스도가 마지막 전투를 벌일 때 출감을 허락받고는 적그리스도를 돕는다. ② 일부 악령들은 지금도 지옥에 있는 데 반하여, 또 다른 악령들은 하나님의 허락 하에 지옥을 나와 영혼을 파괴하고 파멸할 목적으로 세상을 횡행하고 있다. ③ 악령들은 종종 처벌받고 벌 받을 짓을 하면서 지옥을 들락거리고 있다. ④ 지옥에 있는 악령들은 한편으론 지옥에 떨어진 망령들의 간수로 다른 한편으론 그들 자체가 죄수로서 지내고 있다. 오리게네스는 처벌은 세상의 종말이 올 때까지 계속될 것이라는 견해를 가지고 있는 듯하다.

오리게네스의 악마론의 두드러진 특징은 사탄의 잠재적 구원에 있다. 클레멘스와 악마의 무존재성에 대한 그의 이론적 논리를 뒷받침하는 신플라톤주의의 영향 아래, 특히 자비로운 하나님은 그가 창조한 모든 것이 행복하기를 바란다는 그의 확신에 따라 오리게네스는 모든 것은 결국 그들을 창조한 신에게로 돌아갈 것이라는 환원론을 주장했다. 전 시간 속에서 하나님은 만물의 전부이고 모든 것이 될 것이다.[22]

오리게네스는 220년에서 225년 사이 그노시스주의자인 칸디두스와 논쟁할 당시에 이러한 견해를 발전시켰다. "최후의 적을 분쇄하는 것은 하나님에 의해 창조된 그 물질이 사라짐으로써가 아니라 하나님에 기인하지 않고 그 자체에 기인하는 악의적 목적과 의지가 소멸되는 것이라고 이해할 수 있다. 그것, 즉 최후의 적이 멸망한다는 것은 그 존재 자체가 사라지는 것이 아닌 적으로서의, 죽음으로서의 존재가 사라진다는 뜻이 될 것이다." 하나님이 창조한 모든 것은 궁극적으로 다시 하나님과 하나가 될 것이다. 악마는 그를 지배하고 있는 악령이 파괴된다는 의미에서 세상의 종말에 분쇄될 것이다. 그래서 그는 더 이상 악마로서는 살지 못하지만 천사적 본성은 구제되어 용서받음으로써 주 하나님과 다시 합쳐지게 될 것이다. 이것에 대해 두 가지 해석이 가능하다. 오리게네스는 하나님의 섭리로 악마는 필연적으로 구제받을 것이라고 생각했거나, 아니면 단지 악마는 구원받을 수 있을 것이라고 생각했을 수도 있다. 전자는 하나님의 자비는 무한하다는 오리게네스의 견해에 기인한 것이고, 후자는 악의 본질적 무존재성에 대립되는, 존재하는 모든 본질적 존재는 하나님으로부터 비롯되었다는 그의 견해에서 나왔다.

　오리게네스와의 논쟁에서 이원론자인 그노시스주의자 칸디두스는 사탄은 구원받을 수 없는 악의 화신이라고 단언했다. 칸디두스에 따르면, 악마의 악은 실제로 존재한다. 그것은 사실이며, 완전해서 결코 바뀌지 않는 악이고 구원될 길이 없는 것이다. 이에 대해 오리게네스는 악마의 존재는 존재적 측면에서 최소한의 존재성만 있어도 논리적으로 하나님으로부터 비롯되었음이 틀림없고, 환원론적 관점에서도 결국 하나님에게로 돌아가게 되어 있다고 반박했다.

오리게네스의 보편주의 이론에서는 아마도 지옥의 처벌도 '처형이 아닌 치료용'일 것이다. 왜냐하면 하나님의 자비와 자애는 '모두를 포용하며 불가항력적'이기 때문이다. 이 불가항력은 중요한 문제를 내포하고 있다. 오리게네스의 환원설과 자유의지의 강조는 상호 모순 관계처럼 보인다. 만일 이성적 존재가 세상의 종말이 올 때까지 진정한 자유를 가지고 있다면, 그 자유는 악을 선택할 가능성도 배제할 수 없다. 그렇다면 모든 사람들이 선을 택하고 동시에 하나님에게 돌아갈 준비를 하는 그런 시점은 아마도 일어날 수 없을 것이다. 만일 하나님이 자신이 정해놓은 계획에 따라 어쩔 수 없이 불가항력적으로 그들에게 강제한다면, 그들의 자유를 빼앗아버리는 것이 될 것이다. 모든 피조물들은 자신의 정해진 시간에 하나님에게 돌아갈 것이고, 그래서 환원은 점진적인 과정이라는 것이 오리게네스의 의도였을 것이다. 이런 모순성 때문에 그는 악마가 반드시 구원되어야 하는지 아니면 악마는 단지 잠재적으로 구원받을 수 있는 존재인지에 대해 갈등했던 것 같다. 그러나 오리게네스는 창조, 타락, 구원이라는 순환적 패턴을 기정사실화함으로써 한층 더 극단적인 방법으로 이 둘의 모순점을 일치시키려고 했던 것 같다. 그런데 이러한 생각은 이 세상을 구하기 위한 그리스도의 죽음은 오직 한번 필요하다는 기본적인 기독교 교리와 일치할 수 없었다. 기독교는 그리스도의 수난이 반복된다는 사고를 용납할 수가 없었다.

오리게네스는 『기원』에서 악마는 구원된다는 명확한 확신을 보였는데, 알렉산드리아에 사는 친구들에게 보낸 편지에서는 분명히 이를 거부한다. 편지에서 그는 자신의 주장을 왜곡하는 적들을 비난하면서, 오직 바보만이 사탄이 확실히 구제받을 수 있다고 단언한다고 덧붙였다. 결국 오리게네스는 열린 마음, 즉 단언하기보다는 가능성을 열어 놓으려고 했던 것 같다. 하나님의 자비가 악마를 구제할 수도 있다. 제약 없는 자유의지로 인해 악마도 마침내 자기 죄를 반성할 수도 있다. 그렇지 않으면 그가 저지른 악이 수많은 시간 속에 이제는 너무 강화되어 영원히 구원받을 수 없을 정도가 되어버렸을 수도 있다. 오리게네스에게 이것들은 모두 선택 가능 사항들이었다.

오리게네스의 견해는 관대하지만 기독교 전통과는 조화를 이루기가 어려웠다. 신약성서가 신앙인과 그리스도가 정신적으로 결합한다는 것으로서의 영적 환원을 이야기한 반면, 오리게네스는 물질적 환원을 이야기했다. 악마도 구원받을 수 있다는 생각은 충격으로 또는 하나님에 대한 모독으로 비쳐졌다. 그리고 필연적으로 하나님은 모든 것을 자신이 끌어안는다는 것은 죄에 대한 개인의 궁극적 책임을 제거하여, 결국 의로운 자와 의롭지 못한 자들의 구분을 무의미하게 하는 것처럼 보였다. 오리게네스의 반대자들은 악마도 구원받을 수 있다는 그의 말을 단지 가능성으로 제시된 온건한 주장으로 보지 않았다. 그리고 그의 매끄럽지 못한 성격으로 인해 반대자들은 그의 추측을 단언으로 여겼다. 그리하여 환원론은 전통에서 사라졌다. 그러나 오리게네스가 이처럼 가혹한 처사를 받을 이유가 없고, 환원론은 가끔 형벌의 문제에 대해 적절한 해결책으로서 현대적 형식으로 다시 제안되고 있다. 비록 기독교 전통은 이를 거부했지만, 오리게네스의 악마론은 개념의 역사에서 풍부한 내용을 가진 이론 중의 하나다.

6. 이원론과 사막

3세기에서 4세기에 걸친 로마 제국의 불안한 정세에 따라 악마의 권능은 상승하는 것 같았다. 고조되는 불안감과 공포가 이원론의 부활을 부추겼으며, 이 이원론은 교부인 락탄티우스에 의해서, 강력한 새 이단인 마니교에서, 그리고 수도원 제도에서의 죄와 악에 대한 심리학적 통찰 속에서 새로운 양상을 띠게 되었다.

락탄티우스는 이교도로 아프리카에서 태어나 자랐다. 전문 수사학자로서 그리고 유능한 고전 문장가로서 그는 니코메디아(Nicomedia)에서 라틴어를 가르쳤다. 그는 아마도 아르노비우스(Arnobius. 4세기에 아프리카에서 활동한 초기 그리스도교 개종자)와 함께 공부했을 것이다. 그는 300년경 기독교로 개종했으며, 개종 이후 일련의 영향력 있는 책들을 저술했다. 그는 이교도에 대해 기독교를 방어할 목적으로 자신의 저술에서 악을 결여된 어떤 것으로 보기보다는 악마의 실제적 권능으로 설명한다. 락탄티우스는 의로운 사람이 왜 의롭지 못한 사람만큼이나 또는 그보다 더 고통을 받는지 알고 싶어했다. 그 이유는 적인 악마의 소행 때문이라는 게 그의 답이다. 여러 가지 면에서 락탄티우스는 이원론자였다. 그는 윤리적 이원론자로서 정의의 길과 죄의 길, 이 두 길의 대립적인 면을 강조했다. 그리고 인류학적 이원론자로서는 인간의 영혼과 육체, 정신과 물질 사이의 긴장 관계에 주목했으며, 우주론적 이원론자로서는 악을 하나님의 적대자에게 귀속시킴으로써 하나님의 사랑을 지켰다. 그러나 비록 그를 이원론자라고 불렀지만, 그의 이원론은 극단적 또는 그노시스적인 것이 아니라 일원론과 전통적 기독교 요소들을 섞은 것이었다. 그의 사상은 이원적인 것—지상 대 천국, 지옥 대 천국, 어둠과 그늘 대 밝음, 죽음 대 삶, 밤 대 낮, 하강 대 상승, 추위 대 따뜻함, 왼쪽 대 오른쪽, 서쪽 대 동쪽—을 반복 사용하는 특징을 보였다.

락탄티우스는 이러한 이원성을 인식하면서, 왜 하나님은 특히 선과 악처럼 이원적으로 모든 것을 만들었을까라고 묻는다. "왜 진정한 신은 만물에서 악성을 제거하거나 삭제하는 대신 다 같이 존재하도록 했을까? 왜 그는 태초에 모든 것을 타락시키고 파괴한 마왕을 창조했을까?" "악의 원인과 원리는 무엇인가?" 이 모든 것에 대해 '원래 그렇다' 라는 게 그의 답이다. 첫째, 악은 논리적으로 필연적이다. "선은 악이 없이는, 악은 선이 없이는 이해될 수 없다." 선을 악과 구별함으로써 그리고 악을 선과 구별함으로써 우리는 선을 정의내릴 수 있다는 것이 논리적 필연성이다. 둘째, 악이 존재하는 것은 긍정적이고 바람직하다. "간단히 말하면, 하나님은 악이 그렇게 존재하는 것을 바란다." 하나님은 우리가 악을 이해하지 못하면 이에 대립되는 덕을 이해하지 못할까 봐 악의 존재를 원했다. 만일 하나님이 악이 없는 세상을 창조했다면, 선만이 있는 그래서 우리가 무엇을 선택한다는 것이 의미 없는 그런 세상을 창조한 것이 될 것이다. "우리는 악덕이 존재하지 않으면 또한 대립 개념인 미덕을 인지하지 못할 것이고, 악덕의 유혹을 받지 않으면 덕을 쌓는다는 것도 의미 없는 것이 될 것이다. 하나님은 이렇게 구별짓고 선과 악 사이에 거리를 두어 우리가 악의 본성을 선의 본성과 대별하고 대립시키면서 선의 본질을 파악할 수 있을 거라고 믿었다." "악을 배제하는 것은 곧 선을 제거하는 것이다."

이러한 논증이 강력한 신정론을 이룬다. 그러나 이에 대립된 견해는 악의 필요성은 인정하지만, 이 세상에서 악은 수적으로나 교활하고 잔학한 면으로나 우리의 자유의지에 필요한 그 이상을 훨씬 웃돈다는 점에 주목한다. 그러나 락탄티우스의 논증은 이런 반대까지도 삼켜버린다. 왜냐하면 악은 단순히 존재해야만 하는 것으로 그치는 것이 아니라, 하나님의 권능과 영광을 대비적으로 드러내기 위해서 강력히 그리고 마땅히 존재해야 하기 때문이다. 만일 하찮은 악만이 존재한다면 단지 그에 걸맞은 선이 존재하면 될 것이다. 만일 거대하고 무시무시한 악마의 힘이 우리 마음속에 자리잡고 있지 않다면, 우리는 또한 무한하고 경이로운 하나님의 사랑에 대한 개념도 가지고 있지 않을 것이다. 오직 이러한 대립 개념 속에서만 우리는 선의 본질을 파악하며, 주하나님의 군대에서 악과 대항해야겠다는 분명한 의식을 갖게 될 것이다. "우리의 전 인생에 걸쳐 하나님은 우리를 위해 적을 만들어놓았다. 그렇기 때문에 우리가 선을 획득할 수 있는지도 모른다. ……하나님이 이런 적을 만든 이유는 우리가 전선에서 책임의식을 가지고 전투에 임하길 바랐기 때문이다." 지혜와 덕은 이에 대한 상(賞)이다. 락탄티우스는 일종의 '펠릭스 쿨파(felix culpa:행복한 잘못)' 를 주장하는데, 즉 원죄는 '행운의 추락' 이라는 것이다. 만일 악이 존재하지 않았다면 우리는 바보나 얌전한 꼭두각시 인형이 되었을 것이다. 우리는 바로 이것을 극복하려는 우리의 투쟁과 유혹의 경험을 통해서 지혜롭게 되는 것이다.

그의 세 번째 대답은, 하나님이 창조한 악은 실재하는 악의 화신, 악마이다. "어떤 것도 만들기 이전에 하나님은 물(物, things)을 구성하는 두 요소를 먼저 만들었다. 각 요소는 서로 대립하고 대항한다. 이 두 요소는 두 영(靈)인데, 하나는 정의의 영이고 다른 하나는 타락의 영이다. 이들 중 하나는 하나님의 오른손과 같고 다른 하나는 왼손과 같다." 악이 하나님으로부터 기인해야 한다는 것은 부적절하기 때문에 하나님은 악마를 창조하여 타락의 의지와 모든 부정의를 악마의 본성으로 내화시켜버렸다. 모든 선은 한 요소에서 나왔고, 모든 악은 또 다른 요소에서 나왔다.

책임을 하나님이 아닌 그의 적에게로 돌리려는 노력은 설득력이 없다. 하나님은 악을 창조한 권능의 존재라는 데 책임이 있다. 그러므로 그는 악의 존재에 대해 책임이 있다. 여기서 악은 논리적으로나 도덕적으로나 필요하다고 한 락탄티우스의 주장에 따른다면, 그는 하나님의 책임을 벗겨주려고 애쓸 필요는 없었다. 그리고 그는 그렇게 하지 않았을 것이다. 그는 아마도 악이 '직접적으로' 하나님에 기인한다는 것은 타당치 않으며 따라서 하나님은 자신의 순결함을 지키기 위해 어쩔 수 없이 중개자를 임명했다고 주장했을 것이다. 그러나 이런 설명은 더 큰 어려움에 부딪힌다. 락탄티우스는 일원론을 택했는가 아니면 이원론인가? 그는 공식적으로 '두 원리'란 용어를 사용했는데, 만일 이 '원리'란 용어의 뜻을 정확히 적용한다면, 그리고 이 두 원리가 영원히 공존하는 것을 의미한다면, 이는 분명히 이원론의 테두리에 속한다. 그러나 락탄티우스는 그런 의도를 가지고 있지 않았다. 그는 하나님은 두 원리, 즉 선과 악의 배면에 서 있다고 주장했는데, 이런 견해는 원시 일원론과 상당히 유사해 보인다. 락탄티우스는 확실히 철저한 이원론자는 아니었다. 그의 방대한 저술인 『신성한 적요(*Divine Institutes*)』의 첫 권은 대중적 다신론뿐만 아니라 물질의 영원성에 대한 철학적 논증에 대해서도 논박하면서 하나님의 유일성을 주장하는 데 할애하고 있다. 물질도 악마도 진정 하나님과 함께 영원히 공존할 수 있는 그런 원리일 수 없다.

하나님은 우주를 창조함에 있어 비록 선과 악이 본질적으로는 영원하지 않을지라도 원리적으로 이 둘은 서로 끝없이 배척하고 투쟁하도록 그렇게 우주를 계획하고 설계했다. 그러나 무엇이 선의 원리이고, 무엇이 악마와 관계있는가? 이 점에서 락탄티우스의 주장은 이중적으로 들린다. 어떤 때 선의 원리는 하나님이고, 어떤 때는 하나님의 아들이다. 락탄티우스가 하나님의 아들이라고 주장할 때 그는 그리스도와 사탄을 마치 쌍둥이 천사처럼―즉, 한 명은 사랑받고 다른 한 명은 버림받은 카인과 아벨의 천상에서의 대응처럼―보이게끔 했다. 그러나 그리스도와 사탄의 형제 관계는 하나의 상징이다. 어떤 면에서 이 둘은 쌍둥이처럼 닮았지만 락탄티우스는 이를 사실적 관계로 설정하지는 않았다. 두 원리를 만든 하나님은 하나는 마치 착한 아들처럼 사랑했고, 다른 하나는 나쁜 아들처럼 미워했다. 두 원리를 확립하고, 이 둘이 서로 영원히 투쟁하도록 틀을 만들어놓고 하나님은 천사를 창조했다. 일부 천사들은 악의 원리를 좇았고, 그들의 뒤틀린 의지 때문에 천국에서 추방되었다. 나머지 다른 천사들은 선의 원리를 좇았고 그래서 천국에 남았다. 결론적으로 두 부류의 대별되는 천사들이 존재하는데, 하나는 선의 원리를, 다른 하나는 악의 원리를 가진 부류다.

악의 원리는 물론 악마다.

　락탄티우스는 종적인 서열 관계를 중시하는 철저한 종속주의자로서, 아들인 그리스도가 당연히 아버지인 하나님만 못 하다고 믿었다. 실제로 그는 가끔 그리스도를 천사—비록 모든 천사들 중에 가장 위대할지라도—로 여겼다. 이런 인상은 그가 생명의 원리인 '생기'란 단어를 사용함으로써 더욱 두드러진다. 그리스도는 하나님의 생명의 영이다. 하나님은 그에게 생명의 숨결을 불어넣어 그를 만들었으며, 다른 천사들 또한 생명을 불어넣어 창조했다. 따라서 그리스도와 천사는 모두 하나님의 영 또는 숨결이다. 그러나 락탄티우스는 다른 곳에서는 상당히 일관적이지 못한 면을 보인다. 즉, "하나님은 아들인 그리스도를 낳고 그 이후에 바로 천사를 창조했다." 비록 하나님이 '숨결'을 통해 말씀도 하고 천사에게 생명을 불어넣었다 해도, 그의 말을 이룬 '숨결'은 특수한 것, 즉 신성한 숨결로 하나님 자신을 표명하는 숨결인 것이다. 하나님의 말은 진정 신성하지만 천사는 창조의 한 부분일 뿐이다. 사탄을 그리스도의 형제로 만든 언어는 상징적인데, 그러나 락탄티우스의 저술에서는 그 상징적 정도가 일관적이지 못했다. 그리스도를 한 명의 천사로 본다면 그의 본성은 사탄과 동일선상에 있게 되고(기능적으로 얼마나 반대되는가를 무시한다면), 그의 신성한 부분에 주안점을 두면 그의 본성과 기능은 모두 달라진다. 어쨌든 락탄티우스의 이미지와 언어의 사용은 개념적으로 이원론의 방향으로 향하고 있었다.

락탄티우스는 경험을 통해 악의 원리는 하나님의 뜻한 바에 적대하는 '안티하나님', '선의 적', 그리고 '정의의 적대자'로서 이 세상에서 활동하고 있는 것이라고 했다. 이러한 사도(邪道)에 빠진 악령은 인간의 잘못을 즐긴다. 천국에 대한 희망을 포기하고 대신 자신을 섬기게 하기 위해서 그는 인간의 영혼이 빛으로 향하지 못하게 눈을 멀게 하는 것을 유일하고도 영원한 소명으로 삼는다. 그러나 하나님은 그를 필요로 한다. 하나님은 선의 원리를 알려주기 위해서 악의 원리가 필요하며, 이런 그의 섭리를 이용하여 사탄의 시기심을 궁극적으로 선으로 돌리고자 한다. 하나님은 "악의 천사들에게 그가 알고 있는 것들을 하지 말라고 했으나 그들은 이를 무시했고, 그래서 그들은 용서받을 길이 없을 것이다." 이것은 야훼 하나님이 파라오의 가슴을 냉혹하게 만들어 후회할 줄 모르게 만들었다는 히브리의 일원론적 잔재다.

이러한 생각들은 락탄티우스가 남겨놓은 것처럼 반드시 비일관적으로 남아 있어야 할 이유는 없다. 자유의지와 섭리 사이의 긴장 관계는 결코 해소된 적은 없지만, 이후의 학자들, 예를 들면 이 문제를 좀 더 분명히 인식한 아우구스티누스 같은 이들은 이 모순점을 한층 더 잘 설명했다.

락탄티우스는 사탄의 시기심이 모든 악의 근원이라고 했다. 사탄은 악의 천사들의 리더이고, 악의 천사들은 그의 '시종이고 앞잡이'다. 그들이 천국으로부터 추락한 것은, 그들로 하여금 순수한 형상을 잃은 비천한 몸뚱이로 낮은 대기층으로 떨어지게 했는데, 이는 그들의 '첫 번째 죽음'에 속한다. 첫 번째 죽음에서 그들은 순수한 영적 존재성과 영원성을 상실했고, 이 상실로 말미암아 그들은 다가올 두 번째 죽음도 준비해야 한다.

락탄티우스는 악령들을 두 부류로 구분했다. 하나는 사탄과 타락 천사를 포함하는 천상의 악령들이고, 다른 하나는 감시 천사들과 지상의 여인들 사이에서 생겨난 거인 자손들인 지상의 악령들이다. 천사와 악령의 지식 정도는 인간보다는 뛰어나지만 하나님한테는 훨씬 미치지 못한다. 사탄은 창조될 때는 악하지 않았지만 그의 '전임자'인 그리스도를 시기함으로써 '태초에' 타락했다. 다른 천사들의 타락은 노아의 홍수가 일어나기 전쯤에 일어났다. 사탄은 시기심 때문에, 감시 천사들은 여인에 대한 음욕 때문에 타락했다. 연대기적으로는 ① 영적 세계 창조, ② 사탄의 타락, ③ 인간을 포함한 물질세계 창조, ④ 인간의 타락, ⑤ 다른 천사들의 타락이라는 순서를 밟았다. 그러나 락탄티우스는 자유의지를 강조하는 점에서는 오리게네스와 의견을 함께했다. 천사들은 무슨 일을 하든 제한받지 않는다. 심지어 선의 천사들도 선함으로 고정되어 있지는 않았고, 최후의 심판까지 그들은 죄를 지을 자유를 보지하고 있었다.

악의 천사들이 맞는 두 번 죽음에 대한 락탄티우스의 견해는 일관적이지 못하다. 그에 의하면 천사적 '죽음'이란 육신의 죽음이 아닌 그들이 원래 하나님과 공유하고 있는 영적 본성의 상실을 뜻했다. 실질적으로 사탄과 그 추종자들의 파멸에는 세 단계가 존재한다. 먼저 천상에서 추락, 그리스도의 죽음과 부활로 인한 파멸, 그리고 최후의 심판이다. 두 번의 죽음에 대해서 락탄티우스는 뭔가 어떤 다른 것을 강조하고자 했던 것 같다. 즉, 먼저 타락 천사들은 그들의 진정한 영원성을 상실하고, 그 다음 지옥의 불구덩이 속에서 영구적인 처벌로 영원의 죽음인 두 번째 죽음을 맞이하게 될 것임을 강조하고자 했는지도 모른다. 다른 기독교도처럼 락탄티우스도 그리스도의 강림은 사탄을 파멸시키지 못했으며, 재림은 지연되고 있다는 사실에 직면해야만 했다. 그는 하나님이 재림을 지연하는 이유가 악마에게 충분한 시간을 주어 기독교도들을 시험하고 그래서 그들의 신앙을 증명하기 위해서라고 믿었다. 악마는 우리로 하여금 원죄를 범하게 유혹했고, 계속하여 사기치고 기만하면서 우리를 유혹하고 있지만, 그가 무엇을 하든 그것은 하나님의 허락 하에 하는 일이라고 여겼다. 그러나 그리스도 안에서 신앙으로 자신을 무장하고 있는 한, 악마가 우리를 정복할 능력은 없다. 악령들은 거대한 권능을 가지고 있는 듯 으스대지만 그들이 이룬 것처럼 보이는 모든 것은 신기루다.

악마가 우리를 유혹하는 데 성공하는 것은 우리 자신의 특성 속에 내재된 이원론에서 비롯된다. 락탄티우스는 인류학적 이원론자로서 인간의 영혼과 육신 사이의 깊은 골을 인식하고 있었다. 하나님은 우주를 창조하면서 두 적대적 원리가 인간 안에서 투쟁하도록 했다. '우리' —우리의 진정한 성품으로서—는 우리를 '감싸고 있는' 육신과는 상당히 다르다.[1] 비록 락탄티우스는 우리의 몸이 하느님의 창조물이라는 것을 인정하지만, 그럼에도 불구하고 이를 악마에 속하는, 즉 하나님이 영혼을 감싸기 위한 덮개로 존재하도록 허락한 것으로 인식하고 있었다. 하나님은 우리가 영혼의 울림을 따라 관대하고 사랑하는 마음을 가지기를 바란다. 사탄은 우리가 음주, 섹스, 부, 권력, 명예 등 육체의 욕망을 따르기를 바란다. 인간은 한 길은 천국으로 다른 길은 지옥으로 이어지는 갈림길에 서 있다. 일단 우리가 내리막길로 접어들면, 우리는 점점 침침한 물질적 쾌락 속으로 빠져들게 된다. 그 속에서 우리의 삶은 점차 동요하고 소란스러우며 망설이고 불평하고 무의미하게 되는 반면, 평화와 안식, 그리고 즐거움은 점차 사라지게 된다. 우리는 선택할 수 있다. 우리는 발은 확고히 옳은 길에 두고 얼굴은 즐겁게 빛을 향하게 할 수도 있다. 또는 발을 점점 잘못 디뎌 비참하게 깊은 늪 속으로 빠져들어 다시는 헤어나오지 못할 지경에까지 다다를 수도 있다. 우리가 갈림길에 섰을 때 그리스도에 대한 신앙은 올바른 길을 향하도록 인도할 것이다. 오직 신앙심이 부족하고 악마를 두려워하며 죄악으로 인해 허약해진 사람들만이 잘못된 길을 선택하여 구렁텅이에 빠질 것이다.[2]

모든 문제들이 완전히 해결되는 그날은 반드시 올 것이다. 초기의 교부들 중에서 락탄티우스가 가장 계시적 견해가 강했다. 악마는 그리스도의 수난으로 인해 패퇴했지만 다시 힘을 추스르고 있다. 때가 무르익으면 적그리스도는 다시 등장하고 악령도 같이 일어나 그를 도와 기독 공동체를 향하여 최후의 일격을 가할 것이다. 잠깐 동안의 승리는 누릴 수 있지만 그리스도가 다시 이땅에 오면, 그들을 영원의 불 속에 쓸어넣어 우주를 다시 하나님과 함께 영구히 조화와 평화를 이루도록 할 것이다. 락탄티우스의 계시록에 대한 다소 엄밀한 해석은 오리게네스의 상징적 해석과는 분명한 대조를 이룬다. 즉, 오리게네스는 상징을 이용했기 때문에 우주적 조화를 이룰 수 있었던 반면, 락탄티우스는 오직 부분적 조화만을 인정했으며 그것도 오직 일정 정도 우주가 파괴되는 대가를 치러야 이루어진다. 더욱 중요한 것은, 확고한 천년왕국설 신봉자인 락탄티우스의 입장은 기독 공동체 안에서 의견의 분화를 촉진하여 현재까지 계속 이어지고 있다는 점이다. 락탄티우스를 따르는 일부 신학자들은, 적그리스도, 최후의 전투(아마겟돈), 그리고 사탄이 지옥에 붙잡혀 있는 동안 성인의 천년 제위 등을 포함하는 지복천년설을 강조했다. 대다수는 오리게네스의 의견을 따라 계시록을 상징적으로 해석하여 천년왕국설을 일관적이지 않고 무의미한 것으로 치부했다. 천년왕국설은 대체로 기독교적 악의 개념 속으로 사라졌다. 그러나 여진은 여전히 남아서, 마치 내부 순환 시스템에 중력을 가함으로써 공전에 영향을 미치는 외행성과 같은 역할을 하고 있다.

그리스도는 재림할 것이며 악마와 그 악행들을 마침내 끝장낼 것이라는 것에 대해서는 일반적으로 동의하고 있지만, 락탄티우스와 다른 천년왕국설 지지자의 복잡한 연대기적 계산은 거부했다.[3]

초기 교부적 사고의 이원론적 경향을 고려하면 새로운 이원론적 이단의 등장은 놀랄 일이 아니다. 기독교가 이원론적 종교가 아니라고 확실히 정의내릴 수 없는 이유가 몇 가지 있다. ① 일원론과 이원론의 차이는 어떤 종교적 전통에서도 명확히 구분된 적이 거의 없다. 일원론 종교는 종종 다신교적이며, 그들의 신이 가지고 있는 선과 악 두 면을 다 드러내 보인다. 가끔 이런 도덕적 양면성으로 인해 '선'의 신과 '악'의 신이 전투를 벌이는 장면이 나오는데, 이 둘은 사실 모두 하나의 신성한 원리에 기인하고 있다. 가끔은 신을 두 개의 본성을 가진, 예를 들면 힌두교의 칼리(Kali. 힌두교의 신 시바의 비(妃))처럼 파괴성과 창조성을 동시에 모두 가진 신으로 나타낸다. 이 스펙트럼의 극단에 있는 조로아스터교처럼 완전히 이분화된 이원론적 종교조차도 일원론적 요소를 가지고 있다. 조로아스터교는 언제나 선의 신이 악의 신에 승리할 것을 예정하고 있고, 선과 악의 두 원리 배면에는 이 둘을 만들어내는 선과 악 두 면을 가진 하나의 원리가 있다고 생각했다. 어떤 종교이든 완전한 일원론 또는 이원론은 거의 없다고 할 수 있다. ② '이원론'을 좀 수정하여 완화된 의미로서 다시 정의한다면, 기독교를 간단히 일원론적 종교라고 할 수 없다. 비록 기독교가 역사적으로 하나님의 유일성과 전지전능을 주장하고 있지만, 기독교는 조로아스터교가 악의 신인 아리만에게 부여한 것 못지않을 정도의 엄청난 권능을 하나님의 적인 악마에게 부여하고 있다. 기독교의 이러한 믿음은 조로아스터교의 사상, 즉 우주는 선의 신과 악의 신의 전투 때문에 고통받고 있다는 사상과 상당히 유사하다. ③ 인류학적 이원론은 우주론적 이원론과 구분되어야 한다. 인류학적 이원론은 그 기원이 주로 그리스에 있다. 그리고 영혼과 육신은 서로 대립 긴장 관계라고 믿는 오르페우스교의 믿음에서 가장 명확히 드러난다. 기독교는 이런 믿음을 이어받았다. ④ 그노시스파와 처음 2세기 반 동안에 있었던 비교적 이원론적 색채가 옅은 기독교의 분파들 사이의 투쟁에서는 정통이 무엇인지 아직 정의하지 않았기 때문에 이것을 역사적으로 정통과 이단의 싸움으로 볼 수 없다. 그 당시 교회와 안티교회의 투쟁 가능성을 상상하는 것은 이후의 신학적 관념을 이 시기에 강요함으로써 생긴 오류다. 그리고 일부 초기 학자들의 신학상의 논증법을 지나칠 정도로 심각하게 취급하기 때문이기도 하다. 이 두 파―또는 좀더 정확히 말하자면, 다양한 분파들―는 모두 스스로를 기독교도로 여겼다. 오직 점진적으로 일군의 의견들이 다른 의견을 압도하고 그리하여 공인된 정통의 위치를 점하게 되었다. 그러므로 초기 기독교는 강한 이원론적 관점을 내포하고 있었던 것으로 이해되며, 그노시스파가 아닌 초기 많은 기독교도들도 이원론적 경향을 강하게 드러내고 있었다. 그러므로 기독교 역사를 통해 지속적으로 나타나는 이원론적 시각과 이원론적 '이단'은 이상하고 낯선 외부적 사상의 침입이 아니라, 기독교 초기부터 본질적으로 내재하는 이원론적 경향이 위로 부상한 것일 뿐이다.

3세기 말에 나타난 이원론적 이단 중 도나투스파는 상대적으로 온건하며, 악마론에 관해서도 그 중요성은 미미하다. 정통으로부터 도나투스파가 분리된 것은 기독교도가 얼마만큼 박해에 저항해야 하느냐에 대한 논쟁에서 비롯됐다. 도나투스파는 박해의 공포에 떠는 자, 이교도 신에게 제물을 바치는 자, 또는 역으로 교회를 배반하는 자는 용서받을 수 없을 뿐만 아니라 기독 공동체의 일원으로 복귀될 수도 없으며, 더욱이 죄가 있거나 특히 박해 기간에 고통을 견디지 못하고 이에 굴복한 성직자 또는 주교들이 행하는 성사(聖事)나 그들이 수여하는 성직 수임은 무의미하다고 주장했다. 정통이 이단의 배면에는 악마가 있다고 비난하듯이, 도나투스파는 사탄이 박해를 선동하며 박해에 굴복한 자들을 용서하라는 설교를 지지한다고 주장했다. 누미디아(Numidia. 아프리카 북부의 옛 왕국)에서 땅 없는 가난한 소작인의 운동과 그들의 종교운동이 정치적으로 연관되었을 때, 그들은 사탄이 부유한 농장주들을 지지한다고 주장하기에 이르렀다. 그들은 점차 소외되기 시작했고, 이러한 소외 속에 점점 자신들을 제외한 온 세상이 악마의 손아귀에 들게 됐다고 생각했다. 도나투스파의 견해는 가톨릭에 비해 단지 약간의 차이가 있을 뿐이었다. 이원론에 관해서 이 둘은 같은 근

원에서 나왔고 같은 기원을 가지고 있었다.[4]

도나투스파의 분리는 몇 가지 중요한 문제를 불러일으켰다. 도나투스파는 하나님은 은총을 베풀었고, 인간은 신앙으로 이에 답한다는 논리적 자세를 취했다. 그러한 은총과 신앙의 외부적 표시는 세례이고, 세례를 통해 기독교인으로 받아들여져 기독 공동체에 속하게 되는 것이다. 박해의 공포로 종교를 버림으로써 치명적인 죄를 지은 기독교도는, 그가 진정한 기독 공동체의 일원이 아니라는 것을 나타내는 것이었다. 반면 가톨릭의 입장은 의심의 여지없이 더 관용적이었는데, 이러한 관용은 세례받은 대부분의 기독교도들이 생활 속에서 반복하여 죄를 짓고 그리고는 반성하는 자신들의 모습을 발견하면서 느끼는 정신적·심리적 경험에 긍정적 반응을 보이듯이 부가적인 장점도 포함하고 있었다.

가톨릭의 이런 태도가 비록 지지를 얻어 일반화되었다고는 하지만 도나투스파의 논리를 충분히 반박하지는 못했다. 그 대신 많은 모호성들을 남겼는데, 그중 하나가 사탄은 우리와 개인적 관계를 맺고 있다는 것이다. 교부들은 그리스도의 신비스런 육신이 사탄의 신비스런 육신과 전투를 하고 있다고 생각했다. 그러나 이 몸 또는 다른 몸의 일원이 되는 것이 고정된 것인지 아닌지는 결코 명확히 밝힌 적이 없었다. 죄짓고 회개할 때마다 사탄의 일원이었던 신분이 바뀔 수 있을까? 또는 한번 얻은 생명으로 인해 우리의 신분은 정해진 것일까? 또 죽음의 순간에 그 영혼의 상태를 고려했을까? 또는 죽은 이후에도 오리게네스가 생각했던 것처럼 영혼들은 회개할 수 있을까? 처음의 애매성으로 인해 그 다음 것도 모호해졌다. 즉, 사탄과 천사도 그들의 선택은 고정돼 있는지, 만일 그렇다면 왜 그런지 모호해졌다. 후대의 신학자들은 천사들—그리고 육신으로부터 분리된 이후의 영혼들—은 그 자체로 변화가 없어야 한다고 주장하곤 했다. 왜냐하면 이동이나 변화는 물질의 성질이고, 영은 정의대로 한다면 상호 이동이 불가하기 때문이다. 그러나 이러한 설명이 초기 교부들에 의해 제시된 것은 아니었으며, 이것은 어쨌든 명백한 오류를 가지고 있었는데, 모든 사람들이 천사들의 영은 이미 적어도 한 번 그들의 타락 순간에 변했다는 데 동의했기 때문이다. 더 나아가 많은 교부들이 천사들의 몸은 속이 보일 것 같은 엷은 물질로 이루어졌다고 생각했다. 타락 천사가 악으로 고착됐다는 오리게네스의 견해는 받아들여지지 않았다. 오리게네스는 선의 천사들이 불변적인 선의 존재인지 아닌지에 대해 확신을 갖지 못했다. 그는 한편으로 자유의지의 보존을 주장하는가 하면, 다른 한편으로는 모든 것은 궁극적으로 하나님에게로 귀의하게 될 것이고, 일단 하느님의 나라에 들게 되면 불가능은 아닐지라도 자신의 뜻대로 한다는 것은 어려울 것이라고 했다. 그러나 그는 천사들은 태초부터 그렇게 했다고 다시 모순된 주장을 펼쳤다. 이후 아우구스티누스는 그의 숙명론에서 선과 악의 천사들 모두의 운명을 변화 가능한 것이 아닌 고정된 것으로 만듦으로써 이러한 모호한 점들을 해소하려고 했다.

마니교는 이원론에서는 도나투스파보다 훨씬 더 이원론적이라고 알려져 있지만, 정통 기독교에 비하면 정도의 차이일 뿐이다. 학자들은 마니교를 독립된 종교로 볼 것인가, 아니면 기독교의 이단으로 볼 것인가에 대해 논쟁을 벌였다. 이 논쟁은 부분적으로 의미론의 문제다. 마니교에 대해 악마론과 연결지어 몇 가지 요점을 정리해보면, 위치상 마니교는 기독 그노시스파에 가까웠으며, 이후 많은 기독교 이단들의 원천이 되었고 정통 사상에도 영향을 미쳤다.[5]

마니교의 창시자는 메소포타미아 페르시아 출신으로 이름은 마니라고 했다. 그는 바빌론 근처에 있는 왕손가의 출신으로 216년 4월 14일 태어났다. 그는 아마도 그노시스의 한 분파인 만다교도로 성장했을 것이다. 지리적으로 메소포타미아는 페르시아의 한 지방으로, 로마 국경과 근접해 있는 무역의 중심지였으며, 온갖 종교—유대교, 기독교, 조로아스터교, 심지어는 불교—의 영향을 받았다. 마니는 열두 살에 성령과 짝을 이뤘으며, 아담, 셋(아담과 하와의 셋째아들로서 아벨이 카인에게 살해된 후에 태어났다. 이른바 셋족의 조상이다), 에녹, 노아, 부처, 조로아스터, 그리고 예수 등과 같은 일련의 선지자들 중에서 마지막 선지자라는 계시를 받았다. 폭넓은 여행과 설교를 통해 그는 많은 추종자들을 만들었다. 그러나 그는 극단적 정통 조로아스터교의 고위 성직자인 카르테르와 충돌을 하게 되고, 그의 가족들의 개입에도 불구하고 체포되어 처형되고 피부가 벗겨졌다. 그는 277년 2월 26일에 죽었다. 그의 사상은 천년 동안 중세 프랑스로부터 중국 명나라에까지 영향을 미쳤다.

마니교의 교리는 절충적인데, 그래도 그중에서 그노시스주의와 가장 가깝다. 마니는 우주에는 두 개의 창조되지 않는 영원의 요소가 존재한다고 가르쳤는데, 그 하나는 빛과 진리의 원리이고, 다른 하나는 물질, 어둠, 거짓의 원리다. 이 두 요소는 신으로 어둠의 군주로 현신하며, 이들은 모두 영원하지만 오직 빛의 원리인 신만이 신성하다. 신의 왕국은 평화스런 조화 속에 존재하는 세 가지, 즉 빛, 힘, 지혜로 이루어졌는 데 반해 어둠의 왕국은 질서가 없고 시끄러우며 혼란스럽다. 마니의 교리는 일련의 그노시스적 복잡성을 띤다. 신은 생명의 어머니를 창조했고, 이제 그녀가 최초의 남자를 창조한다. 이로써 아버지/어머니/아들이라는 삼위일체로 존재한다. 어둠의 군주가 최초의 남자를 공격하자, 그는 두려움에 떨며 그의 아버지와 어머니에게 기도한다. 그의 기도가 너무도 절절하여 기도 자체가 하나의 성스러운 존재가 되었다. 그리고 그 부모의 반응이 너무 강렬하여 이 또한 성스러움이 되었다. 아버지는 구세주인 빛의 정령을 보내어 최초의 남자를 구했다. 그러나 구원 이후에도 불구하고 그의 영혼은 여전히 어둠의 소용돌이에 갇혀 있었고, 그래서 새로운 구세주인 생명의 정령이 아르콘들 또는 어둠의 악령들을 무찌르기 위해 파견됐다. 악령들을 쳐부수고 그는 최초 남자의 영혼을 구하고, 태양과 달을 만든 빛을 깨끗하고 순결하게 정화시켰다. 빛의 일부분이 여전히 어둠에 갇혀 있었기 때문에 아버지는 세 번째 사자를 보냈다. 세 번째 사자가 아름다운 처녀로 변신하여 남아르콘들 앞에 나타나자, 이에 그들은 강한 성적 충동과 욕망으로 마침내 그들 안에 정액으로 갇혀 있던 빛을 사출한다. 이 빛이 땅에 떨어지자 이로 인해 식물이 자라게 되었다. 따라서 식물은 매우 많은 빛을 자신 안에 함유하게 되었다. 그리고 육식이 더 낫다고 믿는 자들이 식물인 채소를 먹는데, 이는 완전한 살덩이인 그들의 육신은 어둠의 산물임을 드러내는 것이다.

한편 여악령은 세 번째 사자를 잘생긴 청년으로 인식한다. 그들은 이미 임신한 상태임에도 불구하고 색욕이 발동했는데, 이로 인해 그들은 자신들의 자식을 예정일보다 앞당겨 출산하게 되었다. 이 아이들은 괴물로 지상에 내려와 그들 안에 있었던 빛을 다시 회복하기 위해 어린 식물들을 먹었다. 이제 아르콘들은 아담과 이브를 만들면서 더 적극적으로 빛에 대항할 계획을 세운다. 어둠의 화신인 아즈(Az)는 한 명의 남자와 한 명의 여자 악령을 생산한다. 남악령은 빛을 함유한 식물을 먹은 괴물들을 그들의 영혼과 동질화하기 위해 잡아먹고 여악령과 짝을 맺는다. 이 결합으로 인한 산출이 바로 최초의 인간이 되었다. 그러므로 인간은 식인 행위와 색욕의 더러운 결합으로 이루어진 악마의 계획적 산물이다. 그러나 빛의 아버지는 이런 모든 일에도 불구하고 다시 기도에 응답하여 세 번째 사자를 파견했는데, 이번에는 마니교도들이 요쇼 지와(Yisho Ziwa), 즉 '예수 그 빛나는 분, 또는 빛의 소유자'라고 부르는 오흐르마즈다(Ohrmazd) 또는 예수의 모습으로 나타난다.

예수는 아담에게 다가가 진실을 말한다. 너의 몸은 악령들에 의해 창조된 악의 덩어리이고, 너는 빛의 세계를 위해 너의 영혼을 반드시 구하도록 혼신의 힘을 기울여야 한다. 그러므로 이 세계에서 할 인간의 역할은 구원의 지식, 즉 예수의 메시지를 획득하여 영혼을 육신으로부터 해방시키는 것이다. 이 자유가 곧 구원을 의미한다. 그러므로 세 시기의 우주가 존재하게 되었다. 영혼과 물질이 악마적 성질과 섞이기 이전의 시기, 그것들이 섞인 현재의 시기, 그리고 구원의 시기로 치열한 마지막 전투 이후 영혼이 물질로부터 해방되고 예수가 우주를 잠시 다스리고 난 다음 모든 물질이 마침내 영구히 파괴되는 시기이다. 구원된 자들이 하늘로 오르는 동안 그때까지도 진리를 인식하지 못하고 그래서 어둠의 길을 좇는 자들은 물질과 함께 섞여 구르면서 어둡고 빽빽한 물질덩어리로 되어 영원히 구덩이 속에 묻힐 것이다. 마니교의 이러한 완화된 우주적 이원론과 극단의 인류학적이고 도덕적 이원론의 혼합은 하나님과 현실 세계에 사는 인간 존재 간에 일련의 복합적인 신화적 존재들을 설정함으로써 참 하나님을 악의 책임으로부터 벗어나게 하려 했다는 점에서 그노시스와 유사했고, 바로 그 이유로 그노시스파가 실패했듯이 마니교도 결국 소멸하게 되었다. 신화적 복잡성은 여기서 선보인 대강의 것보다 훨씬 더 복잡한데, 이것들은 어떤 특별한 기능도 없고 결국 혼란만 가중시킬 뿐이다. 그럼에도 불구하고 두 대립적 원리 사이의 우주적 투쟁이 각 개인에게는 육신과 영혼 사이의 투쟁으로 이어진다는 마니의 사상은 청년 시기의 아우구스티누스를 비롯한 많은 추종자를 만들어냈다. 전통의 끝자락에 등장한 이런 이원론은 영혼과 육신의 긴장 관계를 더욱 조성했으며, 더 한층 악마를 인간의 육신을 유혹의 대상으로 삼는 물질의 군주로 여기게끔 했다.

영혼과 육신 사이의 전투는 초기 기독교의 수도원 사상에서는 압도적인 주제였다. 고독과 반성의 생활 속에서 수도사가 그의 온 시간을 사회생활의 번잡함에 방해받지 않고 하나님에 대한 명상으로 보낼 수 있도록 한 수도원 제도는 악마론에 획기적인 중요성을 부여한다. 최초의 수도사라고 알려진 성 안토니우스(Anthony, 251~356)는 은둔의 생활을 위해 마을을 떠나 사막으로 들어갔고, 이와 유사한 배경에서 출발한 성 파코미우스(Pachomius, 286~346)는 후에 공주(共住) 수도원 제도를 설립했다. 어떤 면에서 수도원은 순교의 대응물이라 할 수 있다. 312년 콘스탄티누스가 기독교를 받아들이게 되어 박해가 사라지자 기독 공동체는 내부적 위험, 특히 세속적 물질에 대한 집착에 더욱 초점을 맞추기 시작했다. 사막은 순교자의 고난 장소인 투기장을 대신하여 기독교도가 가장 철저하게 신앙을 검증받을 수 있는 장소로

떠올랐다. 사회로부터 벗어나 수도사들은 세속적 쾌락이나 욕망, 그리고 그것들에 내재된 악령들과 내면의 투쟁을 벌인다. 당시 이집트에서는 사회에서 벗어난다는 것이 곧 비옥한 나일 유역을 떠나 사막에서 산다는 것을 의미했는데, 사막은 수천 년간 정신적으로뿐만 아니라 육체적으로도 위협적인 곳으로 인식되고 있었다. 또한 기독교도는 그의 기도가 제국을 점진적으로 기독교화시키고 있으며, 그 기도로 인해 악령들은 제국의 도시로부터 쫓겨나 지금은 사막에 모여들고 있다고 믿었다.

수도사가 사회를 떠나 사막에서 수도생활을 결심할 때 그는 이미 육체적으로나 도덕적으로 악령의 무리와 대적할 각오가 되어 있는데, 이때 악령들에게 굴복하지 않고 자신을 지키는 길은 곧 그리스도의 보호 아래 금욕적인 수행을 지속하는 것이었다. 사막은 수도사들에게 두 가지 의미를 동시에 지니고 있다. 즉, 사막은 사회적 유혹으로부터의 피난처이자 동시에 악마로부터 직접적으로 유혹을 받는 곳이기도 하다. 사막에서는 사소한 혼란이나 선악으로부터 벗어나 직접적으로 그리스도와 사탄의 우주적 전쟁에 참여할 수 있었다. 그리고 이러한 수도사들의 관념은 상당히 타당한 면이 있었다. 우리가 악령을 외면적 존재로 해석하든 또는 내면의 정신적·심리적 지배자로 해석하든 의심의 여지없이 수도사들은 자신들이 악마의 공격을 거의 끊임없이 받고 있다고 느꼈다. 그들의 경험, 그리고 경험담이 기독 공동체에 불러일으킨 증폭된 관심은 악마에 대한 공포를 더더욱 확산시켰다. 악마를 물리치는 수도사들의 행위는 비기독교도에게도 알려져서, 그들도 수도사들을 모방했다. 배교자 줄리안은 "기독교 신학의 정수는 두 가지, 즉 마치 뱀을 쫓듯이 악령들에게 쉿쉿 소리치면서 그들 자신의 이마에다 십자가를 긋는 것"이라고 서술하고 있다. 악령들은 공동 생활하는 수도사들보다 은둔 수도사를 더 공격했다. 왜냐하면 영적으로 더 높이 오르면 오를수록 악령들의 공격은 더더욱 인상적이 되기 때문이다. 수도사들은 순교를 '하나님의 경기자들'로 대체했다.

4세기 수도사들의 생활에 관해 씌어진 주제와 레퍼토리가 같은 많은 이야기들은 한 수도사를 먼저 이야기하고 나서 그 다음 수도사를 이야기한다. 이러한 이야기들은 역사적 사실에 초점을 맞추려 한 것이 아니었다. 작가들은 상상 속에서 어떤 이상적이고 전형적인 수도사를 그렸고, 이야기에 나오는 수도사들은 이상적인 전형을 대표하거나 복제했으므로 어떤 한 수도사에 관한 이야기는 다른 이야기에 그대로 적용시킬 수가 있었다. 요즘의 시각으로 보면 이런 행위는 성인(聖人) 전기(傳記) 작가들이 서로의 아이디어를 표절하고 있다거나 역사를 날조하고 있는 것으로 비쳐질 수도 있다. 그러나 그런 시각으로 본다면 그들의 목적을 오해하고 있는 것이다. 그들은 전기나 역사를 쓸 의도가 없었다. 단지 영원한 진리를 쓰고 있었을 따름이다. 성인전(聖人傳)은 주제가 매우 뚜렷하고 정형화되었으며, 특출한 개인들에 대해서는 별

다른 관심을 보이지 않았기 때문에 4~5세기 초의 원형으로 수도사들의 생활이 가장 적합했다. 이것은 당시 교회가 수도사와 수도녀에게 무엇을 기대했는가를 잘 보여주고 있다.

그 당시 기독 공동체에서 '수도사'의 기능은 경이로웠다. 동지중해 연안의 도시나 지방에서 그 사회의 모범적 전형이 된 '수도사'는 주교나 성직자들의 권위에 버금갈 정도로 중요하게 생각되었다. 사막으로 들어가 스스로를 사회로부터 격리시켜 고행과 금욕의 생활을 하는 사람들은 위대한 지혜를 지닌 사람으로 여겨졌다. 많은 사람들이 도시를 떠나 이들을 따랐고, 그들 자신이 이내 수도사가 되었으며—따라서 그 당시 수도원이 급속히 증가했다—수도사가 되지 못한 더 많은 사람들은 수도사를 덕행의 모범으로 삼아 따랐다. 로마 제국이 쇠망함에 따라 세속 세계에 대한 신의를 초월적 세계를 향한 신의로 바꾸는 사람들이 급증하기 시작했다. 수도원 생활이 기독 공동체에 확산시킨 강력한 이미지로 인해 수도사란 개념은 악마와 싸우는 전사를 상징하게 되었다.

수도원 생활의 모델은 그리스도 자신이었다. 그리스도가 사탄의 유혹을 받아 사막으로 들어간 것처럼, 수도사들도 사막으로 가서 기도하고 단식하며 주님의 보호 아래 어둠의 권력자와 투쟁을 하는 것이었다. 수도사들이 그리스도를 따라했듯이 기독 공동체 또한 그들을 모방하려 했고, 악마와 전투를 벌인 그들의 이야기는 일반 대중의 시각으로 편집되어 대중 속으로 스며들어갔다. 수도사에 관한 전기물은 사탄을 좀더 실감나게 사실적으로 그려냈다.

아타나시우스는 수도사 악마론에 관한 한 영향력 있는 저작 중 하나를 저술했다. 295년에 태어난 그는 알렉산드리아의 알렉산더 주교의 부제(副祭)이자 비서로 일하다가 328년 그 자신 주교가 되었다. 그는 아리우스파에 반대하는 싸움을 이끌었고, 325년 니케아에서 열린 최초의 전 기독교 회의에서 가장 영향력 있는 목소리를 내었다. 그는 약 360년에 쓴, 짧지만 엄청난 영향력을 미친 『안토니우스의 삶(*Life of Anthony*)』에서 은둔 수도사를 끊임없이 악마와 그 권능에 대항하여 싸우는 존재로 그렸다.

아타나시우스는 다른 알렉산드리안 교부들처럼 악마는 기본적으로 무존재라고 생각했지만, 악의에 찬 생생한 기운이 그 무(無)를 지배하고 있다고 믿었다. 악마는 천국에서 추락한 대천사이고, 다른 천사들을 유인해 죄를 짓게 하고는 그들의 우두머리인 소위 '위대한 악령'가 되었다. 천국에서의 추방과 함께 그들은 전 우주에서도 격리되어 무, 어둠, 기형, 무존재의 생을 보내고 있다. 그들은 본질적으로 오직 폭동, 분쟁, 무질서 등과 같은 부정적인 것으로서만 형태를 가질 수 있으며, 그들의 희생자들 마음에 이런 이미지와 환영을 창출해낸다. 그들은 이런 능력을 발휘하여 수도사들을 물리친다. 악마는 언제든지 마음먹은 대로 자신의 모습을 바꿀 수 있다. 아타나시우스는 종종 악마

그리스도의 유혹이라는 이 특이한 그림에서 예수는 성전의 맨 위에서 성전을 관할하고 있는 듯하고, 그의 왼쪽 편에 있는 사탄은 헛되이 그에게 그 자리를 박차고 나오라고 설득하고 있다. 천사들은 위에서 날고 있고, 군중들이 지켜보고 있다. 790년 『켈스의 서』.

를 대기중에 살면서 자신의 무시무시한 형상을 이용하는, 그래서 우리가 하늘나라에 오르지 못하게 막을 수도 있는 그런 거대한 거인이라고 생각했다. 또한 악마는 그의 영혼은 텅 비었고, 어둡고 검다는 표시로, 또는 본질적으로 그리스도의 권능보다는 약하다는 표시로 검은 소년의 모습으로 나타날 수도 있다. 악마와 악령들은 종종 그들의 야만적인 우둔함의 상징으로 야수 또는 괴물의 형상—"넓적다리는 인간, 정강이와 발은 당나귀를 닮은"—을 취하는데, 이는 그들이 이 우주에서는 진정한 존재자도 아니며 진정으로 그들이 머물 장소도 없다는 것을 상징적으로 보여주고 있는 것이다. 아타나시우스는 도상(圖像)으로 자리잡은 묘사를 「욥기」에서 끌어온다. "(악마의) 눈은 샛별 같은 광채를 발하고, 그의 입에서는 횃불과 불덩이가 튀어나오고, 그의 코에서는 석탄이 불타면서 내뿜는 불연기가 쏟아져나오고, 그의 숨은 능히 석탄을 피우니 불꽃이 그 입에서 나온다." 악마는 빛의 천사 모습을 띨 수도 있고, 악령들은 아름다운 노래를 부르거나, 성서를 인용하거나, 기도에 답하거나 심지어는 수도사의 모습으로 나타나 우리를 홀린다. 그러나 이러한 위선적인 선을 유지한다는 것은 그들에게는 감당하기 힘든 노력을 요하기에 그들은 곧 그들 자신의 세계, 즉 추하며 악취를 풍기는 세계로 되돌아간다. 그들의 진정한 진면목을 살펴보면 그들은 마치 물귀신처럼 어둠과 파멸로 잡아당기는 무겁고 보이지 않는 존재다.[6] 악령들이 죄를 짓기 이전에는 그들도 천국에 살았다. 그들은 자신들의 잘못으로 인해 낮은 대기층으로 추방되었고, 그곳에서 을씨년스럽게 소용돌이치는 회오리바람에 시달리고 있다. 화살처럼 빠르게 날아다닐 수 있기 때문에 그들은 지상을 점령하고, 그들의 대장은 사막에 고정된 거처를 마련했다.

그리스도가 강림하기 전에는 악령들이 구원의 길을 완전히 차단했지만, 그리스도의 희생으로 이 길은 다시 열리게 되었다. 그러나 악령들은 여전히 우리 주위를 맴돌면서 우리가 그 길을 다시 오르려 하면 모든 방법을 동원하여 막으려 한다. 우리가 일생 동안 무슨 죄를 짓든지 이 죄는 곧 우리가 악마에게 갚아야 될 빚이고, 그래서 우리가 천국으로 향할 때 그들은 우리에게 그 빚을 청산할 것을 요구한다. 지상에서 그들은 천국의 길을 막기 위해 다양한 방법들을 동원하는데, 그중에는 내적 유혹(음욕), 외적 공격(테러), 그리고 배반(위선 또는 거짓 투항) 등이 있다.[7]

아타나시우스는 악마는 사막의 수도사들 때문에 고민에 빠졌다고 했다. 그 이유는 먼저 도시에서 행해진 기독교도의 기도로 그 도시에서의 지배력이 약화되어 결국 사막으로 쫓겨나게 되었기 때문이고, 또 다른 하나는 수도사들이 그리스도를 모방함으로 인해 이것이 구원의 원동력이 되어 세상을 무거운 덩어리로 만들어 가라앉혀 지옥으로 떨어뜨리려는 그의 노력을 방해하기 때문이었다. 따라서 수도사들이 하나님을 찾아 더 높이 오르면 오를수록 악마는 그만큼 더 그들을 증오했고 더 공격적이 되었다. 고독은 곧 큰 미덕이기 때문에 매번 안토니우스는 자신을 더 깊은 고독 속으로 자신을 밀어넣을 결심을 했다. 그리고는 자신을 특히나 악마의 날카로운 공격을 받을 수 있도록 노출했다. 즉, 처음에 그는 마을 가까이 있는 무덤으로 갔고, 그 다음에는 강가에 있는 폐허가 된 사막으로, 마지막에는 홍해 근처에 있는 죽음의 사막으로 더 깊숙이 들어갔다. 파코미우스 또한 주변에 있는 수도원들을 모아 공동체를 설립할 때보다 그 이전 은수자로 있을 때 훨씬 더 혹독한 괴롭힘을 당했으며, 힐라리온(Hilarion. 팔레스티나의 첫 번째 은수자(隱修者)이다) 또한 처음 사막에서 고립된 삶을 살 때 가장 혹독한 시련을 치렀다.

수도사들에 대한 공격은 일반적으로 악마의 졸개인 악령에 의해 이루어지는데, 만일 수도사의 저항이 강하면 악마 자신이 직접 나선다. 악령의 솜씨는 다양하고 풍부하다. 안토니우스가 황량한 무덤을 찾아가기로 결심했을 때, 악마는 그의 젊고 활기찬 선량함을 미워하고 영적 잠재성을 두려워하여 처음에는 본질적으로 선해 보이는 유혹을 그의 마음에 속삭였다. 악마는 안토니우스가 돈으로 할 수 있는 좋은 일, 그리고 어린 누이를 위해 그가 져야 할 책임감 등을 제안했다. 악마는 특히 본질적으로 선한 것을 유혹의 미끼로 던짐으로써 수도사의 방어능력을 떨어뜨리는 것을 좋아한다. 이후 안토니우스가 영적 생활에서 더욱 발전해나가자 악마는 그가 수도사로서의 소명을 버겁게 여길 지경에 이르도록 극단적인 방법을 동원하여 그를 유혹하려 했다. 악령들은 다양한 기만의 방법을 쓴다. 그들은 선의 천사, 수도사, 심지어 주 하나님의 모습으로도 나타난다. 그들은 수도사를 그리스도의 보호에서 떼어내어 자신들 손아귀에 넣기 위해 그를 존중하고 존경하는 척한다. 그들은 큰 거짓말을 하기 전에 상대방에게 확신을 심어줄 요량으로 찬송가를 부르거나 성경을 읊조리거나 사소한 진실을 말한다. 그들은 대단히 빠른 속도로 하늘을 날 수 있는 점을 이용하여 먼 곳에서 일어날 일을 미리 알려줌으로써 마치 예언자처럼 행세한다. 만일 한 남자가 형제를 만나기 위해 집을 나서는 걸 보았다면, 그들은 쏜살같이 그 형제에게 찾아가 그 남자의 방문을 '예언' 할 것이다. 그들은 굽실거리며 비굴한 태도를 취해 보인다. 그러나 안토니우스는 '어린 검은 소년' 의 모습으로 행하는 이런 책략을 꿰뚫어볼 수 있었기 때문에 그를 쫓아낼 수 있었다.

유혹은 좀더 노골적이기도 했다. 젊은 안토니우스가 재산과 누이 생각에 넘어가지 않자 악마는 그의 마음에 부와 향연, 명예 등의 이미지를 불어넣었다. 악마는 그가 하고 있는 일이 얼마나 위험하고 고통스러운 것인가를 깊이 생각하도록 하여 그의 마음에 깊은 회의의 구름이 솟아오르도록 했다. 그리고 이것 또한 실패했을 때 악마는 음탕한 생각들을 불러일으키고, 심지어 섹시한 젊은 여인의 모습으로 나타나 유혹을 했다. 악령들은 종종 젊은 수도사들을 상대로 성욕을 충동질하고, 나이든 수도사들을 다룰 때는 안락함을 미끼로 쓴다.

어느 날 저녁 한 악령이 사막을 여행하는 예쁜 처자로 모습을 꾸몄다. 그녀는 한 수도사가 묵고 있는 동굴 문 앞으로 다가가 여행에 지쳐 탈진한 척했다. 그녀는 마치 자비를 구하듯이 수도사의 무릎에 푹 고꾸라졌다. "사막에서 방황하는 동안 밤이 되어버렸고, 이제 나는 정말 무서워요. 야생동물의 먹이가 되지 않도록 제발 당신의 방 귀퉁이에서라도 하룻밤만 쉴 수 있도록 해주세요." 그녀는 간절히 부탁했다. 수도사는 동정심이 일어 그녀를 동굴 안으로 들어오도록 하고는, 무슨 일로 이 사막을 여행하고 있느냐고 물었다. 그녀는 처음에는 보통 사람들이 하듯 그런 대화체를 사용했지만, 조금씩 그녀의 말투는 달콤해지고 그의 마음을 녹였다. 달콤한 속삭임이 점차적으로 그를 완전히 음욕의 갈증으로 내몰고 이제 그녀는 그의 마음을 사로잡게 되었다. 그녀는 농담과 웃음을 뒤섞기 시작했고, 마치 존경을 표하듯이 그의 뺨과 턱을 어루만지고 목을 쓰다듬었다. 수도사가 욕망으로 몸이 달아오르기 시작하여 막 자신의 열정을 해소하려는 그 순간, 악마는 쉰 목소리로 무시무시한 새소리를 지르면서 그의 품에서 미끄러져 나와 상스럽게 그의 불명예를 비웃으면서 떠났다.

유혹 이후에 악마가 취하는 다음 조치는 공포를 상기시키는 일이다. 악마의 내부와 외부 공격의 경계에는 작은 구멍들이 있다. 악마들은 때때로 꿈이나 환영을 내보내어 수도사들을 놀라게 하기도 하고, 가끔은 실제적으로 모습을 드러내어 다양한 존재들의 시각, 청각, 후각을 선보이기도 한다. 악마들은 성자의 모습으로 나타나 거짓을 말하기도 하고, 거인, 야수, 파충류 등의 모습으로 변신하여 사람들을 흠칫 놀라게도 하고 메스껍게 하기도 한다. 그들은 악취를 내뿜기도 하고, 소름 끼칠 정도의 소동과 소음을 자아낸다. 이따금 그들은 이런 효과들을 섞기도 한다. 안토니우스는 무시무시한 쇳소리에 깬 적이 있었는데, 이때 그 소리에 오두막 벽이 흔들거렸다. 그리고는 악령들이 '사자, 곰, 표범, 황소, 뱀, 원숭이, 전갈, 늑대'와 같은 수많은 무시무시한 형상을 하고는 그의 오두막으로 쳐들어와서 이상한 새소리, 쉰 소리, 늑대의 울부짖는 소리 등을 내며 그를 위협했다. 성 힐라리온은 밤에 어린아이의 울음소리, 소의 낮은 울음소리, 여인들이 흐느끼는 소리, 사자의 울부짖는 소리, 둔탁하게 무기 부딪히는 소리를 들었다. 그는 바로 눈앞에서 검투사들이 사투를 벌이는 것을, 그리고 그중 한 명의 목이 툭 하고 떨어지는 것을 직접 목격했는데, 나중에야 이 모든 것이 악령들이 자행한 무언의 쇼라는 것을 알았다. 악령들에게 자존심 같은 것은 없다. 그들은 수도사의 명상을 방해하기 위해서는 공포심 조장서부터 바보 연기까지 한다. 그들은 춤추고, 웃고, 휘파람 불고, 뛰어 돌아다니고, 방귀 뀌고, 날뛴다. 이따금 그들은 코미디를 한다. 파코미우스는 조그만 악령들이 조심스럽게 로프를 풀잎에다 갖다대고 묶으려고 애써 잡아당기는 시늉을 하는 것을 보았다. 일반적으로 악령들이 아무리 위험하고 겁을 준대도 실질적으로 수도사가 해를 입을 만큼의 권능은 없다고 여겨졌지만 때때로 신체적 공격을 받았다는 기록도 있다. 악마는 힐라리온의 등에 뛰어올라 그에게 채찍질을 했다. 한 번은 악마와 악령들이 매복해 있다가 안토니우스를 공격하여 그를 때리고 채찍질하고는 의식을 잃고 땅바닥에 쓰러진 그를 남겨놓고 떠나갔다. 노인이 되었을 때 안토니우스는 그의 동생들에게 그가 종종 물리적 구타를 일삼는 악마를 잘 받아넘겼다고 당시 상황을 자세히 설명해주곤 했다.

어떻게 역사학자가 이런 소설 같은 이야기를 택할 수 있겠는가? 이 작가들이 사실에 충실한 이야기를 쓴 의도가 무엇인지, 수도사의 꿈이나 환영을 다룬 의도가 무엇인지, 그리고 소박하게 도덕적이고 전형적인 이야기를 한 의도가 무엇인지 판단하기는 어렵다. 만일 그 의도를 판단하기 어렵다면, 진실로 무슨 일이 일어났었는지 말한다는 것은 불가능하다. 이런 이야기의 역사적 사실성에 대해 누구나 당연히 회의적일 것이지만, 생각이 깊은 역사학자는 진위가 의심스러운 사건들을 단지 우리의 현대적 관점과 다르다는 이유만으로 거부하지는 않는다. 사실 다른 모든 세상의 견해처럼 이 현대적 관점도 불확실하다. 단지 우리가 알고 있는 것은 악령의 행위들을 정확히 그려내기 위해 널리, 거의 보편적으로 이러한 이야기들을 채택했다는 것이다.

이러한 악마의 공격에 대한 반격으로 수도사들은 다른 기독교도들처럼 같은 무기를 사용한다. 즉, 그리스도에 대한 신앙심, 예수의 이름으로 십자가를 긋는 실질적인 행위들이 그 무기다. 악령들은 이것들을 특히 무서워하는데, 이는 이후 지옥에서 처벌받을 때 하나의 징표로서 악령들에게 고통스런 지울 수 없는 낙인이 되기 때문이다. 이외에도 수도사들은 언제나 하나님의 은총에 힘입은 그들의 영적 예지와 경험들을 악령 퇴치를 위해 활용할 수 있다. 안토니우스의 금욕생활, 단식, 철야기도 등은 적의 공격을 무디게 했다. 또 다른 수도사들의 무기는 악령들을 아예 무시하거나 꺼져버리라는 듯이 훅 하고 입김을 내뿜거나(아마도 이 행위는 하나님의 생명의 입김 또는 하나님의 태초의 말씀을 모방한 듯하다. 이것이 바로 배교자 줄리안이 수도사들은 마치 뱀을 내쫓듯이 악령들에게 쉿쉿 소리를 낸다고 조롱한 것이다) 하여 악령에게 경멸감을 주고 두려움이 없음을 보여줌으로써 악령들을 내쫓는 것이다. 어떤 영이 접근해올 때 우리는 대담하게 이에 맞서야 하며 정체가 무엇이냐고 물어야 한다. 만일 이것이 천사라면 자신의 정체를 밝힐 것이요, 만일 악령이라면 이런 용기에 화들짝 놀라 도망칠 것이다.

모든 악령에 대한 방어 중에서 영적 분별력이 가장 중요하다. 우리는 하나님으로부터 이 분별력을 선물로 받았다. 이를 현명하게 잘 사용함으로써 우리는 위대한 수도자가 될 수 있다. 이 분별력에 관한 이론은 고도의 심리학 도구가 되었다. 우리는 충동이나 변덕에 대해 잘 알고 있기 때문에 오늘 옳게 보이는 것이 다음 날에는 틀릴 수도 있다는 것을 잘 알고 있다. 순간적인 충동에 이끌려 잘못된 길로 접어들 수도 있기 때문에 우리는 또한 언제든지 심각한 실수를 저지를 수도 있다. 따라서 수도사들은 분별력 훈련을 통해 내면의 충동이 궁극적으로 하나님으로부터 왔는지 아니면 악마로부터인지, 그리고 도움이 될 것인지 아니면 해가 될 것인지를 판단할 수 있었다. 그들은 이 훈련법을 자신을 위해 또한 다른 이들을 위해 배우고 연마했으며, 일반 사람들도 그들로부터 조언을 얻기 위해 자주 방문했다. 영들을 분별하다 보니 수도사들은 꿈을 해석하는 기술도 갖게 되었는데, 수세기 후의 프로이트는 이를 일상생활의 정신병리학이라고 명명했다.

성공적인 악마의 퇴치는 모두 그리스도의 은총으로 인해 가능하고, 만일 이런 은총이 없다면 어떤 방법도 무용할 것이다. "인간의 적인 악마는 천국에서 추방되어 낮은 대기층에서 서성거리고 있고……그러나 구세주는 지상으로 내려와 악마를 물리치고 대기를 맑게 순화하고 천국의 문을 열어놓았다." 하늘을 향해 십자가를 높이 들어올리는 행위는 곧 그리스도가 대기에 있는 악마의 권능을 파괴함을 의미한다. 그리스도가 지옥으로 하강하는 것은 곧 지하에 사는 악령들을 물리친다는 의미이고, 그의 부활은 최후의 승리를 장식하는 징표가 되었다. 에브라임은 극적인 대화를 만들었다. 이 대화에서 죽음, 게헤나,

스올, 사탄 등은 모두 예수의 죽음을 슬퍼한다. 왜냐하면 그들은 그를 하나님과 인간을 상대로 이용하려 했기 때문이다. 그러나 예수는 이미 그들의 속셈을 알아채고 교묘히 그들의 의표를 찌른 것이었다.

아타나시우스는 그리스도의 희생에도 불구하고 악령들은 여전히 세상을 활보하고 있다는 사실에 직면해야만 했다. 왜 그런가? 아타나시우스는 그리스도는 악령들에게 치명적 부상을 입혔고, 그들이 인간을 유혹하거나 고발할 수는 있지만 인간 구원에 관해서는 전혀 힘을 쓸 수 없도록 했다고 그 이유를 설명했다. 그리스도는 낚시로 리바이어던의 코를 꿰어 끌고 다니고 있다. 그러나 이제 그리스도의 사명을 우리 자신과 연결시키는 일은 전적으로 우리에게 달렸다. 우리는 그의 은총을 감사히 여기고 도덕적인 생활을 함으로써 그의 희생을 헛되지 않게 하고, 악마의 완전한 파멸을 향한 전 우주적 진행을 돕게 되는 것이다. 악령들이 만들어내는 빛은 사실은 지옥 불에서 나오는 것이다. 악마와 그 졸개들은 영원의 불 속에서 참회할 기회와 기대도 없이 타 죽을 것이다. 이 무가 소각됐을 때 만물은 다시 완전하게 될 것이고 하나님과 같이하게 될 것이다.

아타나시우스는 안토니우스의 입을 빌려 다음과 같은 이야기를 했다.

어느 날 누군가가 수도원에 있는 나의 방문을 두드렸다. 나가 보니

체격이 건장하고 키가 큰 사람이 서 있었다. "누구십니까?" 하고 내가 물었다. "나는 사탄이다"라고 그는 답했다. 그리고 내가 "왜 이곳에 있는가?"라고 하자, 그는 "왜 수도사들과 다른 모든 기독교도들은 부당하게 나를 비난하는가? 왜 그들은 나를 끊임없이 저주하는가?"라고 물었다. 그리고 내가 "무엇 때문에 너는 그들을 괴롭히느냐?"라고 묻자, 그는 "그들을 괴롭히는 건 내가 아니라 바로 그들 자신이다. 왜냐하면 나는 점차 약해지고 있기 때문이다. 그들은 '적과의 전쟁은 끝났고, 그대는 그 도시들을 파괴했다'라는 구절을 읽고도 이해하지 못했단 말인가? 나는 더 이상 머무를 장소도, 무기도, 도시도 없다. 기독교도들은 사방 팔방으로 퍼져나가고 있고, 마침내는 사막까지도 수도사들로 채워지고 있다. 제발 그들에게 그들 자신이나 조신하라고 해주시오. 그리고 제발 부당하게 나를 저주하지 말도록 해주시오"라고 말했다. 그때 나는 주하나님의 은총에 놀랐다. 나는 "그대 영원한 거짓말쟁이요, 한번도 진실을 말해본 적이 없는 그대, 이제 마침내 그대의 의지와도 어긋나게 진실을 말하고 있구나. 그리스도의 강림은 그대의 힘을 약화시켰고, 그는 그대를 지하세계로 던져 모든 것을 빼앗아버렸지"라고 말했다. 악마가 구세주이신 그리스도의 이름을 듣자 이로 인해 그의 몸이 불타는 것을 견딜 수 없어 곧 사라져버렸다.

폰티투스의 에바그리우스는 345년 주교의 아들로 그 도시에서 태어났다. 성 바실리우스와 나지안주스의 그레고리우스의 영향을 입어 그는 379년 그레고리우스에 의해 부제(副祭)로 임명되었다. 그는 많은 부와 연줄 등을 바탕으로 콘스탄티노플에서 설교하다가 상류층으로 옮겨갔다. 그러나 383년 호화롭게 명예를 즐기던 그의 인생은 서서히 막을 내리고, 이집트의 리트리안 사막으로 오리게네스의 영향을 받은 일군의 수도사들과 함께 들어갔다. 열렬한 오리게네스주의자며 절친한 친구인 루피누스(Rufinus, 345~410. 현존하는 최초의 사도신경 주석자), 멜라니아와 더불어 에바그리우스는 오리게네스의 사상을 신학의 기반으로 삼았다. 사막에서 그는 위대한 영적 지도자인 마카리우스의 제자가 되었다. 그리고 현대의 한 학생은 그의 저서에서 "최소한의 빵과 기름으로 가장 엄혹한 금욕적인 생활을 이끌어갔다. 그는 정신의 순결함으로 가장 혹독한 시련들을 견디어냈고, 영웅적 노력으로 이를 극복했다. 예를 들면, 한겨울에 우물가에서 온 밤을 선 채로 보내기도 했다"고 에바그리우스의 당시 생활에 대해 서술하고 있다. 에바그리우스는 비범할 정도의 분별력─영들에 대한 분별력─을 소지하고 있다는 평판을 얻었으며, 그가 악령들을 물리친 에피소드는 선풍적 인기를 끌었다. 능변이었으며 인격적이었던 작가 에바그리우스는 "신학자로서보다는 인간 정신의 분석자로서 훨씬 더 뛰어났다". 그는 399년 죽을 때까지 사막에 남았다.

그의 저작들은, 553년 콘스탄티노플에 열린 세 번째 전 기독교 회의가 이 저작들을 오리게네스의 견해를 가지고 있다고 하여 금서 판결을 내릴 때까지 그의 극적인 인생경로, 즉 콘스탄티노플의 최상류층 생활과 리트리안 사막의 소박한 콥트(Coptic. 이집트 재래의 기독교파)의 수도사 생활을 바탕으로 전 사회계층을 섭렵하여 얻은 지식과 수도사 생활체험에서 얻은 심리학적 통찰을 결합하여 보여줌으로써 사람들 사이에 널리 읽혔다. 그러나 553년 이후 에바그리우스는 점차적으로 잊혀져갔다. 그의 저작들 중의 일부는 그의 이름 없이 계속하여 읽혔다. 이 저작들에 대한 존경을 나타내기 위한 일환으로 필기사들은 이 저작들에게 정통 수도사인 성 닐루스의 이름을 붙였다. 20세기가 되어서야 비로소 그의 사상과 영향력을 재조명하게 되었다. 그는 비잔틴과 시리안 영성에 막대한 영향을 미쳤으며, 팔라디우스, 막시무스, 카시안 등을 통해 서방의 수도원에도 꽤 많은 영향을 미쳤다. 그리고 이들은 다시 갈리아와 아일랜드의 수도원에 영향을 미쳤다.

에바그리우스의 이론은 오리게네스 이론의 변종으로 신플라톤주의적 성향을 더 가미한 것이다. '본원적 헤나드(Primitive Henad)'인 하나님은 순수 지성인 헤나드를 창조한다. 이 순수 지성은 일군의 똑같은 지성들을 산출한다. 그러나 일부 지성들은 '타락'하여 하나님으로부터 멀어져 '간다.' 타락하지 않은 유일한 순수 지성이 바로 하나님의 아들인 우리의 주님으로, 그는 두 번째로 물질세계를 창조하고 있었다. 영들이 얼마나 추락하는가는 그들의 죄의 정도에 달렸다. 불로 이루어진 선의 천사들은 천상에 남는다. 일부 타락한 영들은 흙으로 만든 인간이 된다. 가장 죄질이 무거운 자는 악령들로, 그들은 공기로 이루어져 있다. 단계적으로 내려갈수록 더 어둡고, 두껍고, 비천하며, 더 물질적이다. 악마들은 무겁고 얼음처럼 차며, 빛이 전혀 없는 공기로 이루어져 있다. 추락한 지성이 정신이 되었다. 정신은 열정의 터전이다. 인간에게 지배적인 열정은 관능성이고, 악령들에게는 분노다. 하나님의 도움으로 금욕과 기도를 통해 다시 하나님과 해후할 때까지 우리는 존재론적 등급을 올릴 수 있다. 이 일은 모든 지성 존재들에게 점진적으로 일어날 것이다. '제7의 날'에 지성들은 천국으로 오를 것인지 아니면 지옥으로 떨어질 것인지 판가름하는 마지막 심판을 받을 것이다. 그러나 '제8의 날'에 모든 지성들은 하나님에게로 다시 돌아갈 것이고, 악령은 종말을 고할 것이다.

'안토니우스의 삶'에 영향을 받아 에바그리우스는 수도사의 생활에 악령들의 중요성을 강조했다. 그의 저서 『실질적 조언(*Practical Advice*)』의 총 100개의 장 중에서 악령들은 67장이나 되는 중요한 부분을 차지하고 있다. 악령들은 본질적으로 악한 존재가 아니다. 그들은 자유의지로 스스로 천상에서 떨어져나왔다. 그들의 추락/타락의 정도는 곧 죄의 정도에 달렸기 때문에 이에 따라 악령의 등급이 매겨졌으며 더 밑으로 내려갈수록 더 악질적 존재임을 의미한다. 하나님 가까이 사는 천사들은 대단한 지식과 능력을 지니고 있지만, 악령들은 이러한 성질을 그들이 추락할 때 잃어버렸다. 그들은 참된 지식도 가지고 있지 않으며 진리가 하나님을 향한다는 것도 전혀 이해하지 못한다. 그들은 더 이상 하나님을, 심지어는 선의 천사들조차 알아볼 수 없다. 그들은 단지 인간을 관찰하여 그로부터 헛껍데기 지식만을 이끌어내어 그들의 것으로 만들 수 있다. 그들은 우리의 영혼 안으로 뚫고 들어올 수 없다. 왜냐하면 우리의 영혼에는 특별히 하나님을 향해 바라보고 찾아갈 수 있는 길이 놓여 있는데, 이 길은 하나님과 선의 천사들만이 알 수 있기 때문이다. 그래서 악마들은 우리의 행동, 말, 몸짓, 심지어 '육체의 언어'까지도 관찰하여 영혼의 상태를 파악하려 한다. 이런 면에서 그들은 똑똑하다. 그들은 인간의 언어와 과학을 완전히 알고 있으며, 자기들의 이런 재주를 이용하여 끊임없이 우리를 꾀이고 속인다. 악령들은 대기층에 살며 날개가 있어서 이곳저곳을 날아다닌다. 그들은 자신들을 아주 작게 변형시킬 수 있으며, 코로 숨을 쉴 때 공기와 함께 우리의 몸으로 잠입할 수 있다(그래서 누군가가 재채기를 하면 "하나님의 가호가 있기를"이라고 말하는 미신적 관습이 생겼다). 그들은 천박하고 휘파람소리 같고 몹시 거친 목소리를 가지고 있다. 그들은 낮은 우주적 지위에 걸맞은 크기, 색깔, 형태를 가지고 있으며, 우리를 볼 수 있지만 그들이 우리를 속이기 위해서 거짓 형태를 띠지 않으면 우리는 결코 그들을 볼 수 없다. 그들은 빛의 천사로, 어여쁜 여인으로, 전사(戰士)로, 또는 그들이 원하는 대로 어떤 모습으로든 우리 앞에 나타날 수 있다. 그들은 이러한 형상을 하고서 이빨을 갈며 불만에 찬 신음 소리를 내며 악취를 내뿜는다.[8]

개개의 악령은 지옥의 계급제도에서 서로 다른 지위를 점하고 있기 때문에 각 악령은 자신만의 목적과 개성을 가지고 있다. 어떤 악령은 다른 악령에 비해 더 악독하고, 어떤 것은 더 고집이 세고, 어떤 것은 더 빠르고, 어떤 것은 더 겁이 많다. 수도사는 그의 분별력을 선한 영과 악한 영을 구분하는 데 쓸 뿐만 아니라, 그가 다루고 있는 악령이 어떤 종류의 악령인가를 결정하는 데에도 사용했다. 악령의 목적은 우리 안에 있는 하나님의 이미지뿐만 아니라, 이와 유사한 이미지를 파괴하기 위해 인간의 영혼을 공격하는 것이다. 그들은 모든 미덕의 행위를 저지하려 하고, 우리가 어떤 선행을 염두에 두고 있다고 생각되면 가장 난폭하고 극렬하게 공격한다. 이런 이유로 그들은 일반인보다는 수도사들을, 수도원에 있는 수도사들보다는 은둔 수도사, 무지한 사람보다는 신성한 지식 또는 영적 지식으로 빛나는 사람들을 더더욱 공격한다. 에바그리우스의 사상은 오리게네스와 아타나시우스처럼 순교자, 수도사, 그리고 깨달은 자는 사람들 가운데서 영적 엘리트를 이루고 있다는 것을 은연중에 기반으로 삼고 있었다. 이 엘리트들은 마치 피뢰침처럼 악마의 적대적인 관심과 공격의 목표가 되지만, 이러한 야만스런 공격을 물리치기 위해 하나님의 특별한 은총과 성벽으로 무장하고 있다. 에바그리우스가 깨달은 자들에게 특수한 등급을 부여한 것은 그노시스파의 영적 존재와 유사하다. 다만 그노시스파는 사람이 영적 범주에 속한다고 믿는 반면, 에바그리우스는 개인은 자유롭게 하나님의 은총과 협력을 통해 영적 계획에 동류할 수 있다는 것이 다르다.

악령들은 우리의 정신과 육체 모두를 공격한다. 비록 그들은 우리의 영혼 안으로는 못 들어올지라도 뇌에는 영향을 미쳐 이미지, 환상, 공포, 유혹 등을 뇌 속에 집어넣을 수는 있다. 악령들은 또한 차별을 한다. 악령들은 대부분의 사람들을 천한 미끼로 유혹하는 데 반하여, 수도사들과는 이런 것들이 통하지 않기 때문에 힘든 싸움을 벌여야 한다. "영혼이 위대해지면 위대해질수록 적들은 그와의 싸움에 더더욱 두려움을 느끼다." 영악한 악령들은 지혜로운 수도사들이 하나님에 대한 명상에 잠겨 있을 때, 특별히 하나님의 가호 아래 있는 분별력 있는 수도사들만이 즉시 물리칠 수 있는 아주 미세한 환영이나 망상을 불러일으켜서 지혜로운 수도사들의 정신을 흩뜨려놓는다. 악령들은 겉으로 보기에는 분명히 선해 보이는 어떤 일을 하라는 세련된 유혹으로부터 음욕이나 탐욕 등과 같이 좀더 노골적인 유혹에 이르기까지 유혹의 전 스펙트럼 어느 곳에서나 공격할 수 있으며, 이 공격은 언제나 잔혹한 물리적 공격이다. 그들은 불의 형상으로 나타나 우리에게 두려운 환영을 불러일으키기도 하고, 우리의 코를 간지르고 귀를 긁고 배를 잡아당겨 기도하는 동안 졸리게 하고, 배에 가스가 차게 하고, 심각한 질병이나 부상을 일으키며, 심지어 달려들어 치고 때리기도 하는 등 우리 몸을 가지고 노는데, 이 모든 행위는 우리의 성스러운 목적을 방해하려는 의도에서다.

에바그리우스의 유혹의 심리학은 정밀하다. 천상에서 추락하여 지금은 우리의 육체 안에 들어 있는 영혼은 뒤틀려 있고, 하나님을 보는 시력은 흐려 있다. 우리의 영혼은 감정에 압도당해 있기 때문에 이를 떨쳐낼 수도 없다. 영혼이 감정의 소용돌이에 휘말려 있는 것이 추락한 상태에서 살아가는 우리의 풍토병이다. 만일 우리가 다시 천국으로 오르려 한다면 그리스도의 은총에 힘입어 반드시 극복해야 할 것이 바로 이 감정이다. 이 감정으로부터 감상적 생각, 기분 또는 욕망 등이 돌출되어 나오는 것이다. 물론 모든 '생각들'이 악은 아니지만, 에바그리우스는 이 용어를 거의 언제나 부정적 의미로 사용했다. 이러한 욕망들은 만일 수도사가 이를 뛰어넘으려면 반드시 정복해야 할 '날것의 질료'다. 욕망의 분출은 마치 악령들이 우리를 공격할 때 문을 활짝 열어놓는 것과 같다. 악마는 우리를 세심하게 관찰하고 있다가 우리가 특별한 욕망에 의해 약해졌을 때 이 욕망을 잘 이용하도록 특별히 훈련받은 악령 군사들을 파견한다. 지크프리트 벤젤은 "욕망은 유혹의 수단으로 악마가 사용하는 도구이자 '무기'인 것이다. '악령들은 욕망을 방편삼아 영혼과 전쟁을 벌인다.' ……그러므로 욕망과 도덕적 악은 외부적 동인(動因)과 인간 본성에서 나온 기질의 결합에서 나온 결과다"라고 서술하고 있다. 악마의 유혹 없이도 우리는 자신의 영혼에서 솟구치는 욕망 때문에 죄를 지을 수 있는데, 악마들은 이 욕망을 두 가지로 이용했다. 악마들은 욕망을 보강하고 강화하여 욕망에 저항하기가 더욱 힘들게 했으며, 마치 도덕의 제방에 난 구멍을 뚫고 나가듯이 욕망을 통해 우리에게 달려든다. 모든 사람들은 사소한 것으로 죄의 유혹에 넘어갔거나, 이보다 좀더 큰 규모의 것에 굴복했던 경험이 있을 것이다. 그러나 이렇게 별 것 아닌 것처럼 보이는 죄에 대한 허용은 하나의 교두보가 되어 급속히 확장될 것이고, 이보다 더 강력한 유혹이 이를 바탕으로 성벽을 쌓을 것이다. 예를 들어, 음욕은 한 남자가 한 여자를 탐하는 마음을 불러일으킨다. 만일 그가 이런 생각에 빠져 산다면 그의 뇌리에는 마침내 그의 영혼이 어지럽고 망상에 빠져 노예가 될 때까지 온통 음란한 영상으로 가득 찰 것이다. 허욕은 처음에는 한 여자가 자신의 안정된 생활을 위한 계획의 일환인 조심스런 투자로서 시작했을 것이다. 만일 그녀가 지나치게 돈에 대해 집착하기 시작하면, 그녀는 금전에 집착하고 있는 자신을 발견하게 될 것이다. 그때는 이미 필요가 탐욕으로 바뀌어 이제 그녀는 부의 노예가 되어버린 후다. 이 모든 경우에서 악령들은 욕망에 의해 벌어진 작은 구멍들을 통해 우리 안으로 홍수처럼 쏟아져 들어올 것인데, 이를 막을 수 있는 길은 오직 하나님의 은총만이 가능하다.

에바그리우스는 욕망과 악령들을 전문적으로 다뤘다. 그는 다양한 측면의 실질적인 도덕체계를 관장하는 강력한 여덟 명의 악령들을 상정하는데, 이 여덟 명은 특수한 죄만을 이용하고 다루도록 임명받은 악령들의 우두머리로 각각 자리잡는다고 생각했다. 이 여덟 부류의 악령들은 여덟 개의 욕망, 즉 식탐, 자만, 색욕, 탐욕, 절망, 분노, 나태(영적 게으름), 허무와 상호 연관되어 있다. 악령들은 이들 모두를 한꺼번에 공격하지는 않는다. 왜냐하면 그들은 영혼이 한 번에 한 가지 또는 두 가지 악덕을 탐닉할 때 더 깊이 타락하며, 어떤 악덕들은 상호 대립적이라는 것을 알기 때문이다. 예를 들면 식탐과 영적 자만심을 한 번에 동시에 실행한다는 것은 어렵다. 각 악덕은 그 책임자인 악령에 의해 면밀히 관찰되므로 최대한으로 이용될 수 있다. 여덟 개의 악덕들 중에서 나태는 수도사들이 가장 껄끄러워하고 두려워한다. 왜냐하면 그들은 그들의 영적 진행이 상대적으로 높이 올라가 있기 때문이다.

나태(acedia)의 악령―또한 정오의 악령이라고도 부른다―는 모든 문제들 중에서 가장 큰 문제를 불러일으키는 존재다. 그는 한낮의 4시간 동안 수도사를 집중적으로 공격한다. 먼저 그는 수도사로 하여금 태양이 거의 움직이지 않게, 한낮이 50시간이나 되게 길게 느끼도록 한다. 그리하여 그는 수도사가 끊임없이 창 너머를 보도록 하고, 방을 나가서 태양을 자세히 살피며 저녁 시간이 얼마나 남았는지 가늠하도록 하며, 이곳저곳을 기웃거리거나 그의 동료가 그의 방에 나타나지 않을까 기대하도록 만든다. 또한 그는 수도사의 마음속에 수도원과 수도원 생활에, 그리고 힘든 노동에 염증과 미움을 품도록 한다. 악령은 수도사로 하여금 자선을 생각하게 하지만, 자선은 그의 동료들은 이미 그것을 생각지도 않고, 누구도 이를 장려하고 있지 않다고 부정적인 결론을 내리도록 유도한다. 이때 누군가가 이런저런 이유로 그를 험담하고 있다면, 악령은 이것을 그의 증오심에 불을 지를 수 있는 호재로 이용한다. 악령은 그가 더 쉽게 생활에 필요한 것들을 획득할 수 있는, 더 쉽고 편한 일들을 찾을 수 있는, 그리고 그 자신 더욱 성공할 수 있는 세속의 세상을 꿈꾸고 그리워하도록 그의 욕망을 부채질한다. 악령은 결국 수도사가 이곳은 주 하나님을 기쁘게 해주는 곳이 아니라는 생각이 들게끔 한다. …… 악령은 이런 감상을 그의 사랑하는 사람들, 그의 지난날의 생활에 대한 기억과 연결시킨다. 악령은 인생이 얼마나 긴 시간인가를 쭉 펼쳐 보이고, 수도사를 유혹하여 그가 수도원의 독방을 버리고, 악령과의 싸움도 거두고 떠나가도록 유혹한다.

이러한 공격들을 물리칠 수 있는 특효제는 하나님의 은총으로 선령들과 악령들, 그리고 다양한 악령들간의 특성들을 파악하는 분별력 훈련을 하는 것이다. 그러면 악령들을 물리치기 위해 각 악령들에게 어떤 종류의 특수한 무기가 필요한지 판단할 수 있게 될 것이다. 에바그리우스는 또한 전통적인 선행의 생활, 기도, 금욕주의, 그리고 예수의 이름을 처방전으로 내놓았다. 그는 적극적이고 강한 분노로 악마에 대항해야 한다고 조언했다. 우리는 악마의 유혹을 받을 때 수동적이 되어서는 안 되며, 오히려 불호령을 쳐서 우리의 정신에서 몰아내고, 계속하여 다양한 방법으로 반격을 가해야 한다. 예를 들면, 한 수도사가 성적 욕망으로 한밤에 잠을 못 이루고 뒤척이고 있다면, 그는 머뭇거리지 말고 자리를 박차고 일어나 병자들을 위해 자비의 손길을 베풀러 병실로 서둘러 가야 한다. 그리하여 악마의 유혹을 오히려 선행을 유발하는 기회로 만들어 악마의 의도를 비웃어주어야 한다.

기독교도가 악령들을 물리치려는 목적은 물론 하나님 나라로 올라가기 위해서다. 하나님에게 오르기 위해 반드시 필요한 영혼의 상태는 아파테이아(apatheia)이다. 이 아파테이아와 현대의 '애파시(apathy)'는 비록 그 뜻이 둘 다 '감정의 결핍, 냉정함'으로 같기는 하지만, 아파테이아가 의미하는 바는 현대적 의미와는 꽤 다르다. 에바그리우스에게 아파테이아는 타락의 결과로 인한 충격과 혼란의 감정 상태에서 자유로운, 감정의 산물인 욕망으로부터 자유로운, 그리고 그 욕망이 불러온 악령들로부터 자유로운 정신적 상태를 말한다. 아파테이아는 "혼란스런 격정에서 자유로운, 그래서 우리의 감각, 욕망, 감정, 기억을 이성으로 제어함으로써 얻어진 것"이다. 아파테이아는 하나님과 함께 있을 때 느끼는 자연스런 영혼의 상태, 즉 정신의 고요하고 편안한 상태인 헤시키아(hesychia)를 불러온다. 사도 바울에 의하면, 지상에서의 삶 속에서 이 헤시키아는 가장 순결한 영혼의 상태인 아가페를 불러오며, 이러한 아가페 정신에서 우리는 오직 우리 자신과 이웃들에게 진실로 참되고 선한 것만을 소망하게 된다.

에바그리우스, 아타나시우스, 그리고 사막의 격전장에서 수도사와 악령의 투쟁을 그린 모든 이들은 악마의 개념에다 색깔, 개성, 그리고 생생한 사실성 등을 부여했다. 악마는 매순간 언제나 호시탐탐 허위의 지적 궤변으로부터 음탕한 생각, 물리적 공격, 그리고 사소한 홀림에 이르기까지 모든 무기를 동원하여 우리를 공격할 태세를 갖추고 기다리고 있다. 그러나 명심해야 할 것은, 이러한 악마적 관념들이 우리의 뇌리에 떠오르는 그 이면에는, 차갑고 무거우며 괴이한, 어리석지만 그러나 교활한 존재가 우리 정신 깊숙이 잠복하고 있다가 때가 되면 스멀스멀 기어나옴으로써 생긴다는 것을, 그리하여 이 세계를 그의 어둠의 세계로 끌어내리려 하고 있다는 것을 알아야 한다.

7. 사탄과 성 아우구스티누스

기독교 전통은 4~5세기에 그리스와 라틴을 기준으로 동과 서로 분화되기 시작한다. 이런 분리는 8세기까지 또는 공식적으로는 11세기까지도 공포되지 않았고, 451년 칼케돈 공의회에서 결정한 삼위일체설과 그리스도의 본성, 즉 그리스도는 신성과 인성의 결합적 존재라는 것에 대한 인정은 동방과 서방을 굳게 연결하는 정통의 근간으로 계속 남아 있었다. 그럼에도 불구하고 신학적 전통은 이미 분화되고 있었다. 성 바실리우스와 요한 크리소스톰은 그리스에는 많은 영향을 미쳤으나 라틴 세계에는 별다른 영향을 미치지 못했다. 가장 위대한 라틴 교부인 히에로니무스(Jerome. 암브로시우스, 그레고리우스, 아우구스티누스와 함께 라틴 4대 교부로 일컬어진다)와 아우구스티누스는 동방에는 거의 영향을 미치지 못했는데, 사실 아우구스티누스는 그리스어를 몰랐다.

이 기간 동안 삼위일체와 그리스도에 대한 기념비적인 논쟁 때문에 악마론은 빛을 잃은 감이 있지만, 악마에 대한 개념은 이미 확고부동해진 주류에 의해 충분히 정리되고 체계화되었다. 따라서 획기적인 새 경지를 연 아우구스티누스를 제외한 당시 동방과 서방의 신학자들은 여전히 하나의 공동체로 다룰 수 있다.

악은 여전히 플라톤적 용어로 결핍된 존재로 널리 인식되고 있었지만, 이 결핍으로 인해 완전한 무(無)라기보다는 존재 성분이 최소화된 한정된 무존재로 여겨졌다. 성 히에로니무스는 악은 완전한 무일 수 없다고 주장했다. 왜냐하면 진실로 완전한 무는 그 자체로 하나의 신, 그리고 하나님의 속성이 될 수 있기 때문이다. 악은 하나님으로부터 참된 실재성을 박탈당했기 때문에 그런 의미에서 존재성이 결핍됐다는 것이지, 실제적인 무라든지 완전한 비존재를 의미하는 것은 아니다. 악의 군대 우두머리인 악마는 마니교도들이 생각하듯이 악의 신—독립된 신으로서의 악의 신—이 아니다. 악마의 악은 그의 자유의지에서 비롯된 것으로, 그는 이 자유의지를 오용하여 감히 하나님을 시기하는 오만 무례함까지 보였다. 니사의 그레고리우스(Gregory Nyssa. 성 바질리우스의 동생. 형과 나지안주스의 그레고리우스와 함께 카파도키아 3대 교부로 일컬어진다)에 따르면, 그 오만함의 뿌리는 권력욕에 있었다. 악마의 타락은 시간상 인간 창조 이전에 발생했다. 악마는 인간뿐만 아니라 하나님도 시기했지만, 인간에 대한 시기심은 천국으로부터 추방된 이후의 일이다. 그가 죄인이 된 원인이 하나님을 시기했기 때문이라면, 인간에 대한 그의 시기심은 그가 우리를 유혹하여 죄를 짓게 한 원인이 되었다. 악마와 더불어 죄를 진 일군의 천사들도 그들의 어둠의 주인처럼 자만심 때문에 그와 함께 타락했다.

악마와 그의 추종자들은 하나님의 왕국과 대립되는, 즉 진리와 생명의 길과 대립되는 악과 죽음의 근원으로서의 왕국, 빛의 도시와 대립되는 어둠의 도시, 그리스도의 신비스런 육신과 대립되는 사탄의 신비스런 육신의 왕국을 세운다. 그러나 사탄의 왕국은 적법의 왕국이 아니다. 악령들이 이 세상을 다스린다는 사고는 거짓된 이교도적 관념이다. 비록 그들을 '세상의 지배자'라고 칭하지만, 그들이 다스리는 우주(cosmos)는 하나님이 창조한 우주(universe)가 아닌 단지 죄악된 인간 세상에 한할 뿐이다. 여기서 말하는 악마의 우주는 대부분 신약성서에서 그 의미를 취한 것으로, 죄인들이 사는 세속적인 곳을 말한다. 사탄의 왕국이 이 세계란 의미는, 인간과 천사들이 이타적이고 영원한 실재인 하나님을 향하여 저 높은 곳을 바라보지 않고 이보다 못한 실재, 즉 '이 세계'에서 이기적이고 일시적인 것에만 눈을 돌리는 성향을 뜻한다. '이 세계'는 우리의 죄가 있는 곳이다. 하나님은 악마가 이 세상에서 권력을 행사하도록 허락했기 때문에 우리는 우리의 영적 힘을 발휘해야만 했고, 따라서 성인들은 기적을 통해 사탄을 혼란에 빠뜨릴 수 있었다. 성인(성자든 또는 성녀든)은 이제 경기장에서 악마와 대결하

천상에서 내민 하나님 아버지의 승인의 손과 함께 기사처럼 무장을 한 그리스도가 악마의 권능을 상징하는 용과 사자를 없애고 있다. 9세기 슈투트가르트 복음서.

여 싸워 경기자의 전범이 된 수도사와 순교자를 계승하게 되었다. 이들에 대한 이미지 또한 점차적으로 바뀌었다. 순교자가 경기장에서의 경기자였던 데 반해, 성인은 전쟁터에서 싸우는 병사가 되었다. 이러한 변화는 이제 박해는 종결되었고, 대신에 로마 기독교를 위해 마땅히 악마와의 전쟁에 군인으로서 복무를 해야 한다는 사실을 반영하고 있다. 이는 결국 하나님은 언제나 죄의 결과를 가지고 자신이 세운 원리에 따라 다스린다는 것을 말한다.[1]

성 히에로니무스는 이교도의 박해는 과거지사가 되었기 때문에 "만일 당신이 이제 더 이상 기독교가 박해로 인해 고통받는 일은 없을 것이라고 생각하고 있다면, 당신은 잘못 생각하고 있다"고 경고했다. 진정한 적인 악마는 언제나 우리를 유혹하기 때문에 우리를 박해하는 일은 결코 중단된 적이 없었다. 암브로시우스는, "악은 창조주인 하나님에 의해 확립된 것이 아니라, 오히려 우리의 자유의지가 악마의 유혹을 받아들임으로써 비롯되었기 때문에 악은 우리 자신으로부터 기인한 것이다. 큰 위험은 외부의 공격에서 오는 것이 아니라, 바로 우리 자신의 내면에서부터 오는 것이다. 적은 우리 안에 있고 잘못의 장본인도 우리 안에 있는데, 말하자면 우리 안에, 바로 우리의 자아 안에 모든 것이 들어 있다. ……우리 안에 있는 이 악은 본래적인 것이 아니다. ……하나님이 아닌 바로 우리가 그 원인이고, 그것은 본성에 기인하는 것이 아닌 우리 자신의 의지에서 비롯된 것"이라고 주장했다. 하나님은 악마가 우리를 홀리고 유혹하는 것도 허락했다. 그리고 비록 홀림으로 인해 육신의 파멸은 있을 수 있지만, 하나님은 결코 이로 인해 영혼까지 타락시키도록 허락한 적은 없다.

악마의 이미지는 이 당시 점점 더 불길함을 띠었는데, 아마도 점증하는 로마 사회의 해체로 인한 불안감에서 비롯되었을 것이다. 문헌에서 악마는 종종 뱀, 사자, 용, 개, 늑대 등으로 등장한다. 콥트교도는 일정 정도 고대 이집트 종교의 영향을 받았다. 그들은 악령들을 "야수의 머리, 날름거리는 불혀, 쇠 이빨을 가진 것"으로 묘사하고 있고, 그들의 조상처럼 인간의 몸에 머리 또는 얼굴은 백색 따오기, 악어, 전갈, 당나귀, 개, 또는 사자의 형상을 한 전통적인 옛 신들로 여겼기 때문이다.[2] 그밖에도 악마는 그의 졸개 악령들을 수행하고 그물과 낚시바늘을 휘두르는 어부로 나타나기도 하는데, 이는 거대한 바다 괴물인 리바이어던에서 기인한 묘사다. 그리고 어쩌면 투기장에서 검투사들이 한때 휘둘렀던 무기에 기인할 수도 있다. 악마는 5세기 「바르톨로메오 복음서」(바돌로메라고도 한다. 빌립의 전도로 제자가 된 것으로 되어 있으며, 신약성서 공관복음서에 그 이름이 나타날 뿐 자세한 활동상황은 알 수 없다)에 기술된 것처럼 거인일 것이다. 그 거인은 길이 1,600큐빗(1큐빗은 약 46~56cm), 폭 40큐빗, 날개의 길이 각 80큐빗이었다. 그리고 생김새는 '번개 같은 얼굴, 검은 눈'을 가졌고, 코는 독한 연기를 내뿜고 있었다. "그의 입은 마치 폭포의 심연과 같았다." 히에로니무스는 그를 "허리와 배꼽에서 연원한 강한 힘", 그리고 과도한 성적 능력을 가진 거대한 야수인 베헤모트(Behemoth)와 비교했다. 악마는 보통 선과 빛의 결핍 때문에 검다. 예를 들면, 테오도레트(Theodoret)는 한때 어떤 주교가 주피터 사당을 불태우려는 검은 악령을 막은 것과 연관시키고 있다. 악마는 검은 옷을 입거나 검은 갑옷을 입고, 검은 눈, 검은 머리칼, 그리고 검은 피부를 가지고 있다. 이런 검은 색조가 원칙적으로 인종차별을 의미하는 것은 아니었다. 왜냐하면 그의 생김새는 날카로운 얼굴, 빽빽한 턱수염, 가는 머리털 등으로 종종 묘사됐기 때문에 전형적인 아프리카인과는 거리가 멀었다. 악마가 검다는 것은 오직 한 가지,

즉 바로 그의 무존재성을 상징하는 것이었다.

악마는 가끔 잘생긴 모습으로 묘사된 적도 있었지만, 시간이 갈수록 점점 추해졌다. 악마가 때때로 휘두르는 삼지창은 마치 포세이돈을 대신하듯이 바다와 육지, 그리고 지하세계를 상징할 수도 있고, 세월과 함께 이제는 상징적 의미가 된 고문의 도구일 수도 있다. 그는 영혼의 문을 향하여 도끼를 휘두른다. 그는 영혼을 가두고는 풀어주기 전에 살인적인 비싼 이자를 요구하는 고리대금업자다. 한편으로 그는 바다의 괴물인 리바이어던, 그리고 궁극적으로 고대 카오스 원리와의 연관성으로 인해 소금물과 관련되지만, 또 다른 한편으로 소금은 생명의 영양 물질로 긍정적 의미의 상징이면서 악마를 격퇴하기 위해 세례 의식 때도 사용되었다. 신선한 물은 부활의 상징으로 악과는 적대적인 요소이고, 세례 의식에서는 가장 중요한 요소로 사용된다. 이후의 전설에서 악령들—그리고 마녀들—은 강이나 또는 그밖의 다른 신선한 물이 흐르는 곳은 건널 수 없다고 여겨졌다. 그러나 악마는 때로 고대 강의 신적 특색을 지닌 존재로 묘사됐다. 그는 가장 자주 불과 관련되는데, 이는 특히나 서방 교회에서는 고문과 파괴를 상징하기 때문이었다.[3]

히에로니무스는 '한낮의 악령'에 대해 새로운 해석을 제안했는데, 즉 여태까지는 나태의 영으로 간주되었으나 사탄으로 그리고 '낮에 하늘을 나는 화살'인 이단자와 동일시했다. 이단자들은 사탄처럼 우리를 속이기 위해 어둠의 모습을 숨기고 빛으로 자신들을 위장한다.

악마가 취한 모든 형상들은 물론 그의 본 모습, 또는 완전히 형상이 결여된 자신의 모습을 위장한 것으로 모두 헛것이다. 악마는 실제로 자기자신의 고유한 형상이 없다는 관념이 점점 일반화되었다. 이전에는 종종 악령들이 비천한 물질적 몸뚱이를 가지고 있다고 믿었다면, 이제는 일반적으로 악령들을 순수—비록 완전히 타락했지만—영(靈)으로서 여겼다.

그리스도의 사명은 인간의 원죄로 인해 악마의 권세 아래 놓인 이 세상을 구원하는 것이었다. 초기 교부들처럼 4~5세기 교부들은 모순된 신정론, 즉 한편으론 하나님은 악을 극복하도록 우리를 훈련시키기 위해 그리고 죄를 지으면 처벌하기 위해 악을 허용했다고 주장하는 동시에 악을 하나님과는 상관없는 것으로 돌리는 구원의 이론을 설파했다. 카뮈의 소설 『페스트』에 나오는 신부 파늘루처럼, 나지안주스의 그레고리우스는 언젠가 그의 교인들에게 농작물을 망친 폭풍우는 그들의 죄에 대한 하나님의 분노의 표시라고 설명했다. 그러나 또 다른 경우에 그는 극단적 악으로부터 우리를 구제하기 위해서는 악도 필요하다고 역설했다. 성 바실리우스는 하나님이 내린 자연 악과 도덕적 악은 반드시 구분해야 한다고 주장했다. 하나님은 우리를 훈육시키기 위해서 모든 악을 허용했지만, 도덕적 악은 하나님이 내린 자연 악과는 달리 우리 자신의 잘못으로부터 비롯된 것이다.

이러한 4~5세기의 신학자들은 구원에 대한 희생 이론과 속죄 이론을 혼재하여 사용했다. 이러한 비일관성으로 인해 해결점을 놓고 니사의 그레고리우스와 나지안주스의 그레고리우스는 날카로운 논쟁의 포문을 열었다. 니사의 그레고리우스는 속죄 이론을 지지했는데, 원죄 때문에 우리는 마땅히 사탄의 권세에 눌려 지내는 것도 감수해야 한다고 생각했기 때문이다. 복음서들이 전하듯이, 그리스도는 자기자신을 많은 이들을 위한 속죄양이라고 했다. 따라서 니사의 그레고리우스는 신약성서의 견해, 즉 아담과 이브가 죄를 지은 이후 사탄은 이 세상에서 거대한 권력을 행사하게 되었고, 그래서 하나님은 "자신의 손으로 직접 사탄을 패퇴시켜야겠다"는 그런 생각을 하게 되었다는 견해를 취했다. 그러나 나지안주스의 그레고리우스는 하나님이 악마에게 속죄의 대가를 치른다는 관념은 어불성설일 뿐만 아니라 하나님의 뜻과도 어긋나는 것이라고 강력히 주장했다. 나지안주스는 그리스도의 죽음이 우리를 위해 하나님께 바치는 희생이라고 말했다. 하나님은 그런 희생을 요구하지도 필요로 하지도 않았지만, 그는 이를 인간의 본성을 깨끗이 하기 위한 조건으로서 받아들였고, 따라서 우리는 그와 다시 화해할 수 있는 자격을 갖추게 되었다. 나지안주스는 악마는 강도이므로 속죄를 요구할 이유가 전혀 없다고 선언했다. 니사의 그레고리우스의 형인 바실리우스는 정의(justice)는 속죄를 요구하고, 그리고 일반 사람은 누구도 이에 맞는 적절한 속죄가 될 수 없고, 필요한 사람은 오직 인간의 본성을 초월한 인간이어야 한다고 설명했다.

속죄 이론에서 가장 극렬한 논쟁점은 오리게네스의 변형된 이론, 즉 그리스도의 수난은 하나님이 사탄을 잡기 위해 부린 술책이었다는 데 있었다. 니사의 그레고리우스는 이 이론을 미끼에 걸려든 리바이어던의 이미지를 끌어들이면서 적극적으로 지지했다. 죄 없는 예수는 사탄을 낚아채려는 미끼였고, 따라서 그 미끼를 덥석 문 사탄은 단지 예수의 신성성이라는 보이지 않는 낚시 바늘에 걸린 자기자신을 발견했을 따름이었다. 니사의 그레고리우스가 설명했듯이 사탄은 그리스도가 기적을 일으키는 것을 지켜보고는 곧 그가 비범한 능력의 소유자임을 파악했다. 사탄은 그 자신이 정당한 이유로 감옥에 수감하고 있는 인간들과 이 경이로운 기적을 일으키는 자와 서로 맞바꾼다면 이는 이익이 더 많은 거래가 될 것이라 생각하고, 그 맞거래의 제안을 받아들여 그 대가로서 그리스도를 접수했다. 이후에 그는 예수가 바로 신이라는 것을 알고는 놀랐다. 그는 죄를 지은 자만 수감하고 관할한다는 기본 정의를 어겨 하나님의 영역을 침범했기 때문에, 결국 그는 예수도 인간도 모두 잃게 되었다. 서방 신학자 암브로시우스는 이 설명에 동의하면서, 사탄이 그리스도를 유인할 때 그리스도의 실체가 진정 무엇인지 알아내려고 했으나 결국 그 노력은 실패했고, 그럼에도 불구하고 그는 어리석게도 이 흥정을 계속했다고 덧붙였다. 동방에서 나지안주스는 분연히 이러한 주장을 부정했고, 심지어 바실리우스조차도 이 주장을 미심쩍어했다. 이 속임수 사상은 시들해졌고, 서방에서는 아우구스티누스가, 동방에서는 크리소스톰이 강하게 이를 거부했다. 크리소스톰은 속임수와 속죄 모두를 부정하면서, 악마가 그리스도를 요구한 것은 하나님이 정해놓은 악마의 역할, 즉 죄 지은 사람만을 관리하라는 그 정의를 어긴 것이기 때문에 자동적으로 그가 우리에게 행사하고 있는 권력은 소멸하게 되었다. 따라서 이 이상의 속죄는 필요 없다고 주장했다. 그의 시나리오는 다음과 같다. ① 인간은 죄를 짓고, 악마의 관할로 넘겨진다. ② 이후 악마는 우리를 관할한다. ③ 악마는 인간의 아들을 포획하려고 손을 뻗치지만, 이는 그의 관할권을 넘어선 월권행위이다. ④ 그리하여 그는 우리를 다스릴 권리를 잃어버린다. 크리소스톰은 악마가 그리스도를 꽉 붙잡는 그 순간 "세상의 모든 사람들이 그의 고삐에서 벗어나게 되었다"라고 말했다.

사탄과 그의 수행 악령들은 극악에 대한 타당한 처벌로 고통 속에서 영적 죽음에 처해진다. 히에로니무스에 따르면, 대천사 미가엘이 사탄을 '죽인다'. 그는 사탄의 원죄인 자만심을 하나님의 명에 따라 처벌할 때, 먼저 그를 천국에서 추방하고 그의 영적 위엄과 생명을 빼앗아버렸다.[4] 사탄이 결국 구제되었는지에 대한 의문점은 여전히 남아 있다. 니사의 그레고리우스는 일반적인 설득력은 잃었지만 그래도 그의 이러한 경향이 오리게네스의 환원설을 옹호하게 했다. 그레고리우스의 명성을 어떻게든 지키려는 동방교회는 그의 저서 『모세의 일생(Life of Moses)』에서 문제되는 구절들을 조심스럽게 삭제했는데, 최근에 학자들은 이를 다시 원상 복구했다. 어쨌든 그레고리우스의 견해는 오리게네스보다는 덜 급진적이었다. 그레고리우스는 오리게네스 이론의 가장 근본적인 약점을 정확히 파악하고 있었다. 만일 실제로 모든 지적 존재들이 궁극적으로 태초의 그들처럼 원래의 순결한 상태로 돌아가 하나님과 다시 화해하게 된다면, 그때 우리는 우리가 다시 죄를 지을 수 있는 상태로 되돌아갈 수 있다는 의미가 될 것이다. 그런 진행 과정은 순환적이고 따라서 모든 것은 무의미하게 될 것이다. 이렇게 되면 그리스도 구원의 사명은 오직 한번의 일시적인 효과로서 작용할 뿐이고, 필요하면 다시 반복되어야만 한다는 결론에 이를 것이다. 이런 문제점을 피하기 위해서 그레고리우스는, 그 진행은 오직 한번만 일어날 수 있다고 주장했다. 시간은 순환하지 않는다. 우리는 시간의 흐름과 함께 천국에서 추방되기 이전의 원래 순결한 상태보다 더 나은, 그리스도가 이루고자 하는 그 목표를 향하여 나아가고 있다. 우리는 하나님과의 관계를 다시 이전처럼 복원할 것이고, 이 세계는 다시 새롭게 태어날 것이지만 이전보다 더 나은 상태가 될 것이다. 하나님은 시간을 세상을 더 향상시키는 데 사용하고 있다. 모든 지적 존재들이 하나님과 함께한 그 과거의 시점은 우리가 되돌아가야 할 하나의 모델이 되지만, 우리가 나아가고 있는 미래의 그 시점이 훨씬 더 훌륭하다. 오메가는 알파보다 더 낫다.

　　니사의 그레고리우스의 관점은 궁극적인 차원에서 보면 낙관적이다. 왜냐하면 우주는 완전히 하나님의 손 안에 있기 때문이다. 그러나 현세에서 악마는 막강한 권력을 휘두르고 있다. 사탄의 추락은 코스모스를 비틀어놓았고, 인간의 추방은 한술 더 떠 이를 비틀어 관절을 뽑아놓은 꼴이 되었다. 그리스도와 함께 작업중이신 하나님은 우주를 다시 새롭게 하려고 하지만, 비록 그의 승리가 궁극적으로 확실하다 할지라도, 이 일을 완성하기에는 엄청난 시간이 필요하다. 그리스도는 사탄의 왕국에 치명적인 타격을 가했지만, 사탄의 패배는 아직 완전히 끝나지 않았다. 그리스도의 십자가 수난으로 구원된 이들은 시간의 종말에 하나님에게로 인도될 것이고, 그와 다시 하나가 될 것이다. 필수적인 선이 결여된 자들—악마를 포함하여—은 모두 소멸될 것이다.

기독교 전 시대를 통틀어 가장 큰 영향을 미친 사람 중의 한 사람인 히포의 성 아우구스티누스는 당시까지 전해져 내려온 악마론을 종합했을 뿐만 아니라 새로운 관점들을 덧붙여 악의 문제에 대해 상대적으로 일관된 사상을 구성했다. 비록 아우구스티누스의 영향력이 주로 서방교회에 한정돼 있었지만, 그는 중세, 프로테스탄트, 그리고 종교개혁 후기 가톨릭 신학에까지 압도적인 영향을 미쳤다. 프로테스탄트와 가톨릭은 전통적으로 많은 부분 여전히 아우구스티누스의 사상에 근거를 두고 있다. 354년 타가스테(Thagaste. 현재 알제리의 수크 아라스(Souk Ahras))에서 태어나 기독교도인 어머니 모니카의 영향을 강하게 받으며 자란 그는, 청소년기인 371년에 아프리카 북부에 있는 도시 카르타고로 가서 고전을 배웠다. 그는 한 여자를 사귀었고 그녀로부터 아들 하나를 얻었다. 그러나 어머니 모니카를 제외하고 그의 정신적 생활에 영향을 미친 여자는 거의 없었다. 그가 언제나 같이하는 가까운 사람들은 남자 친구들이었다. 비록 모니카가 그를 기독교도로 키웠지만, 정신적 독립심과 고전 교육으로 인해 그는 기독교를 지적으로 · 문화적으로 열등한 것으로 보고 깔보았다. 마침내 기독교로 다시 돌아오기 전까지 그는 신플라톤주의와 마니교 등을 포함한 다양한 종교적 철학에 심취해 있었다.

아우구스티누스의 지적 · 영적 생활은 383년 이탈리아로 건너간 이후부터 활발히 전개됐다. 그는 384년 밀라노에서 수사학(修辭學) 교수가 되었고, 그곳에서 위대한 대주교인 암브로시우스를 만나 그에게서 강한 영향을 받는다. 그는 마침내 다시 기독교로 환원하는데, 정원의 신비스런 체험 때문이었다. 정원에서 그는 한 아이가 멀리서 부르는 노랫소리, "주워들고 읽어봐"란 소리를 들었다. 이때 그는 자신을 버리고 모든 것을 그리스도에게 맡기라고 설득하는 성경의 한 구절을 발견했다. 그가 개종했다고 해서 격렬하고 회의적이며 의문점을 파고드는 그의 지적 본능이 결코 약화된 것은 아니었다. 그의 저작들 대부분은 개종 이후에 씌어진 것이고, 그것들은 오직 그의 신학적 대항자들—마니교도, 도나투스파, 펠라기우스파 등등—에 대한 반박의 산물들로서 충분하게 이해될 수 있었다. 비록 그의 마음은 언제나 조용한

정원에서 친구들과 함께 산책하며 철학을 논하는 것으로 향했지만, 그는 교회에서 활동적인 행정가로서 395년 히포의 주교가 되어 430년 죽을 때까지 활동했다. 히에로니무스나 모든 당시 정치적인 상황을 인식하고 있는 동시대인들처럼, 아우구스티누스에게도 410년 로마가 서고트족의 수중에 떨어진 사건—로마가 외적에게 점령당한 것은 800년 동안 처음 있는 일이었다—은 청천벽력과 같은 충격이었고, 이는 기독교 사회와 다른 세계에 대한 그의 견해를 바꾸는 계기가 되었다. 그의 저술 속에서 드러나는 강한 개성과 지적 명료성—그는 전 시대를 통틀어 풍요로운 작가들 중 한 명이다—은 이후 모든 서양 사상에 영향을 미쳤다.

악의 문제는 어릴 때부터 그를 사로잡았다. 그가 어린 시절 죄에 민감하게 반응한 것이 훔친 배의 이야기 속에 잘 드러난다. 그는 마니교도인 시기에는 악을 철저히 이원론적으로 파악했다. 그리고 기독교인으로 안착한 이후에도 악의 문제는 지속적으로 그를 사로잡았다. 악의 문제를 다룸에 있어 그는 악마의 권능에 관심을 기울이기보다는 본질적인 인간의 죄와 그리스도의 구원에 보다 관심을 쏟았지만, 악마는 그의 신학 이론을 구성하는 필수적인 부분이다. 악마의 어두운 그림자 없이는 아우구스티누스의 세계는 이해할 수 없을 것이다. 쿠퍼(R. M. Cooper)는 "악의 문제는 성 아우구스티누스가 매번 그의 지적 발전과정에서 부딪혔던 문제였다. 겉으로 드러나든 아니면 표면 아래 숨어

있든 어느 곳에서든지 문제가 되는 사건들마다 연관되어 있음을 알 수 있다"라고 했다.[5]

아우구스티누스는 『자유의지론(*On the Free Choice of the Will*)』에서 악의 문제를 서두에 놓고 있다. 이 저작에서 대화 상대자인 에보디우스는 "제발 말해다오, 하나님 때문에 악이 생겼는지 아닌지를 말이요?"라고 묻는다. 아우구스티누스는 "언제나 악마의 막강한 권능을 믿었고" 하나님은 악마가 이 권능을 가지고 이 세상을 그들의 관할 아래두도록 허락했다고 믿었다. 각자는 자신들의 영혼 안에서 이 악령들을반드시 싸워 물리쳐야 한다. "인간 종족은 악마의 과일나무이며 자산이다. 이로부터 그는 그의 과일을 딸 수 있다." 아우구스티누스는 우주를 완전한 시인인 하나님이 만든 시집으로 여겼다. 여기서 하나님은처음부터 끝까지 의도한 바에 따라 구상하고, 여기에 모든 낱말, 음절,알파벳 등을 정성을 다해 완벽하게 선택했다. 하나님은 아마 "우주여,존재하라" 하고 시를 읊었을 것이다. 마치 루이스(C. S. Lewis)의 『마법사의 조카(*The Magician's Nephew*)』에서 주인공인 사자 아슬란(Aslan. 『마법사의 조카』의 주인공인 위대한 사자 '아슬란'은 노래로 천지를 창조한다)이 행한 것처럼. 그리고 그 우주가 마지막 피날레를 향하여 순조로운항해가 계속되게 잘 돌볼 것이다. 궁극점, 즉 오메가 포인트에서 그는다시 모든 것이 조화를 이룬 완전함에 의미를 부여했다.

이와 같은 하나님이 구상한 계획은 아마도 결코 변하지 않았겠지만, 이에 대한 아우구스티누스의 생각은 특히 410년 로마의 예상치 못한 청천벽력 같은 몰락 이후 바뀌었다. 이전까지 그는 기본적으로 시간에 대해 낙관적인 견해를 표명해왔다. 하나님이 말하는 대로 세계는 그의 목적에 따라 장엄한 운율로 시간을 따라 흘러간다. 여기서 시간은 먼저 그리스도의 부활을 시작으로, 그리고 지금은 그의 재림을 준비하고 있는 세계의 시간을 말한다. 그리스도의 재림을 향하여 가고 있는 시간 속에 있는 우리는 하나님의 가호 아래 이 세상에 기독교 사회를 건립하여 하나님의 말씀과 일치시켜야 할 의무가 있다. 고통과 고난은 역설적으로 하나님이 우리에게 지혜와 겸손, 그리고 이웃에 대한 친절을 가르칠 요량으로 우리에게 보내신 고마운 역경이다. 고통은 하나님께 나아가는 길을 닦는 배움의 과정의 일부이므로, 하나님은 심지어 악령들이 아린아이들한테도 질병, 재난, 유혹, 고통 등의 해악을 입히는 것조차 묵인했다. 그러나 어린 시절부터 그를 괴롭혀온 비관주의, 젊은 시절 마니교를 신봉하게 했던 그 비관주의가 로마가 붕괴됐을 때 그에게 다시 나타났다. 이제 그는 우주를 치료 불가능한 것으로, 죄악으로 가득 찬 이 세계에서 이제 더 이상 기독교 사회는 성장할 수 없는 것으로 보았다. 고통은 이제 지도(指導)의 차원이 아니라 처벌의 차원으로 지옥을 향해 가는 서곡으로 나타난다. 카뮈의 소설 『페스트』에 나오는 주인공인 파늘루 신부와 리외가 흑사병으로 죽어가는 어린 소년의 고통스런 몸부림을 어쩔 수 없어 그냥 지켜보듯이, 아우구스티누스도 고통을 경감할 수 있는 그 어떤 것도 그 자신이 줄 수 없다는 것을 알았다. 그는 이 책의 끝 무렵에 "어린 아이들의 참혹한 고난과 고통 속에서도 의로운 신이 존재함을 보여줄 수 있는 것, 이것이 바로 가톨릭의 목적이다"라고 서술하고 있다. 고통과 죽음을 바라보는 그의 단호한 응시, 이는 살벌하고 으스스한 느낌마저 보여주었다. 때문에 이를 두고 그의 전기 작가는 "무시무시한 긴장감으로 그는 악의 문제를 기독교의 심장으로 몰고갔다"라고 말한다.

악은 어디에서 오는가? 왜 고통과 죄는 이 세상에 존재하는가? 아우구스티누스는 한때 마니교도로서 채택했던 이원론적 해결을 곧 포기했다. 악의 신, 악의 화신, 하나님과 독립된 악의 군주 중에서 어느 것도 존재할 수 없다. 영이든 물질이든, 우주의 어떤 정세도, 악마도, 무형상의 근본 물질도 하나님의 계획을 막을 수도 방향을 바꾸거나 연기할 수도 없다. 하나님은 어떤 방법으로도 제한될 수 없다. 성서는 말한다. 하나님은 우주의 시작처럼 영원의 시간 속에서의 결말을 고안해 냈고, 그리하여 그가 쓴 어떤 글자도 바꿀 수 없다. 악은 본질도 없고, 실질적인 존재도 아니며 본질적인 실재성도 가지고 있지 않다. 어떤 것도 본질적으로 악은 아니다. 이 두 구절의 의미는 모두 합당하다. 악은 선의 결여다.

그러나 왜 이런 결여가 있는가? 왜 하나님은 우주를 만들 때 그 안에 구멍도 같이 만들었을까? 아우구스티누스는 자연적 악과 도덕적 악을 구분했다. 자연 또는 물리적 악들—폭풍, 그리고 암(癌) 등—은 고통스럽고, 무섭고 으스스하지만, 이것들은 결코 진정한 악들이 아니다. 그것들은 신성한 계획의 한 부분으로, 그 계획은 우리 눈에는 보이지 않지만 만일 우리가 명백히 볼 수만 있다면 우리는 그 계획을 이해할 수 있을 것이다. 자연 악들은 단지 악으로 보일 뿐이다. 우리가 우주를 이해하지 못하기 때문이다. 그럼에도 불구하고 만약 우리가 불완전하나마 조금이라도 볼 수 있다면, 우리는 심지어 이곳에서 지금 당장에라도 고난과 고통의 이유들을 얼마간 이해할 수 있을 것이다. 즉, 그것들은 우리에게 지혜를 가르쳐주기 위해서, 또는 죄의 위험을 경고하려고, 또는 죄에 대한 정당한 처벌을 확실히 하려고 존재한다. 죄인들에게 이런 역경은 처벌로서 작용하지만, 순결한 사람들에게는 하나님이 주는 경고의 신성한 선물이 된다. 하나님의 섭리에 의해 씌어진 성경은 선의 책임을 입증한다. 자연 '악'은 가장 위대한 선을 완성하기 위한 진정한 하나님의 계획의 한 부분이며, 그는 도덕적 죄조차도 궁극적으로는 선으로 바꾼다.[6]

그러나 왜 도덕적 악이 존재하는가? 자연 악은 사람들에게 고통을 안기지만, 그 고통은 궁극적으로는 하나님의 사랑이 담겨져 있기 때문에 선한 것이 된다. 도덕적 악은 다르다. 이것은 이로 인한 희생자들에게 상처를 입힐 뿐만 아니라, 그보다 더 나쁜 것은 죄를 저지른 그 자신에게 무서운 해가 된다. 왜냐하면 이 도덕적 악은 바로 그의 영혼을 갉아먹어버리기 때문이다.[7] 무엇이 도덕적 악의 원인인가? 아우구스티누스는 다양한 답을 내놓는다. 그의 답 중 하나는 모순적이다. 악은 천사나 인간처럼 지성적 존재들이 소유하고 있는 자유의지의 활용, 즉 선택의 '결과'로 인해 생긴 것이다. 만약 그렇다면 이 대답은 또 다른 질문을 야기한다. 그렇다면 악을 선택한 자유의지는 무엇에서 기인했는가? 이 질문에 대한 어떠한 답도 반드시 논리적 모순을 일으키게 되어 있다. 왜냐하면 자유의지로 인해 무엇인가 선택할 수 있도록 한 그것 이상의 어떤 것도 존재하지 않기 때문이다. 모순되지 않는 답은, 악은 자유의지로 죄를 선택 '했고', 그 선택의 원인은 '전혀 없다'이다.

자유의지로부터 악이 생겼다는 것에는 의심의 여지가 없다. 이것은 우리가 이해할 수 없는 신의 영역으로 놔두어야 한다. 왜냐하면 자유의지의 움직임은 인과관계로 분석할 수 없기 때문이다. 만일 죄가 지능의 부족으로 인해 생겼다면, 하나님이 그 부족의 원인뿐만이 아니라 죄의 궁극적 원인이 될 것이다. 만일 죄가 우리에게 주어진 자유의지가 부족하여 생긴 것이라면, 이 또한 같은 논거가 뒤따를 것이고 하나님은 다시 이에 대한 책임을 져야 할 것이다. 만일 죄가 우리 자신의 어떤 잘못—예를 들어 자만심 같은—의 결과 때문이라면, 그때는 그 자만심도 하나님의 작품이거나 책임이고, 아니면 그 자체로 죄이거나 둘 중의 하나다. 이렇게 되면 모든 논거는 끝없는 순환론으로 이어진다. 무에서 창조된 어떤 존재도 필연적으로 타락하게 될 것이라거나,

만물은 측량할 수 없는 신비에 싸여 있다거나 하는 언명들은 결국 질문을 회피하는 것이다. 어떤 설명도 만족스런 답을 내놓지 못한다. 만일 어떤 근원적인 최초의 원인이 진정 존재한다면, 하나님이 마땅히 책임을 져야 한다.[8] 악마는 우주를 일그러뜨린 것에 대해 일말의 책임은 있지만 그는 누구도 강제로 죄를 짓게 할 권능은 없으며, 여하튼 그 자신의 죄도 그 원인에서는 궁극적으로는 같은 질문을 제기한다. 악을 악마의 속성으로 돌리면, 우리는 왜 하나님은 그가 죄를 짓는 것을 묵인했으며, 죄를 짓고 난 다음에도 하나님은 왜 그가 계속하여 악행을 저지르고 있는 것을 바라보고만 있느냐고 의문을 제기할 수 있다. 이에 대하여 자신 있게 분명히 말할 수 있는 답변은 다음과 같다. 하나님은 지적 피조물―인간과 천사들―에게 우주를 가장 위대한 선의 구현장으로 만들 요량으로 자유의지를 주었다. 그런데 그들은 자기 마음대로 이 자유를 남용했다. 그리고 그들이 죄를 선택한 것은 그들에게 부여된 완전한 자유 이외의 어떤 원인도 작용하지 않았다. 자유가 그들의 죄를 가능하게 한 조건은 되지만 죄의 원인은 아니다. 죄는 자유의지로 악을 선택한 데서 비롯되었는데, 악의 경우에 악을 존재 가능케 한 악 이전의 원인은 없다.

아우구스티누스는 도덕적 악과 존재론적 결핍을 혼합한 이전 기독교 이론 전통을 계승했다. 그는 결핍 이론을 이원론에 대립되는 것으로써 사용했다. 하나님과 하나님이 창조한 것 이외에는 어떤 것도 존재할 수 없다. 그밖의 어떤 것은 어떤 존재가 아닌 단지 선이 결핍된 무일 뿐이다. 오직 하나의 원리, 즉 하나님만이 존재하고 모든 실체들은 그로부터 나왔다. 왜 하나님은 구멍 난 결함 있는 우주를 만들었는가에 대한 질문에 하나의 해답이 있다면 그것은 도덕적인 답이다. 즉, 의지의 자유는 악행을 할 수 있는 진정한 자유를 수반한다. 그러나 아우구스티누스는 이 대답에서 멈추지 않는다. 그는 오리게네스가 한 것처럼 등급을 이용하여 존재론적으로 문제제기를 했다. 하나님은 등급의 제일 위에 있는 절대적 존재이고, 절대적 선이며 성령이다. 그 아래로는 천사, 인간, 동물, 식물, 무생물, 그리고 맨 마지막에 무형의 물질이 차례로 자리한다. 단계를 내려갈 때마다 점점 영적이고 선한 실재성이 감소한다. 우리는 여기서 도덕과 존재론적 '선'의 근본적인 혼동을 볼 수 있는데, 이는 더 복잡한 문제들을 야기한다. 존재론적으로 왜 하나님이 악을 허용했는가에 대한 물음은, 왜 하나님은 만물을 그와 유사하게 똑같이 창조하지 않았는가에 대한 질문이다. 이에 대한 답을 아우구스티누스는 신플라톤주의에서 끌어온다. 플로티누스는 신으로부터 비롯되고 생성된 유출물들이 모든 가능한 형상의 세계와 더 나아가 무형의 물질까지 채웠다고 생각했다. 신은 완성된 완전한 책을 쓰고 싶어하므로, 그는 우주가 형상으로 가득 차길 바랐다. 아우구스티누스는 이에 동의했다. "서로 비교할 수 있는, 즉 더 위대한 것들의 존재로 인해 이보다 덜 위대한 것들이 존재하는 위계 속에서만 완벽한 우주가 존재한다."

만유 충만 사상은 논리적일 뿐만 아니라 미적이다. 우주는 하나님의 뜻을 아름답게 적절히 표현하고 있고, 잘 정리된 과수원으로 모든 종류의 달콤하고 쓴 과일들이 이 안에 있다. 이런 관점에서는 최소의 선은 반드시 최고의 선과 공존해야 하며, 고통은 잘못을 알리고 바로잡는 지침서로서, 그리고 심판의 균형을 맞추기 위해서 존재한다. 하나님은 영원한 지옥의 고통이 존재하도록 했는데, 심판의 균형을 맞추기 위해서는 지옥이 미적으로뿐만 아니라 논리적으로도 필요하기 때문이다. 동물의 고통도 미적 맥락으로 이해할 수 있다. 왜냐하면 동물은 시간 속에서 서로 잡아먹고 번식함으로써 우주를 채우고 있기 때문이다. 계층적 구조로 인한 불평등은 미적 욕망과 이를 이해하는 데 필요한 논리적 필연성을 모두 내포하고 있으므로, 이렇게 이루어진 우주에서 어떤 존재도 그의 허약성 때문에 비난받을 수 없다. 만일 우리가 어떤 존재의 결함을 비난한다면, 우리는 본의 아니게 그것의 본성에 내재된 선을 칭송하고 있는 것이다.

그러나 도덕적 악에 대해서는 어떤가? 다시 혼란이 온다. 우리는 어떤 존재에 대해 자연적 결함을 비난할 수 없지만 도덕적 결함은 당연히 비난할 수 있다. 우리는 잘못된 결핍이 아닌 잘못된 선택에 대해서는 비난할 수 있다. 그러나 도덕적 악이 의지의 결함의 결과라고 하는 제안은 잘못된 것이다. 왜냐하면 존재론적 결함은 비난의 대상이 아니므로 죄를 존재론적 결함의 탓으로 돌릴 수 없기 때문이고, 만일 의지의 결함으로 인해 죄를 범할 수 있다면 그 의지는 진정 자유롭지 않기 때문이다. 간단히 말하면, 악에 대한 존재론적 설명은 하나님을 그 책임에서 벗어나게 해줄 수 없을 뿐만 아니라 근원적 악에 대한 우리의 체험에도 반응하지 못한다.

악마론에 대한 아우구스티누스의 가장 중요한 공헌은 자유의지와 숙명론에 대한 논의다. 문제는 이것이다. 체험과 계시, 이 모두는 우리가 자유인이라고 말하고 있다. 우리는 우리에게 선택의 자유가 있다는 것을 느낌으로 경험한다. 그리고 성경은 우리가 선택한 것에 대해 책임을 지라는 것을 암시하고 있다. 그러나 우리의 이성과 계시는 또한 하나님은 전지전능한 우주의 통치자라는 것을 알리고 있다. 만일 하나님이 직접 불멸의 책을 저술했다면 우리는 한 글자도 바꿀 수 없을 것이다. 만일 하나님이 전능하다면, 어떻게 천사와 인간이 진정 자유롭게 무엇이든 그들이 원하는 대로 선택할 수 있으며, 그들이 선택한 것에 대해 책임질 수 있는가? 아우구스티누스는 이 복잡한 문제에 대해 최초로 문제제기를 했다. 그는 결코 이 문제를 해결하지 못했고, 이에 대한 논쟁은 오늘날까지 철학자, 물리학자, 생물학자, 심리학자, 신학자들 사이에서 계속되고 있다. 아인슈타인은 다음과 같이 말했다. "내가 진실로 관심 있는 것은 신이 과연 이 세계를 다양한 방식으로 만들 수 있었을까이다. 즉, 그 논리적 간결성으로 인한 필연성이 어떤 일말

의 자유의 여분을 남겨놓았을까이다."⁹⁾

아우구스티누스는 언제나 두 전제의 진리성을 주장했다. 즉, 인간과 천사는 자유로운 존재라는 것과, 그러나 자유를 포함한 어떤 원리도 하나님의 권능을 제한하지 못한다는 것이다. 아우구스티누스는 이 두 전제에 대해 결코 일관성 있는 답을 제시하지 못했을 뿐만 아니라 그의 견해도 나이가 들어감에 따라 변했다. 젊은 시절 마니교도였을 때 그는 전형적인 그노시스파의 결정론적 이원론의 성향을 띠고 있었다. 기독교로 개종한 이후 그는 『자유의지론』을 저술했는데, 여기서 그는 이교와 마니교에 대립된 자유의지의 절대적 역할을 강조했다. 세상을 창조한 하나님의 목적은 참된 선을 행할 수 있는 기회를 확대하기 위해서다. 선은 도덕적 선택에 달렸다. 자유로운 선택은 하나님의 계획에서 필수적이다. 이후 자신의 견해가 자유의지를 강조하는 펠라기우스파에 의해 점점 강도 깊게 위협받고 있음을 알았을 때, 그는 더욱 결정론적 자세를 취하면서 철저한 숙명론적 입장을 강조했다. 그렇기 때문에 그의 자유의지 이론의 반대자들 중 한 명인 리에의 파우스투스 주교는 그가 이교도의 한 변종인 운명론으로 돌아가고 있다고 비난했다. 자유의지는 완전히 결정된 우주에서조차도 반드시 존재한다는 그의 끈질긴 주장은 이 위험에서 그를 구했지만, 그 주장의 적나라한 불일치성을 그 대가로 지불해야 했다. 아우구스티누스는 때에 따라 두 입장을 번갈아 취했다. 따라서 비록 그의 숙명론적 견해가 아퀴나스, 칼뱅, 루터 등 후기 기독사상가들에게 더 많은 영향을 미쳤지만, 이 두 입장은 계속하여 나타났다.

자유와 결정론에 관한 가장 중요한 선택지들은 다음과 같다. ① 우주는 무의미하고 임의적이며 어떤 계획이나 예측 가능한 방향성이 없이 움직이고 있다. 이 입장은 현대 양자역학적 관점이다. ② 우주는 결정적이다. 우주는 확정된 자연법칙에 따라 움직이고 있다. 즉, 자연법칙은 일관적이고 설명 가능한—비록 대단히 복잡하지만—물질의 역학운동의 산물이다. 이 입장은 아인슈타인이 지지한다. ③ 우주는 하나 또는 그 이상의 설명할 수 없는 불가사의한 힘들에 의해 결정된다. 예를 들면 그리스와 로마의 역사서에 나타나는 '운명'이라든지 또는 마르크시즘에 등장하는 '역사' 등이다. ④ 우주는 하나님에 의해 이미 결정되어 완전한 지도가 그려져 있다. ⑤ 지성적 존재들은 그들의 자유의지에 따라 얼마간 우주를 의지대로 만들 수 있는 능력이 있다. ④와 ⑤의 선택 사항이 아우구스티누스에게 열려 있었다.

이 두 선택 사항의 구조 안에서도 자신의 시간관에 따라 다양한 견해가 가능하다. 첫 번째, 시간은 4차원이다. 비록 우리가 이곳 지상에서 오직 시간의 한 면만 볼 수 있다 하더라도, 시간과 공간은 영원 속에서 '변치 않는 4차원의 전체'로서 존재한다. 이런 전문적 설명은 아인슈타인이 했지만, 아래 깔린 관념은 아우구스티누스와 일치한다. 두번째, 미래는 아직 존재하지 않지만 "우주의 각 단계는 이미 확고히 결정돼 있어서, 만일 누군가 어떤 한 시점에서 일어나고 있는 원인들을 모두 알고 있다면, 그는 그 다음에 그 결과가 무엇이라는 것을 정확히 알 수 있을 것이다." 이 관점은 단지 첫 번째 것을 약간 변형한 것일 뿐이다. 왜냐하면 "시간적으로 구조화된 결정론적 우주"에서 "그 우주는 원인들을…… 모두 내보이므로" 신은 "어떠한 결과가 올 것인지를 정확히" 알 것이다. 세 번째, 하나님의 전지(全知)는 조건부적일 수 있다. 그는 아직 알려지지 않은 미래를 제외하고 알 수 있는 모든 것을 알고 있을 것이다. 이 견해는 지성적 존재들의 자유와 양자역학 이론의 불확정성 모두를 허용한다. 비록 하나님은 "모든 가능성과 각 사태에 대해 무엇을 할 것인지를" 알고 있음에도 불구하고, 그는 이것을 "순전히 열린 구조의 세계"에 남겨두었다.[10]

　아우구스티누스의 견해는 전통적인 기독교의 신정론에 바탕을 두고 있었다. 하나님은 오직 선만을 행한다. 따라서 악은 그 외의 다른 존재들에 의해 행해지는 것이다. 하나님은 더 위대한 선을 위해 이 악행을 용납한다. 이 더 위대한 선은 우주에서 행해지는 자유의 모습이다. 하나님은 선의 확장을 위해 우주를 창조했다. 만일 그가 진정한 자유를 가진 존재들이 오직 선만을 선택하도록 그렇게 창조했다면 선의 확장이 가능했을 것이다. 자유의지는 필수적이다. 이것이 없으면 올바른 행위를 수행할 수가 없다. '자유의지론'의 필연성을 설파하고, 천사들과 인간들의 악에 대한 책임은 자유의지에 기인한다고 함으로써 하나님에게 악에 대한 면책권을 주고 있다.[11] 하나님은 그의 각본에 의해 설계된 우주의 원형을 완전히 알고 있지만, 그 각본에는 또한 진정한 자유를 누릴 여분의 공간은 마련해놓았다. 그리고 그는 우리가 무엇을 선택할지를 예지로써 미리 알고 있지만, 예지가 우리의 이러한 자유로운 선택에 관여하지는 않는다.

악은 지성적 존재들이 영원한 선에 등을 돌리고, 한정적이고 일시적인 선들—허망한 쾌락을 위해 하나님을 버림—을 향하여 자유의지를 사용함으로써 생긴 결과물이다. 이러한 일탈은 의지의 '결손으로 인한 충동'의 결과다. 이러한 충동은 의지의 본성에서 나온 것이 아니다. 의지의 결손은 그 의지가 선택한 자유의 산물이다.[12]

하나님은 지성적 존재들에게 자유의지를 부여했고, 그들에게 아우구스티누스가 은총이라 부른 특별한 에너지를 줌으로써 그들이 선을 찾아 나서도록 하나님은 그들을 격려했다. 은총은 우리가 선을 찾도록 돕는다. 아우구스티누스는 그의 숙명론적 분위기 속에서 더더욱 은총은 우리로 하여금 선을 택하도록 한다고 주장했다. 이 차이는 끊임없는 신학적 논쟁점이 되었다. 이 논쟁을 단지 자유의지와 숙명론을 서로 대립되는 개념으로 보는 이분법적 논쟁으로 보아서는 안 된다. 다양한 견해들이 마치 스펙트럼처럼 펼쳐져 있기 때문이다. 펠라기우스는 구원이 신성한 은총에 힘입지 않고도 이루어질 수 있다는 극단적 입장을 취했다. 자유의지 입장에 선 대부분의 신학자들은, 하나님은 은총을 모든 이들에게 주었고 우리는 이를 전적으로 거부할 자유가 있으며, 이를 받아들인 사람들은 구원받고 반면에 거부한 사람들은 파멸할 것이라는 좀더 온건한 입장을 취했다. 아우구스티누스는 온건한 입장에서 출발했지만 이후 강한 숙명론적 입장으로 선회했다. 그러나 여기까지는, 비록 매우 비좁지만, 그래도 자유의지를 옹호하기 위한 여분의 공간은 확보되어 있었다. 아우구스티누스 자신조차도 비난한 극단적 견해는 의지를 행사할 어떤 자유의 실재도 전적으로 부정했다는 것이다.[13]

아우구스티누스는 사탄과 아담의 태초 상태를 유사한 것으로 묘사했다. 그들이 죄를 짓기 전 이 둘은 완전히 자유로운 존재였다. 한 천사로서, 지성적 존재로서, 사탄은 자유롭고, 삐뚤어지거나 구부러지지 않은 근본적인 성품과 의지를 소유하고 있었다. 아담도 그처럼 자유로웠다. 그러나 이 둘이 지은 죄의 결과는 다르다. 아담의 원죄는 그의 의지뿐만 아니라 모든 인간의 의지조차 뒤틀리게 하여 우리를 악에 기울도록 한 것에 비하면, 악마의 죄, 천사들의 원죄는 이보다 상황이 더 안 좋다. 즉, 악마는 원죄로 인해 영원한 죄인으로, 그리고 영원한 파멸을 맞이하게 되었다.

아우구스티누스는 왜 악마와 그의 추종자들이 영원히 죄의 사슬에 묶여 있어야만 하는지에 대해서는 분명한 답을 하지 않고 있다. 그래서 그는 많은 시간을, 비록 성공하지는 못했지만, 이 문제를 풀려고 고민했다. 하나님이 창조한 모든 본성은 영원히 선한 것으로 남는다. 천사들이 죄를 짓고 난 후 그들의 의지는 변질되고 변형되었지만, 그들의 본성은 오염되지 않은 채로 남아 있었다. 일단 죄를 짓고 나자 악마와 타락 천사들은 영원히 어둠에 묶였으며 다시는 더 이상 선행을 할 수가 없었다. 그들이 회개할 가능성은 전혀 존재하지 않았다. 이렇게 자유를 상실하고 죄의 노예가 된 것은 그들이 최초로 하나님의 말씀을 거역한 것에 대한 정당한 처벌이다. 그들에게 영원한 파멸을 내린 또 다른 이유는 천사들은 인간보다 더 혹독한 처벌을 받을 만해서인데, 그들은 원래 인간보다 더 높은 지위에 있는 존재였고 그에 따른 더 많은 책임을 부여받았기 때문이다. 죄로 말하면, 그들의 죄는 인간의 죄보다 훨씬 심각하므로 그들은 마땅히 파멸로 이어져야 한다.[14] 사실 이렇게 천사들을 냉혹하게 다루고, 영원한 처벌까지 내릴 필요가 있는지에 대해서 기독교 전통에서는 결코 충분한 설명을 한 적이 없다. 아우구스티누스가 이 문제를 풀려고 노력했지만 충분한 답은 되지 못했다. 천사든 인간이든 원죄는 그들의 의지를 구부러지게 하여, 하나님의 은총 없이는 다시는 똑바르게 펼 수 없다는 것이 기본적 관념이다. 그러나 하나님이 타락 천사들에게만 유독 이 필수적인 은총을 거두어들인 것을 납득하기는 어렵다.

인간의 자유의지 문제는 천사들의 타락에 관한 문제점을 더 명확히 드러내준다. 아담도 사탄처럼 원래는 선 또는 악을 선택할 수 있는 완전한 자유의지를 부여받았다. 그는 심지어 하나님의 은총 없이도 자신의 의지로 죄를 짓지 않을 수 있었다. 그러나 우리 모두가 관여된 아담과 이브의 타락 이후 인간은 이 천상의 자유를 상실해버렸다. 우리는 지금 선악의 진행과정을 살펴서 이것 아니면 저것을 선택할 수 없게 되었다. 우리 모두가 공유하고 있는 죄는 너무나 우리를 뒤틀어놓았기 때문에 우리는 성스런 은총에 힘입지 않고는 선을 선택할 수 없게 되었으며, 이와 마찬가지로 우리는 우리의 뒤틀린 의지로 인해 죄를 선택한 자유, 악마를 섬기고 세속과 구시대(그리스도 이전의)에 살 수 있는 자유만을 누릴 수 있게 되었다. 우리가 지금 누리고 있는 이 자유는 분명 가짜다. 이것은 오직 우리를 파멸로 이끌 것이다. 은총은 반드시 이런 거짓의 자유로부터 우리를 자유롭게 한다. 우리를 하나님의 종으로 만드는 은총은 우리에게 진정한 자유를 주며, 이 자유는 우리를 죄에 빠뜨리지 않는다. 아우구스티누스는 모든 선행은 온전히 은총에 의한 것이기 때문에 우리 자신의 의지로 이 은총과 더불어 일을 이루려는 것은 무의미하다는 강경 노선을 언제나 취하지는 않았지만, 우리의 은총에 대한 반응은 매우 한정된 것으로 보았다.

아우구스티누스의 숙명론에 대한 강한 어조는 두 진영으로부터 공격을 받았다. 펠라기우스는 브리튼인으로, 그의 인생 대부분을 410년 로마가 점령당하고 재난이 그를 몰아내기 전까지 로마에서 보냈으며, 팔레스타인으로 가는 길에 잠깐—비록 내키지는 않았지만—히포에 있는 아우구스티누스를 방문했다. 그는 자유의지 사상의 가장 열렬한 지지자였다. 그는 엄격한 도덕주의자로서, 우리는 은총의 도움 없이도 오직 금욕적인 생활을 수행함으로써 구원을 얻을 수 있다고 주장했다. 즉, 우리는 자력으로 하나님께 다가갈 수 있다는 것이었다. 펠라기우스의 가장 지적인 지지자인 에클라눔의 줄리안은 인간은 본질적으로 선하기에 은총이 도움이 되기는 하지만, 구원에 필수적인 요소는 아니라고 주장했다. 아우구스티누스는 『자유의지론』에 펠라기우스와 그의 지지자들이 반박할 수 있는 요소가 있다는 사실을 알고, 이 책을 다시 검토하여 자기 주장을 더 확고히 하기 위해서 그가 했던 말을 일부 취소도 했다. 이런 쪽으로 방향을 선회하자 그는 은총의 무의미, 그리고 이에 대립되는 자유의지의 절대적 제한 이 모두에 반대하는 일군의 온건파 신학자들과 충돌하게 되었다. 아우구스티누스와 대립 각을 세운 중심지는 남부 갈리아였다. 레렝의 빈첸티우스, 리에의 파우스투스, 카시아누스(Cassian), 아퀴테인의 프로스퍼 등의 견해는 전통을 넘어섰는데, 은총은 필수적이며 누구에게나 주어졌고, 우리는 이를 받아들이든 거부하든 어느쪽도 선택할 수 있는 자유로운 존재라고 주장했다. 아우구스티누스는 언제나 "자유의지와 성스런 은총 모두"를 주장하면서 온건론자가 되려고 했다. 그러나 그는 인생 말기에 자신을 숙명론의 한 귀퉁이에 적어놓았다. 펠라기우스파는 418년에 카르타고, 529년에는 갈리아의 오랑주(Orange) 종교회의에서 이단 판결을 받았다. 그러나 오랑주 종교회의에서는 아우구스티누스의 견해도 받아들이지 않음으로써 모든 문제를 영원히 해결하지 못한 채로 남겨두었다.

아우구스티누스는 악령들을 천사와 다른 별개의 종으로 규정하지 않음으로써 기존의 전통을 다시 한 번 확고히 했다. 천사들은 우주에서 인간을 제외하고 오직 유일하게 알려진 지성적 존재들이다. 악마와 악령들은 타락 천사들이다.[15] 왜 천사들이 타락했는가? 가장 명쾌한 최고의 답은 그들이 죄를 지을 수 있는 자유로운 존재이기 때문에 죄를 지었고 타락했다는 것이다. 오직 하나님만이 완벽하고 변하지 않는다. 천사들은 하나님과 영원히 함께하는 그런 존재들이 아닐 뿐만 아니라 태초에 하나님이 만든 피조물이기 때문에, 그들도 모든 피조물처럼 변하고 쇠락하고 타락하기 쉬운 경향이 있다. 더 나아가 우주를 창조한 하나님의 목적은 도덕적 선택을 할 수 있는 자유로운 존재들을 창조하는 것이었다. 그리고 자유는 죄를 저지를 가능성도 내포하고 있는 것이다. 따라서 천사들은 필연적으로 변화될 성향을 지니고 있고, 특히 죄를 저지를 수 있도록 창조되었다.

그러나 왜 어떤 천사들은 죄를 짓고, 어떤 천사들은 하나님의 은총 속에서 하나님과 함께 있는가? 아우구스티누스가 온건론적 자유의지를 주창하던 시절에는, 천사 자신들의 자유의지 이외의 어떤 다른 원인도 존재하지 않는다고 생각했다. 이후 하나님의 뜻과 은총의 힘이 그가 저항할 수 없는 절대적인 진리처럼 되었을 때, 그는 하나님이 정말로 두 부류의 천사들을 창조했을까 하는 의문을 가졌다. 그의 딜레마는 이렇다. 두 부류의 천사들, 즉 모든 천사들은 완전한 평등으로 창조됐음이 틀림없다. 만약 그렇지 않다면 하나님은 그들의 불평등한 탄생에 대한 책임이 있고, 따라서 타락한 그들의 죄도 하나님이 책임져야 할 것이다. 그러나 만일 그들 사이에 전혀 차별이 없다면 어떤 타락의 원인은 찾을 수 없을 것이고, 따라서 이에 대한 유일한 해답이 있다면 그것은 완전한 자유가 그 원인이 될 것이다. 그러나 이 점에서 그는 기꺼이 동의하지 않았다.

아우구스티누스가 내세운 이유는 다음과 같다. 천사들은 자유롭지만 또한 한계가 있고 오류를 범할 수 있으므로, 만일 그들의 욕망대로 내버려둔다면 죄를 지을 수 있다. 그러나 하나님은 그들이 타락하는 것을 원치 않았다. 따라서 하나님은 그들에게 은총을 베풀어 그들의 선함을 강화시키고 확고하게 하기로 결심했다. 그는 일군의 천사들에게 '선이 충만' 하도록, 이 축복이 영원하도록 했다. 이러한 확정된 축복은 그들로 하여금 하나님, 우주, 그리고 그들 자신의 상태에 대한 깊은 이해를 동반하도록 했다. 하나님의 은총에 힘입은 이런 계발로 인해 그들은 죄를 짓거나 타락할 수 없는 존재가 되었다. 그들은 죄 지을 자유를 상실함으로써, 하나님을 위한 봉사에 기꺼이 복종함으로써 완전히 자유로운 존재가 되었으며, 이러한 자유로운 선택은 바로 하나님의 은총에 의한 당연한 결과였다. 하나님은 이 천사들 외에 또 다른 한 부류의 천사들을 창조했다. 이 두 부류는 모두 똑같이 본질적으로 선하며 선택의 자유도 가지고 있었다. 그러나 한 부류에게 하나님은 기꺼이 은총의 선물을 주었으나, 다른 부류에게는 이를 베풀지 않았다. 이 둘째 부류의 천사들에게는 죄를 지을 수 있는 자유가 주어졌다. 그래서 그들은 죄를 지었고, 악령들이 되었다.

하나님은 천사들을 창조한 직후 곧바로 이러한 선별 작업을 시행했는지도 모른다. 비록 아우구스티누스는 악마와 그의 동료들이 타락하기 전까지 얼마 동안 천국에서 행복하게 살았을 거라고 생각했겠지만 말이다.[16] 악의 천사들은 선으로 창조되었으나 의지의 결함으로 인해 선의 본성을 잃었다. 하나님은 그들이 그들의 결함대로 하는 것을 원치 않았지만 이를 묵인했다. 하나님은 더 많은 천사들에게 은총의 축복을 내려 그들이 가진 선의 본성이 변치 않도록 확고히 할 수는 있었지만, 그들을 그들의 소망(욕망)대로 하도록 놔두는 게 좋다고 생각하여 더 이상의 천사들을 추가 선별하지 않았다.

이러한 분석은 설득력이 없다. 첫 번째 문제점은, 이 분석이 아우구스티누스의 인간 숙명론에 대한 논증방법을 긴밀히 따르고 있다는 것이다. 즉, 천사들의 천국에서의 초기 상태와 이미 타락한 인간의 초기 상태가 틀린 데도 불구하고 이 차이점을 무시하고 있다. 아우구스티누스는 아담의 타락은 하나님과의 계약 위반으로 인해 일어난 일이고, 그래서 엄정한 심판으로 하나님은 우리가 선택한 잘못된 파멸의 길로 들어서도록 내버려둘 수 있었다고 주장했다. 그러나 그는 자비로움으로 우리 중 일부를 구원했고, 나머지는 우리 자신의 욕망대로 흘러가도록 내버려두었다. 우리 모두가 죄인이기 때문에 오직 한 사람을 구원하는 것도 정의의 하나님으로선 자비를 베푼 것인데, 하물며 그렇게 많은 사람을 구원한 것은 대단히 경이로운 큰 자비심이다. 하나님이 우리 대부분을 고난 속에서 파멸되도록 놔둔 것은 당연하고도 적절하다. 이는 우리 스스로가 이를 택했기 때문이다. 이러한 시나리오는 인간에게는 적용 가능하겠지만, 천사들에게 적용한다면 전혀 설득력이 없다. 왜냐하면 태초에 천사들은 타락하지도 않았고 죄에 대한 성향도 없었기 때문이다. 따라서 하나님이 어떤 천사들은 구제하고 어떤 천사들은 구제하지 않기로 결정한 것은 분명 정의로운 심판이 아니라 납득이 안 가는 행위로 여겨질 수 있다. 또 다른 문제점은, 이 분석은 악의 책임을 하나님으로부터 벗어나게 해주려는 아우구스티누스의 의도와는 달리 성공하지 못하고 있다는 것이다. 그는 하나님은 두 종류의 천사들을 창조하지 않았다. 왜냐하면 하나님은 그들을 창조하자마자 그들을 둘로 갈라놓고 차별할 타당한 이유가 없기 때문이라고 주장했으나, 그것은 그의 논증을 뒷받침하기에는 역부족이었다. 아우구스티누스가 가능한 가장 간명한 설명, 즉 일부의 천사들은 하나님을, 그외의 다른 천사들은 죄를 선택했고, 이러한 결정은 완전한 자유의지에 의한 것이지 어떤 원인이 있어서가 아니라고 간단히 설명했다면 그의 논지가 갖는 결함은 피할 수 있었을 것이다.

천사들이 타락했을 때 그들은 악령들이 되었고, 사탄이라 불리는 천사가 타락했을 때 그는 악마가 되었다. 하나님과 함께한 선의 천사들은 밝고 현명한 지혜를 가지게 되었고, 반면에 악의 천사들은 죄의 그늘에 가리어 지성의 빛뿐만 아니라 사랑의 빛도 잃어버렸다. 비록 그들은 최소한의 이성적 능력은 보유하고는 있지만, 그 능력이라는 것도 "어리석음으로 인해 빛을 발하지 못할 만큼 어두웠다". 악령들은, 악할 뿐만 아니라 어리석기까지 했는데, 이는 우리를 위한 하나님의 뜻이다. 하나님은 악령들로부터 우리를 보호하기 위해 그들의 어리석음을 이용하기 때문이다. 지위가 높은 천사는 천상에 머물고 낮은 천사는 지옥으로 떨어졌는데, 이는 천사들의 군주인 사탄이 우주에서 가장 낮은 지옥의 중심부에 떨어졌다는 사실을 말해준다. 한번의 잘못으로 인한 파멸로 인해 이제 그들은 다시는 천상으로 올라올 수 없다. "새로운 악마는 결코 선의 천사들 가운데서 영원히 나오지 않을 것이고……지금의 악마는 결코 지난날 선의 천사 동료들 속으로 다시는 돌아갈 수 없다."

악마의 타락 '원인'은 그렇다고 해도, 그 근원은 교만이었다. 즉, 그의 의지가 죄로 향했을 때 처음 그를 사로잡은 죄는 교만이었다. 교만은 하나님에 대한 사랑보다 자기자신에 대한 사랑 때문이었다. 사탄은 모든 것을 하나님의 영광으로 돌리기보다는 자기 자신의 영광으로 돌리고 싶어 했다. 이런 교만으로부터 하나님에 대한, 그리고 인간 창조 이후에는 인간에 대한 시기심이 생겨나기 시작했던 것이다. 사탄과 악의 천사들은 태초의 우리와 하나님의 행복한 관계에 시기심을 느꼈고, 바로 이 시기심이 그들로 하여금 우리를 유혹하여 죄에 빠뜨리고 결국 이 행복한 관계를 파탄시켰던 것이다. 사탄이 인간을 유혹했다는 것은 필연적으로 그가 죄를 지었다는 사실을 입증한다. 거짓말도 시기심처럼 자연스럽게 교만으로부터 그 뒤를 이어 따라나왔다. 교만은 이제 확고히 최초의 죄로 자리잡았다. 악의 천사들은 일단 타락하자 모든 선한 것들을 오로지 선하다는 이유만으로 오만하고 시기어린 감정으로 증오했다.

교만과 시기심으로 가득 찬 악마는 인간 종족의 파멸을 위해 혼신의 노력을 기울였다. 악마는 아담을 비롯한 우리 모두를 유혹하고, 그를 따라서 하나님에 대한 사랑보다는 우리 자신의 쾌락을 더 선호하도록 하는 데 성공했다. 그러나 이러한 악마의 성공은 그리스도의 강생과 고난이라는 사건을 낳았다. 우리가 원죄를 짓기 전 악마는 인간에게 어떤 영향력을 행사할 수 있는 권능이 전혀 없었다. 그러나 우리가 자유의지에 따라 하나님과의 약속을 파계한 이후 하나님은 악마에게 우리에게 영향력을 행사할 수 있는 일정 정도의 권리를 주었다. 악마는 스스로 그런 권리를 요구할 자격은 없었지만—죄인들 중에서 가장 극악한 죄인인 그는 어떤 종류의 권리도 소유하고 있지 않다― 하나님은 그에게 일정 기간 우리를 처벌하고 시험할 수 있는 권한과 능력을 부여해주었다. 하나님은 악마도 자신의 목적에 따라 이용할 수 있다. 우리는 하나님과의 약속을 어겼기 때문에, 하나님은 자신의 엄격한 정의의 기준으로 보아 우리 모두를 사탄의 손에 영원히 남겨놓을 수도 있었다. 그러나 하나님은 반드시 지켜야 할 정의 때문이 아니라 마음에서 우러난 자비심 때문에 우리를 위해 인간의 모습으로 강생했다. 하나님은 사실 그런 방법을 쓸 필요가 없었다. 그는 우리를 사탄의 손에 넘겨주었고 마음만 먹으면 어떤 방법으로든 다시 우리를 그의 품 안으로 불러들일 수 있었다. 그러나 그는 정의가 살아 있는데 억지로 이 일을 처리하고 싶지 않았다. 그는 사탄에게 정당한 대가를 치르고 싶었고, 그래서 그 대가로 사탄에게 자신을 인도했다. 그때 사탄은 허겁지겁 탐욕스럽게 그를 꽉 붙잡았다.

예수를 붙잡았을 때 사탄은 인간에 대한 모든 그의 권능을 잃었다. 왜냐하면 죄 없고 성스러운 예수는 어떤 면으로든 악마가 받아야 할 지급금이 아니었기 때문이다. 그를 붙잡는 순간 사탄은 정의를 어기게 되어 하나님과 맺은 계약은 파괴되었고, 일단 그 계약이 무효하게 되자 그가 우리에게 요구한 권리도 자동적으로 잃게 되었다. 이것은 물론 하나님의 전략에 의한 것이다. 비록 아우구스티누스는 스스로 이 어설픈 미끼 계책을 말하지는 않았지만, 이것이 의미하는 생생한 이미지를 사용했다. 그리스도는 쥐덫에 놓인 치즈였다. 하나님은 이것으로 악마를 유인해 이것을 덥석 물게 해 그가 준 상, 즉 권리를 도로 회수하고자 했다. 이것은 진정 하나님이 사탄을 계획적으로 함정을 만들어 빠뜨렸다기보다는 사탄이 자신의 천성대로, 하나님은 인간만을 사랑한다는 생각 때문에 생긴 시기심과 이로 인한 증오에 눈이 멀어 분별없는 분노로 그리스도에게 덤벼들었기 때문에 생긴 결과라 할 수 있다. 아마도 그리스도를 향한 사탄의 공격은 하나님 자신이 이제 직접 인간의 본성을 책임지고 떠맡아야겠다는 결심에 의한 필연적인 부산물이라고 할 수 있다. 아우구스티누스도 그의 선배들처럼 속죄 이론과 희생 이론을 동시에 주장하는 일련의 구원의 방침을 세웠다.

그리스도의 희생은 무한한 잠재적 효과를 내포한 무한한 관용의 행위였다. 그러나 이 효과들은 곧 제한되었다. 이는 일부를 구원했을 뿐 그외 나머지는 구하지 못했다는 것이다. 두 도시가 존재한다. 하나는 천상의 도시로 그곳에 거주하는 이들은 하나님을 그리워한다. 그들은 이 세계를 원래의 고향으로 돌아가는 도중 잠시 머무르는 일시적인 곳으로 여긴다. 다른 한 도시는 세속적 도시로 이곳에 거주하는 자들은 탐욕, 음욕, 시기, 그외 잡다한 죄 등이 불러일으킨 쾌락을 좇아 허둥거리며 조악한 음식이 진정한 영양분을 제공할 것이라는 환상에 빠져 사는 자들이다. 천사들이 타락할 때 우주는 처음 이러한 두 개의 서로 다른 사회로 나뉘어졌다. 이후에 아담이, 그 다음에는 카인이 인간을 세속적인 도시로 이끌어냈었다. 악의 천사들과 악인들이 함께 이 세속의 도시를 점령한 반면에 천상의 도시는 선의 천사들과 선인들이 거주한다. 우리가 살고 있는 세계는 이 두 세계가 혼재되어 있다. 우리들 중 일부는 천상의 시민들이고, 일부는 지옥의 시민들이다. 그래서 종종 성인들을 죄인들로부터 분별해내기가 어려우며, 심지어 우리 자신이 어떤 도시에 속하는지 알기도 어렵다.

비록 그리스도가 우리 모두를 위해 죽었고 그로 말미암아 모든 이들이 천상의 도시에서 살기를 바랐지만, 많은 사람들은 너무나 어리석어서 천상의 도시에서 살기를 바라기보다는 정말로 이 세상에서 세속적인 것들에 빠져 살고자 한다. 그러므로 그리스도의 십자가 수난은 그것이 담고 있는 완전한 가능성을 실현시키지 못했다. 즉, 세속의 도시를 없애 천국의 도시를 세우지 못했다. 아직도 구원받지 못한 이들이 진정 남아 있는 것이다.

이들 부류에는 먼저 타락 천사들이 속한다. 한 인간으로서 예수는 그의 형제자매들을 위해 죽었지 죄의 굴레를 뒤집어쓴 타락 천사들을 위해 죽지는 않았다. 그의 죽음이 몇몇 그들의 타락으로 인한 결과들을 제거하는 데 도움이 되기는 했으나, 그들과 하나님 간의 소외감을 제거하는 데 도움을 준 것은 아니었다. 왜 그리스도의 희생이 악의 천사들의 구원을 도와서는 안 되는가, 만일 그것이 불가능하다면 왜 그들은 그들 자신의 구세주를 받지 못했는가에 대한 이유는 분명치 않

저주받은 영혼의 모습. 무시무시한 공포, 증오, 절망을 보여주고 있다. 바티칸 궁의 시스티나 예배당에 있는 미켈란젤로가 그린 프레스코.

다. 죄인들 또한 구원받지 못했다. 이교도와 이단자들을 포함한 모든 죄인들은 세속의 도시에 사는 시민들이다. 그들은 내리막길을 향해 가고 있으며, 사탄 육신의 세포들이다. 사탄은 이들에 대한 권리를 잃지 않았다. 그들의 죄가 계속되는 한 사탄은 그들을 단단하고 정당하게 움켜잡고 있을 것이다.

타락 천사들과 타락한 인간들은 그리스도가 하나님이라는 것을 인식하고 있을지도 모르지만, 만일 그들이 알고 있다면 그 앎은 사랑이 아닌 공포에서 나온 것이기 때문에 그들은 그로부터 아무런 은혜도 받지 못한다. 그들은 단지 우주와 이 우주의 창조주를 증오하기 위한 것으로서만 우주를 이해하려 든다.

아우구스티누스의 저작이 보여주는 명료성, 힘, 상당한 분량을 볼 때 우리는 그의 관념들이 서방교회의 악마론으로 고착될 것임을 확신하게 된다. 그러나 그의 논증 일부는 설득력이 없고 일관성도 없다. 이러한 약점은 개념의 형성 과정이 갖는 가치성에 대해 심각한 회의를 품게 한다. 주어진 문제점에 대해 일관적이지 못했던 아우구스티누스가 그 비일관적 문제를 전통이라고 못 박았다면 그 전통이 과연 가치가 있는 것일까? 어떠한 개념도 그 근거가 쉽게 뒤바뀌는 것이라면 오래 지속될 수 없다.

8. 결론: 오늘의 사탄

아우구스티누스의 악마론은 5세기 중반에 존재했던 악마의 개념에 대한 개괄적 진술과 함께 미래에 그 개념이 어떻게 발달할 것인가에 대한 일반적 방향성을 보여주고 있다. 이 개념의 변천은 어떻게 이루어 졌는가? 이 개념은 기독교 이전의 고유한 일원론, 즉 선과 악을 신이 가지고 있는 두 측면이라고 간주한 것으로부터 출발했다. 비록 이 개념이 이원론적 방향으로 흘러갔지만, 적절한 선에서 순전한 이원론의 견해, 즉 하나님과 악마는 서로 독립된 신이라는 것만은 강하게 부정하면서 악마는 하나님의 피조물인 동시에 그의 적이라는 중간적 입장을 취했다. 기독교 신학에서 악마의 기능은 선의 하나님에게는 악에 대한 책임이 없음을 설명하기 위한 것이었다. 하나님은 궁극적으로는 우주에 대한 책임이 있다. 왜냐하면 그는 우주를 창조하지 않을 수도 있었고, 우주가 계속해서 지금까지 존재하도록 할 필요도 없었기 때문이다. 따라서 그는 간접적으로 악에 대한 책임이 있다. 그러나 그는 악을 원하지 않으며 악이 존재하는 것을 바라지 않는다. 그는 가장 위대한 선을 위해 악을 묵인한다. 그러나 그가 창조한 일부 지적 존재들은 적극적으로 악을 행하려 한다. 일부 천사들과 인간들은 의도적으로 남을 돕기보다는 해치고, 사랑하기보다는 시기한다. 이러한 피조물들은 이유 없이 그 자체로 선을 증오하며, 악이라는 이유만으로 악을 행한다. 천사들의 권능은 우리와는 비교할 수 없을 정도로 크기 때문에, 타락 천사의 악행도 그만큼 크다. 타락 천사들의 수장인 악마는 거대한 증오의 의지를 작은 돌멩이로부터 별에 이르기까지 우주의 구석구석에까지 관통시키고 있다. 그러므로 악에 대한 세 가지 보충 설명이 필요하다. 하나님은 악을 묵인한다. 악마는 악을 행하고 싶어하며 이를 조장한다. 개인의 의지는 이를 자유롭게 선택한다. 그러나 하나님은 적극적으로 이것들에 관여한다기보다는 수동적으로 묵인하는 역할을 하기 때문에, 죄는 하나님에게서 죄인에게로 그리고 특히 그들의 우두머리인 악마에게 향한다.

악마 개념의 역사는 역사 신학에서는 하나의 준거가 될 수 있다. 신학과는 독자적인 길을 가는 개념의 역사는 개념이 어떻게 발달했는지를 잘 보여준다. 그러나 역사 신학은 이보다 한 발 더 나아간 질문을 던진다. 그 발달이 타당한가? 하나의 개념이 개념으로서 타당성을 얻기 위해서는 다음의 특성들—① 시간을 통한 지속성, ② 유형의 전형성, ③ 현존하는 지각 대상과의 일치성, ④ 일관성—을 반드시 구비하고 있어야 한다. 아우구스티누스와 그의 동시대인들은 핵심 문제들을 명확하게 해명하지 않은 채 미지수로 놓아두었으며, 일부는 일관성 없는 모순된 상태로 남겨두었다. 이후 악마론의 발달은 이러한 문제들 중 일부는 해소했지만, 그 나머지는 여전히 모호한 상태로 남아 있다. 여기서 핵심 논제는 교부들의 모호성, 비일관성 또는 모순성이 그 개념—악의 무존재, 구원의 이론에서 사탄의 역할, 천사들의 숙명론 또는 자유의지—의 발달을 가로막고 무력화시키고 있느냐다. 이 어려운 질문에 대해, 나는 즉각적인 대답은 하지 못하겠다.

아마도 다음의 설명이 이에 대한 해결의 실마리를 제공할 수 있을 것 같다. 이 개념의 큰 줄기는 분명하다. 악마는 창조되었고, 그 스스로의 선택으로 인해 타락했다. 악마는 우주에서 악마군의 우두머리이며, 그리스도에 의해 치명적인 상처를 입었고, 이 세상의 종말에 파멸할 것이다. 교부들은 무너질 것 같은 이 구조를 '상세히' 체계화시켜 지탱하려 했다. 모든 신학적 질문에 '긍정의 길'—본성, 계시, 전통 등에 대한 이성적 분석에 근거한 언명들—로 접근하는 것에는 한계가 있으며 신비주의에서는 더욱 그러하다. 아마도 교부들은 신학을 그 본질적 한계를 넘어서까지 넘보려 했고 결국 필연적으로 비일관성에 빠지고 말았던 것 같다.

오늘날 악마를 믿는 것에 대해 일곱 가지 반대가 있다. 첫 번째는 신학과 형이상학에 대한 일반적 불신에서 비롯되는데, 통례적으로(비록 언제나는 아니지만) 실증주의적 관점, 즉 오직 과학적 지식만이 참 지식이라는 믿음으로부터 이런 불신이 나왔다. 이것은 근본적인 인식론의 어려움에 근거한 반대인데, 여기서는 논할 수가 없다. 그러나 나는 지속적으로 많은 다른 사람들과 함께 진리에 도달하는 길은 여러 갈래가 있으며, 역사와 신학은 본질적으로 과학적 진리체계와는 다른 독자적이며 타당한 진리체계라고 주장해왔다. 두 번째는, 악마를 믿는다는 것은 진보적이지도 현대적이지도 않다는 것이다. 이것은 아마 가장 일반적인 반대일 것이다. 그러나 이런 반대는 재고의 가치가 전혀 없다. 왜냐하면 이는 신중하거나 일관된 사고에서 나왔다기보다는 막연한 추측이나 일시적 또는 즉흥적 사고 속에서 나왔기 때문이다. 문제는 악마를 믿는 것이 자유냐 아니냐가 아니라 이런 믿음이 진실이냐 아니냐에 있다. 세 번째는 우리가 조사해온 전통 이외의 신학적 관점—예를 들면 랍비들의 유대교 또는 불교—에서 제기된 문제다. 거의 모든 종교는 어떤 식으로든 악의 문제를 다룬다. 그러나 많은 종교적 관점은 기독교의 악마에 비하면 크게 눈에 드러나지 않는다. 물론 악마에 의거하지 않고도 신학적 용어로 악의 문제를 다룰 수 있는 길은 분명히 많이 있고, 이러한 방법들은 전적으로 유효할 수도 있다. 여기서 악의 관념에 대해 기독교적 견해와, 불교적 견해의 상대적인 장점들을 논의한다는 것은 무의미한 일일 것이다. 그러나 나는 기독교의 관점이 기타 다른 전통들에 비해 이 문제를 정면으로 직설적으로 다루고 있다는 것을 계속하여 주장해왔다.

악의 본질에 대해서 일반적인 기독교의 견해 또는 이와 유사한 견해를 수용한다는 것은 또 다른 반대를 불러일으킬 수 있다. 네 번째는, 악마의 존재를 믿는다는 것은 기독교 전통의 주류에 어긋난다는 것이다. 그러나 이는 명백히 진실이 아니고 논증할 수도 있다. 다섯 번째는, 성서 특히 신약과는 일치하지 않는다는 입장이다. 나의 이전 저작인 『데블』에서 주장했듯이, 신약성서를 그 작가들이 의도한 바와는 사뭇 다르게 의미를 왜곡하지 않고는 이런 주장을 하기가 매우 어렵다. 여섯 번째는, 경험과 일치하지 않는다는 것에서 나온 반대다. 나는 아래에서 이 점을 좀더 자세하게 다룰 것이다. 여기서는, 오늘날 일반적으로 강력하고 독단적인 유물론적 세계관을 공유하고 있음에도 불구하고 여전히 많은 사람들이 악마의 존재를 경험하고 있고, 유물론적 선입견이 그들을 억누르지 않을 때 그 경험은 상당히 보편적이라는 것을 언급하는 것으로 충분할 것 같다. 일곱 번째는, 악마론은 일관적이지 못하다는 주장이다. 이 마지막 반대는 성마른 지적인데, 왜냐하면 악마론은 기독교 신학에서 여타의 중심 주제들에 비하면 오히려 일관성이 있기 때문이다.

문제는 어느 정도 비일관적이냐다. 비록 악마론이 비일관성을 가지고 있지만 그 개념의 핵심에 있지는 않다. 이 개념의 핵심은, 선의 하나님이 아닌 어떤 우주의 악령이 존재하고, 그 자체로 악을 원하고 충동질하며, 선을 증오하고, 인간사를 포함한 전 우주를 활개치며 휘젓고 다닌다는 데 있다. 이 악령은 하나님과 무관한 자가 아닌 오히려 하나님의 피조물이다. 그의 내면에 있는 악은 원래는 선하게 창조된 그의 본성에서 나왔다기보다는 오히려 그가 자기 의지로 택한 증오로부터 나온 것이다. 하나님은 그가 스스로 악을 선택하고 악에 머물도록 했는데, 진정한 도덕적 자유는 그의 신성한 우주 설계에서는 필수적이기 때문이다. 하나님은 우주를 도덕적 선을 증진시킬 목적으로 창조했지만, 도덕적 선은 또한 악을 행할 자유를 수반한다. 자신의 의지를 전적으로 증오심에 던져버린 악마는 우주를 가능한 한 뒤틀어놓고 싶어한다. 이 때문에 악마는 인간을 타락시키려 하고 인간의 본성을 변질시키려 한다. 이것이 이 개념의 중심 사상이다. 그리고 중요한 판단은 반드시 이에 근거해야 한다.

경험에 관한 문제로 되돌아가서, 인간의 경험과 반응하지 못하는 개념은 사라질 것이다. 그러나 악마의 개념은, 오늘날 많은 신학자들뿐만 아니라 모든 형이상학에 적대적인 사람들의 거부에도 불구하고, 여전히 매우 생생하게 살아 있다. 실제로 이 관념은 과거의 수십 년 동안보다 지금이 더 생생하다. 왜냐하면 우리는 자신의 행위에서 나타나는 제거할 수 없는 악의 본성을 다시 의식하고 있으며, 이 사악함이 20

세기 들어 이전보다 더 확실히 드러나고 있음을 자각하고 있기 때문이다. 인간의 본성을 교육으로 또는 법으로 개혁시키려는 지금까지의 의도된 노력들은 실패했다. 이 노력들은 마치 근본적인 악이라는 바위를 파도가 깨뜨리려고 덤비는 것처럼 비록 멋진 장관으로 보일지는 모르지만, 결국 그 뜻을 이루지는 못했다. 우리는 권력기관 속에서, 군중 속에서, 범죄자들에게서, 그리고 우리 자신의 사소한 악행에서 끊임없이 나타나고 있는 악, 악의, 원한 등을 곧바로 인식할 수 있다. 많은 사람들은 이외에도 또 다른 경험, 즉 모든 악 이면에 있으면서 이를 지시하는 어떤 초월적인 힘을 가진, 또는 적어도 초월적인 의식의 존재가 있다는 경험을 했을 것이라 여겨진다. 이것이 바로 악마다.

이 개념은 어떤 방향을 향하고 있는가? 나는 『데블』에서, 이것은 신 안에서 선과 악을 융합해나가고 있다고 주장했다. 모호하게 별다른 구별도 없이 신 안에서 선악은 함께 뭉뚱그려져 있다는 그런 믿음을 넘어서, 선과 악의 완전한 분리인 이원론적 관념을 넘어서, 이제 우리는 신이 악을 실체화시키지 않고 대신 그 악을 자신의 본성이 가지고 있는 어두운 면에 통합시켜버렸다는 쪽으로 악을 이해해야 할 것 같다. 이것은 이 개념이 나아가고 있는 방향에 대한 하나의 선택이다. 이 개념은 극단적으로 일원론 또는 이원론 중 어느 한 방향으로는 되돌아가지 않을 것이다. 이것은 다음의 세 가지 방향 중 어느 한 방향을 택할 것이다. ① 악마에 대한 개념은 사라질 것이다. 말하자면, 사람들은 악

약 1200년경에 만들어진 '코텍스 기가스(Codex Gigas)'에서 보이는 일반적인 악마의 모습. 야수의 뿔과 발톱, 심술궂은 눈과 음흉해 보이는 입, 검푸른 얼굴 등은 일반적으로 악령과 가장 근접한 형상이라고 생각했다. 비록 모습은 우스꽝스럽게 보이나, 실은 사람들을 놀라게 하려는 의도를 가지고 있다.

을 직접적으로 경험하지 못할 것이다. ② 이 개념은 선악의 통합을 향해 나아갈 것이다. ③ 이 개념은 성 아우구스티누스의 시대에 내린 기본적 정의 안에서 계속하여 다시 다듬어질 것이다. 이 세 개의 가능성 중에서 아마도 세 번째 가능성이 가장 크다. 전 인류 역사에서 일어난 인간 경험에 비추어볼 때 아마도 첫 번째 것은 일어나지 않을 것이다. 그리고 두 번째 것은 이 개념의 발달 과정을 볼 때 극단적인 새로운 방향성을 제시해야 하므로 이 또한 실현가능성이 없을 것 같다.

그러나 통합에 대한 선택 가능성을 너무 성급히 배제해서도 안 된다. 이 개념이 신 안에서 선과 악을 하나로 통합할 수도 있다고 하는 것은 하나님이 실제로 선과 악을 융합시킨다는 것이 아니라 단지 하나님에 대한 개념이 이 방향으로 나아갈 것이라는 의미다. 그리고 하나님이 악을 통합한다는 관념은 하나님이 악에 굴복하거나, 또는 어떤 식으로든 악하게 된다거나, 또는 악을 실현하거나 하는 것을 뜻하지 않는다. 그보다는 하나님이 악을 더 높은 선으로 변형시키기 위한 방편으로 악을 받아들이고 통합한다는 의미다. 순수함은 하나님의 유일한 속성이 아니다. 하나님은 예수가 인간 구원을 위해 죄도 없이 자신을 속죄의 제단에 바친 그런 의미에서는 순수하다고 할 수 있다. 그러나 하나님의 순수함은 무지가 아니다. 인간이 어른이 될 때까지 어린아이처럼 순수한 채로 남아 있다면 이때의 순수함은 무지이고, 만일 이 무지가 의도적으로 방치되어 지속된다면 이 순수함은 비난의 대상이 된다. 순수함의 높은 단계는 지혜다. 지혜는 악이 자신 안에 존재함을 인식하고 파악하여 극복하며, 마침내 이 악을 이용하여 우리의 인생을 더 낫고 강력한 어떤 것으로 활용하고 변형시키는 것을 말한다. 악의 통합에 대한 필요성을 사람들은 이해하지 못했다. 예를 들면, 은총이 가득한 성모 마리아의 모습은 지난 수세기 동안 무미건조할 정도의 순수함으로 그려진 감상적 존재였다. 이런 감상적 순수의 여인은 그리스도를 낳고, 기르고, 그의 십자가 수난의 고통을 감당해야 하는 그런 일들은 하지 못했을 것이다. 성 처녀 마리아의 잉태는 그녀를 약하고 온순하게 만들지 않고 오히려 그녀를 깊고, 강하고, 지혜롭고, 강력한 정신의 소유자로 만들었을 것이다. 오직 그녀가 악에 대항하고 악을 변형시킬 수 있었기 때문에 그녀는 신인 그리스도를 잉태할 수 있었고, 그의 죽음을 견딜 수 있었다. 하나님의 통합이라는 관념은 도덕성과 혼재된 하나님의 관념이 아닌 악을 변화시켜 선으로 이끄는 그런 방식으로 우주의 악을 통합한 지혜자 하나님의 관념을 의미하는 것이다.

그럼에도 불구하고 개념의 역사 이론은, 악마는 자애로운 주 하나님과는 분리되어 있고, 그에게 종속적이라는 관점으로 되돌아가는 것이 합당하고 타당하다. 모든 면을 고려해보아도 이 개념은 아마도 5세기에 형성된 일반적 정의에 따라 계속해서 나아갈 것이다. 비록 이 개념이 이후 기독교 신학의 폭 깊은 심리학을, 그리고 다른 종교에서 필요하고 유효한 것들을 흡수함으로써 더욱 깊고 넓어질 것이지만 말이다. 이에 대한 전통적 개념은 악에 대한 가장 복잡한 인간 이해를 수용하기에 충분할 정도로 깊고 예리하다. 악의 본질적 속성도 대부분의 사람들 경험과 매우 잘 들어맞는다. 악을 선과 똑같이 생각하는 사회 또는 개인은 거의 없다. 오히려 그들은 악을 선의 변질된 복사판으로, 왜곡된 모형으로 여긴다.

마지막 질문은 가장 현실적인, 지금 이 순간에 대한 질문이다. 만약 악마가 존재한다면, 오늘날 악마는 어떤 의미를 지니는가? 오늘날 악마를 믿을 만한 어떤 근거들이 존재하는가? 이에 대한 궁극적인 답은 우리는 악마가 객관적 존재인지 아니면 초월적 존재인지를 알 수 없다는 것이다. 절대 지(知)는 인간으로서는 획득할 수 없다. 그러나 우리는 이차적 감각으로 알 수 있을 것이다. 인간의 경험은 이 '이차적 감각'에 근거한다. 이성적 사유의 세계에서 당혹스럽고 혼돈스런 관념들을 멀리 젖혀두면, 우리들 대부분은 삶 속에서 실재하는 악을 경험했음을 알 수 있을 것이다. 즉, 부당함 또는 우리가 흔히 눈감아줄 수 있는 일상의 일탈이나 범죄로서의 악이 아닌, 진정으로, 의식적으로, 그리고 목적을 가지고 선과 아름다움에 대해 아무런 이유 없이 그 자체로 증오하고, 추하고 뒤틀린 것을 사랑하는 그런 악 말이다. 그리고 비록 악이 우리 모두에게 내재된 타락의 속성에 반응하여 일어난다 할지라도, 이러한 악의 깊이와 강도가 한 인간이 예상할 수 있는 그 이상으로 초월할 수 있다는 것도 인지하고 있다. 악마의 개념이 이렇게 지속적으로 강조된다는 것은 이것이 많은 사람들의 경험에 반응하고 동 감하여 세대를 이어 그 경험이 이어짐을 말하고 있는 것이다.

다음 단계는, 악에 대한 개인의 경험을 넘어선 집체적 경험에 대한 이해다. 악마가 객관적으로 존재하든 안 하든, 현상으로서의 악마, 개념으로서의 악마는 존재할 뿐만 아니라 역사적으로도 합리적 범주 안에서 일관되게 정의 내릴 수 있다는 점에서 악마는 틀림없이 존재한다고 할 수 있다. 역사가는 악의 개념이 어떻게 발달했는지 추적할 수 있다. 이 발달 과정은 유대교, 이슬람교, 그리고 그외 다른 종교에서도 나타나지만, 기독교에 이르러 완전히 발달한다. 비기독교도는 '악'의 문제를 반드시 대처하고 극복해야 하지만, 그렇다고 '악마'의 문제까지도 반드시 해결해야 하는 것은 아니다. 그들은 악을 다양하게 정의 내릴 수 있다. 역사가는 단지 역사가로서 개념의 발달을 서술하는 것만으로 만족할 수 있다. 그러나 역사 신학자는 악마의 문제를 해결해야 한다. 왜냐하면 악마는 언제나 기독교 교리의 중심 문제이며, 기독교 전통에서 필수적인 요소이기 때문이다. 사탄을 개인적 취향에 따라 배제한 신학자들은 기독교 교리에서 모순된 견해를 가질 위험이 있다.

개념의 역사 신학에 따르면, 악마에 대해 우리가 명심해야 할 것이 있다. 우리는 악의 문제에 대해 교묘하게 지적으로 피하려 하지 말고 적극적으로 정면으로 이 문제에 부딪쳐야 한다는 것이다. 우리는 인간을 초월하는 영, 또는 악령의 존재 가능성을 열어놓아야 한다. 현시대의 형이상학적 가정들은 많은 사람들로 하여금 악마적인 것들을 인간의 심층 심리학으로, 즉 악마라는 것은 우리 마음 안에 또는 아마도 집합적으로 인간의 마음들 사이에 존재한다고 주장하는 그런 내면 의식 깊숙이 자리잡고 있는 일종의 심리학으로 해석하도록 유도할 수도 있다. 그러나 악마의 개념을 부적절하게 처리해서는 안 된다.

기독교 신학에서 악마의 위치는 믿을 만한 신정론의 논증 속에서 가장 적절하게 자리매김된다. 악의 문제는 다음과 같이 명제화할 수 있다.

신은 존재한다.

신은 전능하다. 신은 은혜로운 우주를 창조할 수 있다.

신은 절대 선이다. 신은 은혜로운, 즉 무자비함과 고통이 존재하지 않는 우주를 바란다.

따라서 악—무자비와 고통—은 존재할 수 없다.

그러나 우리는 사실 악이 존재하는 것을 경험한다.

따라서 신은 존재하지 않는다.

그러나 이 결론에 대한 또 다른 대안은, 이 진술 자체에 결함이 있고 따라서 하나님은 전능하지 않거나 또는 절대 선이지 않다(또는 이 둘다 아니다)는 것이다. 기독교 신정론에 대한 무신론자의 공격은, 만일 신이 전능하지 않거나 또는 절대선이 아니라면 무의미하게 된다.

신이 전능하지 않다는 가정은 이원론적 종교의 입장이다. 이런 가정은 신이 그 자신 이외 어떤 원리 또는 섭리, 즉 이것이 물질이든 악마이든, 아니면 무이든, 또는 어떤 다른 힘·존재·원리 등에 의해 제재받는 것이 된다. 고대 그노시스주의자와 중세 마니교의 이단파인 카타리파의 신은 악마에 의해 제한받았다. 현대 과정신학자들은, 신은 영원하고 무형상의 물질로부터 점차적으로 선의 우주를 만들어가고 있고 악은 신의 이런 물질에 대한 의지에 반항하여 생겨난다고 주장함으로써 신을 물질로 제한하려고 한다. 그러나 어떤 종류의 이원론도 그 주장을 지속적으로 유지시키기는 어렵다. 만일 두 원리—신과 또 다른 어떤 원리—가 존재한다면, 이 두 원리는 이전의 어떤 원형의 원리로부터 나왔는가? 만일 이 두 전능자가 영원히 함께 공존하고 똑같이 균형을 이루고 있다면, 우주는 아마 멈춰 있어야 할 것이다. 만일 이 둘이 똑같은 힘의 균형을 이루지 않고 있다면, 그중 하나는 다른 하나보다 영원히 더 강대하기 때문에 상대편을 압도하고 있어야 한다. 그러나 만일 이 균형이 애초부터 본질적으로 기울어져 있었다면, 이 둘 중 더 위대한 원리는 우세를 점할 시간도 필요 없을 것이고, 따라서 우세를 점하기 위해 필요한 그래서 예정된 시간에 맞춰 진행 중인 그런 지연은 일어나지 않을 것이다. 우리가 전능이란 용어를 자의적으로 해석하여 신이 전능하지 않을 수도 있다고 주장한다면, 이는 전혀 도움이 되지 않는 무의미한 주장이다. 만일 전능의 의미가 어떤 모든 것도 가능하게 할 수 있다는 뜻이라면, 이는 우주를 창조할 수도 또한 창조하지 않을 수도 있는 권능이 있음을 뜻하기 때문이다. 신의 전능을 그가 창조한 우주에 대해 그에게 책임이 없다는 식으로 정의 내릴 수는 없다.

신이 절대 선이 아니라는 가정은 불안하고 두렵기까지 하지만, 이것은 논리적이고 일관적이다. 신의 선에 대한 관념은 경험을 통해 관찰된 악의 존재를 염두에 두고 그 맥락에서 검토해야만 한다. 만일 우리가 신을 고문, 살인, 강제수용소 등을 허락하지 않을 존재로 규정한다면, 그런 존재는 확실히 존재하지 않는다. 만일 어떤 국가 원수가 자신의 권력을 통해 고문, 살인, 강제수용소 등을 행하지 못하게 한다 해도, 우리는 이러한 지도자를 선이라고 부르지는 않을 것이다. 우리는 결코 신보다 인간을 더 잘 설명할 수 있는 것은 아니다. 그러므로 만일 신이 존재한다면, 그는 우리의 언어 감각 속에서 설명될 수 있는 그런 선의 존재일 수가 없을 것이다.

전통적인 기독교 신정론들은 성공하지 못했다. 예를 들면, 자유의지에 대한 주장은 궁극적으로 도움이 되지 못한다. 도덕적 선이 존재하기 위해서 자유의지를 가진 피조물의 존재는 필수적일 수 있다. 그러나 이는 자유의지를 가진 피조물들이 서로에게 아주 미미한 해악만을 가하는 그런 우주를 상상하게 한다. 이는 심지어 자유의지를 부여받은 모든 피조물들이 자유롭게 오직 선만을 택하는 그런 우주도 가능하게 한다. 신의 절대적 전능은 이러한 우주를 둘러싸고 있어야 한다. 그러나 신이 창조한 우주는 바로 악이 우글거리는 이 우주인 것이다. 악은 본질적으로 무존재 또는 존재가 결핍된 것이라는 주장 또한 우리에게 전혀 도움이 되지 않는다. 왜냐하면 그런 결핍이 현존하지 않는 그런 세계도 상정할 수 있기 때문이다. 어린아이를 살상하는 네이팜탄의 사용 행위는 순수 본질 존재의 결여로 인한 행위이므로, 이러한 행위는 신에 의해서라기보다는 직접적으로 인간에 의해 저질러진 행위이므로, 신은 이런 폭탄을 창조(또는 만들려는 의도)도 하지 않았다고 말하는 것은 도움이 되지 않는다. 부정할 수 없는 사실은 신은 세상을 창조하고 관리하고 있으며, 그 세계에 이런 네이팜탄에 의해 죽거나 불구가 된 어린아이들이 있다는 것이다. 우리 모두가 신의 선함에 의문을 제기할 필요가 있다면, 이는 어떤 한 인간이 이유 없이 고통받고 있기 때문이고, 현실 속에서 수많은 사람들이 이런 고통 속에 있음을 목격하기 때문이다.

만일 신이 존재한다면, 그는 우리가 전통적으로 사용해온 용어인 선이라는 의미에서의 그런 선의 존재는 아니다. 만일 신을 선이라고 부르고 싶다면, 그의 선은 우리가 생각하는 선의 개념과 다르다는 사실을 받아들여야 한다. 이런 종류의 주장은 오랫동안 신비적 경향의 신학자들에 의해 지지를 받아왔다. 신학에서 '긍정의 길'은 단지 신은 무엇이다/어떠하다는 식의 언명만을 우리에게 제공해줄 수 있을 뿐이다. 그러면 우리는 '부정의 길', 즉 신은 무엇이 아니다/어떠하지 않다는 진술에 직면해야 하고, 결국에는 긍정적인 의미로든 부정적인 의미로든 신의 본성에 관한 어떤 단정도 모두 버려야 하는 불가지론적 입장을 강요받게 된다. 신이 아닌 다른 존재들도 본성에서 그렇게 인간과 닮지 않았고, 우리가 '선' 또는 '미'라고 부르는 성질들도 신에게는 아주 미미한 유사성을 보일 뿐이다.

신은 일반적 의미에서의 그런 선일 수 없다는 언명은 다른 종교 전통, 즉 신은 빛과 어둠, 선과 악의 혼재된 존재로 파악하는 그런 종교 전통들과의 비교 검토 속에서 나온 것이며, 유대-기독교 전통 그 자체, 특히 「욥기」에 바탕을 두고 나온 것이다. 하나님은 욥에게, 그 어떤 인간도 그가 당하는 고통의 원인을 어떤 식으로든 이해하지 못한다고 말한다. "그때 주 하나님께서 회오리바람으로부터 응답하여 말씀하시길, 무지한 말로 이치를 어둡게 하는 자가 누구냐?…… 내가 지상의 기초를 놓을 때 너는 어디 있었느냐? 네가 깨달아 알았거든 말할지니라." 그리고 하나님은 이사야에게 말하길, "하늘이 땅보다 높음같이 내 길은 너의 길보다 높으며 내 생각은 너의 생각보다 높으니라."(「욥기」 38; 「이사야서」 55)

그러므로 신정론의 문제는 다음과 같이 고쳐 말할 수 있다.

신은 존재한다.

신은 전능하다.

신은 절대선이다. 그러나 신의 선은 우리가 이해하는 정도의 그런 선은 아니다. 신은 우리의 언어/의식에 포착되는 그런 악이 존재하는 우주를 창조했다.

따라서 악의 존재는 신의 존재와 모순되지 않는다.

이런 논지에 대한 즉각적 반박은, 만일 신이 '선'이라면, 그러나 그 '선'이 우리가 알고 있는 선이 아닌 어떤 다른 설명 불가능한 의미의 것이라면, 이때 '신은 선'이라는 말은 언어적 의미가 없는 말장난일 뿐이라는 것이다. 그러나 여기에는 부정적인 유비적 신학이 개입되어 있다. 신의 선은 우리가 이해하는 선과 전적으로 다른 것은 아니다. 비록 신은 여러 면에서 우리의 이해를 초월하지만, 신은 궁극적으로 그의 피조물을 사랑한다고 상정할 수 있다. 이것은 우리의 이성으로 파헤칠 수 없는 신성한 것이므로 그대로 놓아두어야 한다는 전통적 주장은 분명히 옳지만, 기독교도에게 이러한 신비감은 그리스도—신의 아들이요, 그 자신 진정한 신인—가 기꺼이 인간과 더불어 고난을 당했다는, 그리고 진실로 대부분의 인간들이 겪어야 할 고난보다 더 많은 고난을 겪었다는 사실 때문에 줄어들었다. 그리스도의 강생으로 인해 신은 무정하다는 비난에서 벗어나게 되었고, 그가 우주를 진실한 사랑으로 보살피고 있음을 보여주었던 것이다. 그는 그가 창조한 고해의 세상의 고통을 같이 나누고 있다. 신의 선은 하늘이 땅 위에 있는 것만큼이나 우리의 선보다 위에 있지만, 이 둘 사이에는 유사성이 존재한다.

신과 악을 이해하는 데에는 두 단계가 있다.

첫째 단계의 이해는 이렇다. 신은 우리가 인식하고 있는 그런 절대선은 아니다. 그가 우주를 창조했기 때문에 따라서 우리가 인식할 수 있는 그런 악이 존재하게 되었다. 궁극적으로 신은 이 악에 대한 책임이 있다.

둘째 단계는, 신은 악을 부정할 뿐만 아니라 우리가 이에 대항하여 싸우기를 바란다. 그가 우주를 창조했기 때문에 선 또한 존재한다. 그가 선을 창조했기 때문에 우리는 악에 저항할 힘도 가지고 있다. 신이 이 힘을 창조했기 때문에 그는 우리가 악에 저항하기를 바라고 그렇게 하는 것을 사랑한다. 그러므로 예수가 우리에게 행한 선은 완벽한 선으로서 인간의 선의 기준으로는 그 자체로 최상의 모범이 된다. 이것은 신의 선과 모순되지 않고 보완해준다. 이는 신의 선과 유사하다. 말하자면 신은 빛나는 다면체로서가 아니라 우리와 연관지을 수 있는 우리와 같은 한 인간으로서 인간세계에 자신을 드러낸 것처럼, 그렇게 신은 우리가 이해하지도 또는 실행하지도 못할 그런 형태의 선이 아닌, 이해하고 실행할 수 있는 그런 형태의 선을 우리에게 보여주신 것이다.

첫째 단계에서의 신의 '선'과 둘째 단계에서의 신의 '선'이 갖는 관계성은 인간의 인식으로는 영원히 파악할 수가 없는 미스터리의 위치에 있다. 그러나 인간의 선과 신의 선은 유사하며, 이 둘은 서로 갈라져 있지 않다. 더 나아가서, 이 두 단계는 반드시 함께 이해되어야만 한다. 첫 단계를 이해하지 못하면 무신론에 빠질 것이요, 둘째 단계를 이해하지 못하면 다른 이의 고난에 냉담하게 된다. 비록 신이 악이 존재하는 세상을 창조했지만, 그는 우리가 이를 부정하고 대항하여 싸워야 한다고 강조했다.

결론적으로 악마는 다음과 같이 정의내릴 수 있다. 악마는 신이 아니다. 악마는 신의 권능을 제어하지 못한다. 악마는 하나의 피조물이다. 악마는 신에 의해 비로소 악마로서의 구실을 하게 되었다. 악마는 우주에서 우리가 파악할 수 없는 어떤 목적을 가지고 있다. 악마는 신과 우리의 적이며 혼신의 힘으로 물리쳐야 할 존재다. 악마가 존재론적 실재이든, 단지 인간의 '악마적' 속성의 표상이든 상관없이 이러한 언명들은 사실이다.

본문의 주

1장 악마

1) M. Greenfield, "Heart of Darkness," *Newsweek*, Dec. 4, 1978, p.132.

2) J. Hick, *Evil and the God of Love*(New York, 1966).

3) U. K. LeGuin, *The Language of the Night*(New York, 1979), p.69.

4) 나는 『악마(*The Devil*)』 1장에서 9장까지 이 문제에 대한 찬반 논쟁을 전개했다.

5) 리치먼(R. Richman)은 일신론자가 확고한 신정론을 증명하기 위해서는 도덕적 회의주의에 빠질 위험을 감수해야 한다고 주장했다("The Argument from Evil," *Religious Studies*, 4[1969], 203-211). 맥키(J. L. Mackie)는 신의 전능과 자비 둘 중 어느 하나를 바꾸지 않고는 마땅한 해결책은 없다고 주장했다("Evil and Omnipotence," *Mind*, 64[1955], 212). 포티엇(W. H. Poteat)은, 만일 우리가 언어를 정확히 사용한다면 따라서 "비교할 수 없는 지식의 모형들과 섞지 않는다면" 인간의 자유는 (따라서 죄를 지을 수 있는 가능성은) 신의 전능함과 조화를 이룰 수 있다고 말했다("Foreknowledge and Foreordination," *Journal of Religion*, 40[1960], 26).

6) 과정 신학자인 그리핀(D. R. Griffin)은 신의 전능은 그가 창조하지 않은 태고의 혼돈으로 인해 한정되었다고 주장했다. 신은 코스모스를 완전한 상태로 만들기 위해 노력하고 있다.

7) 신학에 대한 역사적 접근이 아직 일반적으로 받아들여진 것은 결코 아니지만, 점차적으로 많은 관심을 불러일으키고 있다.

8) Muarry, p.56; Pelikan, p.39.

9) B. Stock, *New Literary History*, 8(1976-77), 185-188; Q. Skinner, *History and Theory*, 8(1969), 49.

10) Russell, ch. 7; W. James, *The Varieties of Religious Experience*(Boston, 1902), pp.63-64; R. Woods, *The Devil*(Chicago, 1973, p.58; D. and M. Haight, *The Monist*, 54(1970), 218-220;

Sontag, passim

11) James, pp.118, 306

12) Sontag, pp.152, 158-159

13) Babylonian Talmud Baba Bathra 16a.

14) J. Trachtenberg, *The Devil and the Jews*(New Haven, 1943), p.19

2장 사도 교부

1) 나는 여기서 구약의 하나님과 신약의 하나님을 구분하여 사용한다. 즉, 구약의 하나님
   은 선뿐만 아니라 악도 내포하고 있는 이 둘의 통합체로서의 일신론적 신성한 원리로
   존재하고, 신약의 하나님은 온전히 신성한 자비로서 존재한다. 나는 또한 '사탄'을
   '악마'와 같은 개념으로 사용한다. 이름이야 어떠하든, 중요한 것은 그가 코스모스에
   서 악의 근원이고 중심점이라는 것이다. 여기서 코스모스(cosmos)는 단지 물리학적
   의미인 유니버스(universe)와는 다르다. 나는 코스모스를 영적이고 물질적인 모든 것
   을 포괄하는 존재를 뜻하는 용어로 사용한다.

2) Victor Maag, "The Antichrist as Symbol of Evil," in *Evil*, ed. Curatorium of the Jung
   Institute(Evanston, III., 1967), p.65.

3) J. Daniélou, *The Theology of Jewish Christianity*(Chicago, 1964), p.9.

4) L. W. Barnard, *Studies in the Apostolic Fathers and Their Background*(Oxford, 1966), p.155.

5) 사도 교부의 저작들로는 일반적으로 다음과 같은 것이 있다. 로마의 클라멘스, 안티오
   크의 이그나티우스, 폴리카르프의 저작들, 「목자 헤르마스」, 「디오그네투스에게 보
   낸 편지(Letter to Diognetus)」, 「디다케(Didache)」, 「바나바의 서(Epistle of Barnabas)」,
   파피아스의 저작 등이다.

6) Clement 51. 1; F. X. Gokey, *The Terminology for the Devil and Evil Spirits in the Apostolic
   Fathers*(Washington, 1961), pp.42-53.

7) M. P. Brown, *The Authentic Writings of Ignatius: A Study of Linguistic Criteria*(Durhram, N.C.,
   1960)

8) 그리스 어원으로 아르콘은 지도자, 수장, 대장, 또는 통치자를 뜻할 수 있다. 아마도

가장 적절한 번역은 라틴어 princeps로부터 전통적인 '군주', '최고 우두머리', '수장', 또는 '통치자'가 될 것이다.

9) 「에베소서」 17. 1.

10) 「로마서」 7. 1.

11) 「트랄리안에게 보낸 편지(Letter to the Trallians)」 5.2에서 이그나티우스는 선 또는 악일 수 있는 천사와 아르콘의 권능에 대해 언급하고 있다.

12) W. H. C. Frend, *Martydom and Persecution in the Early Church: A Sttudy of a Conflict from the Maccbees to Donatus*(Garden City, N.Y., 1965)

13) Gokey, pp.99-120; Barnard, pp.41-55; Windish, *Der Barnabasbrief*(Tübingen, 1920)

14) 악마는 엑소시아(exousia), 즉 악의 동인자 또는 악행자인데, 여기서는 고등의 권능을 가진 악의 동인자로서의 의미가 아니라(왜냐면 만일 신 자신이 악이 아니라면 모순을 일으키기 때문에), 악을 실체화하거나 추동하는 자가 바로 그라는 의미에서이다.

15) Russell, *Devil*, pp.62-88, 141-142, 246-247. 솔론(Solon), 핀다로스(Pindaros), 플루타르코스, 루키아노스(Lucianos), 그리고 여러 전통적 작가들이 '검은 특성들', '검은 심장/검은 마음' 등을 언급하고 있다. 이 모든 문헌 자료에서 검다는 의미는 일차적으로 검은 색을 의미한다기보다는 빛의 결여를 뜻했으나, 이후 이 상징은 곧 변이되었다.

16) 홀림은 일반적으로 사탄 자신이 나서서 했다기보다는 악귀들에 의한 것이라고 여겼다.

17) Martyrdom 2.4; 3.1

18) 「빌립보서」 7.1. "Of the Devil."

19) '헤르마스'는 노예였을 것으로 추정되나, 이 작가가 진정 누구였는지는 알 수 없다. 약 140년경에 쓴 것으로 추정되는 『목자 헤르마스』는 목자의 돌봄에 관한 가장 오래된 기독교 서적이다. 2세기 중반 이후 이 책은 영감을 불러일으키는 책으로서 사람들 사이에 널리 읽혔다. 여기서 강조하는 두 길론은 유대-기독교의 특징으로 자리매김되었다.

20) Hermas, Mandates 6.1.2-3; Similitudes 1.2-5.

21) *Dipsychia*: Sim. 6.1.2.; Man. 10.2.2-6; Visions 2.2.7, 3.7.1, 4.2.6. Man. 9.9에서 디프시키아는 악이고 악마의 딸이다. (헤르마스는 악덕을 자주 여성으로, 따라서 '딸'로서 의인화했다.) Man. 9.11에서 dipsychia는 악마에 근원을 둔 영(靈)이다. Gokey, pp.126, 155-161는 dipsychia의 의미를 '욕망' 또는 '음욕'과 밀접하게 관계 짓고 있으며, 이 둘을

일반적으로 악의 성향과 동일시하고 있다.

22) Sim. 9.15.3. 악덕들은 검은 코트를 입은 열두 명의 여인, 검은 산은 죄인들의 소굴. Vis. 4.1.6-10. 리바이어던은 거대한 야수로 머리는 네 가지의 색깔— 시커멓고, 활활 타오르는 불빛에다 금색과 흰색—로 이루어졌다.

23) M. R. James, *The Apocryphal New Testament*(Oxford, 1924), p.34; F. Hennecke, *New Testamant Apocrypha*, ed. W. Schneemelcher, 2 vols.(Philadelphia, 1963), 1: 188-189.

24) James, p.519; Hennecke, 1:682. 「베드로 계시록」은 기원후 100-150년에 쓰여졌다.

25) J. H. Charlsworth, *The Odes of Solomon*(Missoula, Mont., 1977)

26) Epiphanius, *Panarion*, 30.16; Daniélou and H.-I. Marrou, *The Christian Centuries: The First Six Hundred Years*(London, 1964), pp.56-57.

27) Daniélou and Marrou, pp.57-58.

28) H. A. Wolfson, *Philo*, 2 vols.(Cambrige, Mass., 1947), 1:377.

29) Wolfson, 1:382.

30) Wolfson, 1:383-384.

31) Wolfson, 1:273; 2:270-303.

32) G. Soury, *La démonologie de Plutarque* Paris, 1943).

3장 변증 교부와 그노시스파

1) Epiphanius, *Panarion*, 24.6.; Daniélou and H.-I. Marrou, *The Christian Centuries: The First Six Hundred Years*(London, 1964), pp.56-66.; W. Schmithals, *Gnosticism in Corinth: An Investigation of the Letters to the Corinthians,* 2d ed.(Nashville, 1971); Schmithals,*Paul and the Gnostics*(Nashville, 1972); H. Jonas, *The Gnostic Religion: The Message of the Alien God and the Beginnings of Christianity*(Boston, 1958); E. Yamauchi, *Pre-Christian Gnosticism: A Survey of the Proposed Evidences*(Grand Rapids, Mich, 1973); H. Leisegang, *Die Gnosis*, 4th ed.(Stuttgart, 1955); G. Quispel, *Gnosis als Weltreligion*(Zurich, 1951); K. Rudolph, "Gnosis und Gnosticismus: Ein Forschungsbericht," *Theologische Rundschau*, 38(1973), 1-25; R. M. Grant, *Gnosticism and Early Christianity*, 2d ed.(New York, 1966); Grant, ed. *Gnosticism: A Sourcebook*

of Heretical Writings from the Early Christian Period(New York, 1962); W. Forester, *Gnosis; A Selection of Gnostic Texts*, 2 vols.(Oxford, 1972-1974); G. Widengren, *The Gnostic Attitude*(Stana Barbara, Calif., 1973); R. Haardt, *Gnosis: Character and Testimony*(Leiden, 1971); E. Pagels, *The Gnostic Gospels*(New York, 1979). Overall, the best account is K. Rudolph, *Die Gnosis*(Göttingen, 1977).

2) Grant, ed., *Gnosticism: A Sourcebook, p.*15.

3) Schmithals, *Gnosticism in Corinth*, p.27.

4) R. McL. Wilson, *The Gnostic Problem*(London, 1958), p.191.

5) M. Eliade, "pirit, Light, and Seed," *istory of Religions*, II(1971), 23.

6) Unknown: ἅΥνωστος, *ignotus*; hidden: *absconditus*.

7) Kelly, *The Devil, Demonology, and Witchcraft.*

8) James, *The Apocryphal New Testament*; E. Hennecke, *New Testament Apocrypha*; ed. W, Schneemcher, 2 vols.(Philadelphia, 1963)

9) Hennecke, 2:645-663.

10) Hennecke, 2:290-291, 316.

11) A. D. Nock, *Conversion*(London, 1961).

12) L. Barnard. *Justin Martyr: His Life and Thought*(Cambridge, 1967), p.107.

13) 여기에 플라톤 사상과 종말론적 유대 사상의 영향을 볼 수 있다. 이러한 연관성으로부터 천상과 지상 사이의 대기를 점유하고 있는 악귀들이 신에게 가고자 하는 우리의 길을 가로막는다는 관념이 생겼을 것이다.

14) 저스틴은 타락 천사들과 악귀들을 여러 차례에 걸쳐 구분하곤 했다. 즉, 악귀들을 타락 천사들의 자식들로서 여겼다.

15) Irenacus, *Adversus haereses*, 5.26.

16) G. Aulén, *Christus victor*(Paris, 1949).

17) 1 Ap.45; 2 Ap.7. 일정한 시간의 간격은 이후 구원될 모든 인간 영혼들을 감안한다면 필수적이다. 이러한 관념－ 저스틴에서는 찾아볼 수 없고 이후 기독 작가들에 의해 사용된－ 은 정의로운 자들의 영이 타락 천사로 인해 결핍된 천사들의 자리를 채워준다는 데 있다.

18) Barnard. *Justin Martyr,* pp.109-110.

19) 1 Ap.5, 10, 14, 58. 부사 '비이성적으로(irrationally)'의 사용은 그리스 도덕 철학과

기독교의 도덕 계시를 결합시키려는 저스틴의 노력을 보여준다. 그는 이후 교부들에 의해 제기된 문제, 즉 악귀들이 인간의 자유의지를 방해할 수 있는가에 대한 문제는 거론하지 않았다.

20) 1 Ap.5, 14. 이후 기독 신학자들은 신으로부터 받은 꿈과 악귀들에 의한 꿈을 구분하려 했다.

21) Dial. 105. 악귀와 선의 천사가 죽어가는 사람의 영 안에서 투쟁한다는 관념은 기독 문학과 예술에서 일반적 주제가 되었다.

22) Dis. 15. 그들은 살(flesh)은 없지만 신체(body)는 가지고 있다. 그들의 신체는 불 는 공기 같다. Daniélou, "Les démons de l'air" 참조. 불 는 공기와 같은 신체를 가진 악귀들에 대한 관념은 스토이시즘의 영향에서 비롯됐다.

23) Dis. 17. 타티아노스는 신은 마법에 의해 조종되는 그런 세상을 창조하지 않았기 때문에 마법으로 인한 효과는 무엇이든 이는 악귀들에 의한 것이라고 지적했다. 플라토니즘이 풍미하던 시대적 상황과는 꽤 거리가 먼 이 관념은 이후 중세 사상을 휩쓸게 되었고, 마녀를 악귀 들린 여자로 처형하는 이론적 근거를 제공하게 되었다. J. B. Russell, *Witchcraft in the Middle Ages*(Ithaca, 1972), pp.142-43 참조.

24) *The Plea for the Christians* pp.25-26. 세 부류의 악령이 있다. 기능면에서 그들은 차이가 없으나, 거인 악령들(giant-souls)은 그들의 천성 때문에 악을 행하고, 천사들은 자신들의 자유의지 때문에 악을 행한다. 아테나고라스(Athenagoras)는 타티아노스와 달리 신화 역사론자의 견해, 즉 이교도의 신들은 죽은 영웅들이라는 견해를 수용했다. 그리하여 저스틴과 타티아노스는 같은 결론 - 악귀들은 이 영웅들의 이름을 빌려 그들의 가면을 쓰고 우상들을 점령했다. 따라서 어떠한 제물이든 결국 이를 즐기는 흡혈귀 같은 악귀들의 차지가 된다 - 에 도달했다.

25) I. M. Sans, *La envidia primigenia del diablo según la patrística primitiva*(Madrid, 1963); H. A. Kelly, "The Devil in the Desert," *Catholic Biblical Quarterly*, 26(1964), 190-220.

4장 죄와 구원

1) 악마는 천사이고, 악마와 악의 천사들은 그들의 죄로 인해 천상에서 추방되었다

(Against the Heresies 4.40). 그러나 이레나이우스는 뱀(serpent)과 변절 천사들(apostate angels)을 구분하곤 했다. 그는 에녹(Enoch)이 정통임을 받아들였고 따라서 4.16, 4.27, 4.36에서 감시 천사 이야기를 내비치고 있다. 하나님이 대홍수를 내려 타락한 인간을 벌주고 그리고 순화시키려 했다. 인간의 타락은, 천사 자신뿐만이 아니라 인간까지도 타락시킨 타락 천사들에 의해 저질러진 것이다.

2) 힉크(Hick)에 따르면, '이레나이우스의 신학'은 신은 인간을 불완전하게 창조했고 우리는 신에 의해 마련된 최종적 목표, 즉 도덕적 완성을 향해 점진적으로 나아가고 있다고 주장하고 있다. 이런 견해라면 인간의 원죄는 재앙이 아닌 "인간이 타고난 불완전성으로 인한 이해할 만한 잘못"이 된다(Evil and the God of Love, p.221). 이 세계는 선과 악이 혼재되어 있고, 따라서 고통이 존재하고 이를 통해 우리는 선을 배울 수 있다. 힉크는 이 세계의 참을 수 없는 고난을 신의 뜻한 바의 목적, 즉 '영혼 만들기와 성업'을 통해 우리를 선으로 인도하기 위해서라고 했다. 그는 이런 고난이 없다면 이 세계에 자비는 없을 것이라고 주장했다.

3) 힉크는 이레나이우스의 자유의지에 대한 주장을 이후 아우구스티누스에 의해 강조된 숙명론과 대비시켰다.

4) 그리스도의 구원 행위로서 가장 중요한 것은 그리스도의 강생보다 그의 수난에 있다고 강조하는 것이 신약성서 가르침의 근간이다.

5) 테르툴리아누스는, 만일 창조자가 악이라면 우리는 악의 문제에 봉착하는 것이 아니라 선의 문제에 봉착하게 된다. 즉, 악은 어디에 근원하는가 하는 물음 대신 우리는 선은 어디에 근원하는가에 대한 물음에 당혹스러울 것이라고 주장했다(Marc. 5.13).

6) 라틴어와 영어에서 saecularis, 'secular'는 언제나 신의 세계와 구별되는 이 세계를 의미하나, '세속의 군주들(secular princes)'처럼 도덕적으론 중립적 의미를 지니기도 하고, 테르툴리아누스가 부여한 것 같은 부정적인 의미를 지니기도 한다.

7) 일반적으로 어리석은 사람이 머리 좋은 사람보다 더 죄의 성향이 강하다고 생각하지 않는다. 테툴리아누스의 견해는 한편으론 종말론 전통에 다른 한편으론 악마의 타락 이후 그가 타락 천사들의 대장이 되었다는 당시 널리 일반화된 견해에 근거하고 있다(Soul 6.17). 아우구스티누스와 성 그레고리우스는 테르툴리아누스의 견해를 따랐고, 이는 이후 서방에서 일반적인 견해로서 받아들여지게 되었다.

8) Pat. 5; Marc. 2.10; Soul 39. Marc. 5.17. 또한 자만심을 언급하고 있다. Pat. 5는 죄의 원인으로 악마의 성급함을 꼽고 있다. "그는 권능과 은총이 아담과 이브에게만 주어

졌다고 성급하게 생각했다. 이것이 그를 비탄에 젖게 했고, 시기심을 불러일으켰으며, 죄를 짓게 했다."

9) 여기서는 대구법이 특징이다. 자연의 주인인 신과 자연의 파괴자 악마를 대비시키고 있다. 이 이미지는 단도직입적으로 여성들의 화장과 치장의 관습을 겨냥하고 있다. 즉, 그들은 화장과 치장으로 '거짓된' 아름다움을 창출하고 있다는 것이다.

10) 이브는 특별한 죄목이 있다(Women 1.1-2; Pat. 5). 테튤리아누스는, 이브와 일반 여성들에게 "너는 악마의 길잡이"라고 외쳤다(Women 1.1-2). 그러나 처치(F. F. Church)는 테튤리아누스의 사고가 전체적으로는 특별히 여성 차별적 사고는 아니라고 말한다("Sex and Salvation in Tertullian," *Harvard Theological Review*, 68[1975], 83-101). 창세기도 원죄의 원인을 여성들을 공격하게끔 하는 그런 빌미를, 감시 천사들 이야기처럼 제공하고 있다. 테튤리아누스의 과장된 도덕주의는 여성들의 허영에 찬 옷치장과 남성들에 대한 유혹에 대해 비난하고 있다. 현대적 시각으로 보면, 테튤리아누스는 여성차별주의자이고, 후기 고전 사회적 맥락에서도 그런 견해는 지나치게 강하다. 사실 이브가 아담보다 원죄에 대해 더 비난받아야 할 타당한 이유는 존재하지 않았다.

11) Marc. 2.9-10. 대부분의 교부들은 존재론적 등급에서 천사들을 인간보다 아래에 두는 테튤리아누스의 견해에 찬성하지 않았다.

12) Apol. 22; 39. 테튤리아누스는 어떤 때는 이 둘을 분리하고 어떤 때는 한 그룹으로 다루었다. 특히 Apol. 32에서 '다이몬(demon)'이란 용어가 자비의 정령을 뜻할 수 있다는 이교도들의 관념을 부정했다.

13) "그들은 한 순간에 어디든 간다. 온 세상 어디든 그들에게는 다 같은 곳이다. ……모든 영은 날개가 있다. 천사도 악귀들도 모두"(Apol. 22). 이것이 이후 악마 아이콘의 근거가 되었다. 날개는 고대 근동에서는 신성한 권능의 상징이었고, 「요한계시록」은 기독교도가 날개 달린 천사를 믿도록 하는 근거를 마련해주었다. 초기 기독교 예술에서 천사와 악마에게 언제나 날개가 달려 있지 않았으나, 테튤리아누스의 견해가 서서히 일반화됨에 따라 날개는 거의 필수적 요소가 되었다. 종종 천사와 악귀는 서로 다른 종류의 날개- 천사는 깃털달린 새의 날개, 반면 악귀는 추레한 박쥐의 날개- 를 가진 것으로 묘사되었다.

14) 이와 같은 신조는 심각한 문제를 불러일으킨다. 심지어 악마가 존재하고 이 세상에서 활동하고 있다고 확신하는 사람들도 한 개인이 악마에 의해 완전히 조종되고 저주받았다고 주장하기에 충분한 어떤 근거도 결코 제시할 수 없다.

15) 만일 우리가 현대의 시네마와 텔레비전의 질을 생각해본다면, 테툴리아누스의 고대 극장에 대한 견해는 더 이상 우스개 주장이 아니다.

16) H. A. Kelly, "The Struggle against Satan in the Liturgies of Baptism and Easter," *Chronica*, 24(Spring 1979), 9-10. J. A. Jungmann, *The Early Liturgy: To the Time of Gregory the Great*(Notre Dame, Ind., 1959), p.80.

17) 미누키우스에게 'spiritus'는 다음과 같은 의미를 지닌다. ① 유동하는 공기(air)로 예를 들면 바람, ② 숨(breath), ③ 생명(life), ④ 영혼(soul), ⑤ 영적 존재(spiritual being). 여기서 악마는 분명 마지막 의미로서의 spiritus이다. 카펜터(Humphrey Carpenter)는 다음과 같이 지적했다. "우리가 라틴어 spiritus를 번역할 때, 이를 영(spirit) 또는 '숨' 또는 바람 중에서 문맥에 따라 어느 하나를 택해 번역해야 한다. 그러나 초기 언어 사용자들은 아마도 이들 사이의 의미의 차이를 두지 않았을 것이다. 그들에게 spiritus 같은 단어는 spirit-breath-wind의 복합적인 의미를 가진 뜻이었다. 후하고 입김을 불 때 이것은 단지 누가 호흡을 한다는 의미가 아닌, 바로 신의 입김인 것이었다. 그리고 '영'을 spiritus로 말할 때는 단지 '숨'을 말하는 것이 아니라 바로 생명의 숨(breath of life)을 의미하는 것이다"(*The Inklings*, [Boston, 1979], p.41). 철학자와 신학자들이 soul, mind, spirit을 각각 구별하려는 노력은 그리 성공적이지 못했다. 일반적으로, 기독교 전통에서는 'soul'은 불멸의 인간 영혼으로, 'spirit'은 영적 존재─ 비록 'soul'이 'spirit'이 될 수도 있지만─ 로 구별하고자 했다. 그러나 '정신(mind)'은 소멸하는지 (mortal) 아닌지 또는 'soul'과 같은 것인지 아닌지, 즉 뇌(brain- body-material world)에 속하는지 아니면 영적 세계(spiritual world)에 속하는지에 대해서는 언제나 의견이 분분하여 그 개념이 명확하지 않다. 더군다나, 대부분의 교부들은 우리의 보잘것없는 '육신'을 영혼에 복속시켰다. 따라서 악마를 'spirit'로 정의내린다는 것은 비록 사전적 의미로는 합당하다 해도 결코 정확한 의미를 전달하지 못한다.

18) Jeal. 2는 사탄의 유혹에 대한 설득력 있는 생생한 심리적 그림들을 보여준다. 악마는 우리들 주변을 배회하면서 마치 적이 성벽으로 둘러싸인 도시인을 끈질기게 공격하 듯이, 제일 약한 성벽이 있나 꼼꼼히 살펴서 마침내 그 약한 곳을 뚫고 들어간다. 그는 매혹적인 모습으로 나타나 손쉬운 쾌락들을 던져 우리가 악에 쉽게 빠지도록 유혹한다. 그는 혀를 놀려 모멸감과 모욕을 주고 살인을 유도한다. 그는 부당하게 이익을 볼 수 있는 가능성을 보여줌으로써 다른 사람들에게 사기치도록 부추긴다. Daniélou, *Origins*, p.423.

5장 자비와 천벌

1) Daniélou and H.-I. Marrou, *The Christian Centuries: The First Six Hundred Years*(London, 1964), p.128.

2) W. E. G. Floyd, *Clement of Alexandria's Testament of the Problem of Evil*(New York, 1971), p.99.

3) S. Lilla, *Clement of Alexandria: A Study in Christian Platonism and Gnosticsm*(London, 1971).

4) 여기서 '무로부터'가 무엇을 의미하는지 분명하지 않다. 클레멘스는 완전 부정보다는 조건 부정을 사용했다. 때문에 완전한 무로부터가 아니라 무형의 물질로부터를 의미하는 것 같다. 이 무형의 물질은 클레멘스와 신플라톤주의자들에게는 거의 완전한 무존재였다. 이런 구조에서 한 사물이 실재적일수록 더 영적이게 되고, 이와 반대로 덜 실재적일수록 더 물질적이 된다. 길슨(Gilson)이 언급했듯이, 물질은 거의 비실재에 가깝다. 이러한 관념론은 철학적으로 오늘날의 서양 문화를 지배하는 물질주의와는 정확히 반대편에 놓여 있다.

5) 이 아이디어는 플라톤의 동굴에 기인한다. 그리고 지금까지 이어져 모든 세대들이 그 영향을 실감하고 있다. 특히 현대적인 유비를 이용했을 때 현대 유물론적 사회에서도 많은 사람들이 직감적으로 플라톤의 메타포를 이해한다. 만일 한 사람이 자기 전 인생을 어두컴컴한 극장에서 단지 스크린에 나타난 화면만을 보면서 지냈다고 한다면, 그는 단지 침침한, 화면만 언뜻 바뀌는 이차원의 세계만을 알 것이다. 그러다 일단 바깥에 나가게 된다면, 그는 다양하고 생생한 실재에 어지럽고 놀랄 것이다. 이 세계는 신의 세계에 비하면 마치 시네마 스크린같이 좁고 평면이고 비천하다.

6) 비록 클레멘스는 세계는 플라톤주의자들이 주장하듯이 어떤 것에서 유출되어 나온 것이 아니라 창조되었다고 주장했으나, 그의 존재 사슬은 사실 유출론을 기독교 창조 사상에 접목시킨 것이다. 이 두 사상은 서로 매끄럽게 잘 맞지 않는다. 따라서 아우구스티누스, 아퀴나스, 그리고 여러 신학자들이 이 체계를 이용했지만 결코 성공한 적이 없었다. 플로티노스에게 우주의 궁극원리는 존재(Being)보다 앞선 일자(The One)이다. 존재는 일자의 부속물로서 일자에 의해 생성되는 것이다. 반면 기독교에선 일자와 존재는 본질적으로 같다.

7) 악귀들은 우리의 마음에 거짓 이미지를 심고 그로 인해 우리는 이를 실재로 잘못

알게 된다. 우리는 이 아이디어에서 스토이즘의 영향을 볼 수 있다.

8) 클레멘스는 한편 죄를 통해 악마에게 복종하는 자발성과 다른 한편 악마에 홀려 조종되는 비자발성에 대한 구분을 없앴다.

9) 전지적인 신은 예전부터 미리 모든 것을 알고 있다. 누가 선을 택하고 누가 악을 택할 것인지. 그러나 그는 우리의 선택의 자유를 어떤 식으로든 방해하지 않는다. 자유의지와 신의 전지가 어떻게 조화하느냐는 이후 가장 중요한 문제가 되었다. 클레멘스는 이를 해결할 대안 제시 없이 건드려 놓기만 했다.

10) J. A. MacCulloch, *The Harrowing of Hell: A Comparatives Study of an Early Christian Doctrine*(Edinburgh, 1930); K. Gschwind, *Die Niederfahrt Christi in die Unterwelt*(Münster, 1911); J. Kroll, *Gott und Hölle: Der Mythos vom Descensuskämpfe*(Leipzig, 1932); H. Crouzel, "L'Hadès et la Géhenne selon Origéne," *Gregorianum*, 59(1978), 291-331; M. L. Peel, "The Descensus ad Inferos' in 'The Teachings of Silvanus,'" *Numen*, 26(1979), 23-49; B. Reicke, *The Disobedient Spirits and Christian Baptism*(Copenhagen, 1946); S. J. Fox, *The Gehenna in Rabbinic Literature*(diss, Harvard University, 1959)l

11) 히폴리투스는 분명 그리스도의 지옥으로 하강을 구원의 필수요건으로 본 최초 사람이었다. 그는 그리스도가 강림 이전에 죽은 정의의 히브리인들을 구원했다고 믿었다.

12) MacCulloch, p, 86.

13) Peel, pp.39-40.

14) B. Nautin, Origène: *Sa vie et son oeuvre*(Paris, 1977); H. Crouzel, *Bibliographie critique d'Origène*(The Hague, 1971); J. Daniélou, *Origen*(New York, 1955), esp.pp.220-245.

15) Daniélou, *Origen*, pp.220-221; 422.

16) 신화에서 뱀은 이브를 유혹하여 죄를 짓기 전에는 다리를 가지고 있었다. 그림에서 뱀은 중세와 르네상스 시기에 점차적으로 다리를 갖기 시작했고, 미술과 신화에서 드래건은 일반적으로 다리를 갖게 되었다.

17) 인간이 죽어 천사가 된다는 아이디어는 신기하게도 18세기 독일 루터 일파 중의 하나인 경건파에서 재생되었고, 오늘날은 대중적 상상 속에 남아 있다.

18) 동물의 각 종마다 그에 따른 다양한 악귀들이 붙어 있는데, 악귀들은 특히 잔혹한 야수에서 더욱 기승을 부린다. Cel. 4.92-93.

19) 도상(圖像)은 중세에 대단히 유행했다. 현존하는 많은 도상들 중에는 심판의 저울

위에 올라 선 죽은 이의 영혼, 그 옆에서 목 빼고 결과를 기다리는 선의 천사와 악귀의 모습을 그린 것들이 있다. 악귀는 종종 그 저울을 건드려 속임수를 부리는 것으로 묘사되곤 한다.

20) 현대 신학자들은 그리스도와 다른 행성에 살지도 모를 존재들의 가능한 관계에 대하여 생각해왔다. 다른 행성에 살고 있는 지적 존재들은 오리게네스를 좌절시키지 않고 오히려 기쁘게 할 것이다. 신이 세계를 창조함에 일군의 지적 존재들로 그 세계를 채웠는데, 여기에 다른 지적 존재들이 인간, 천사, 악귀와 나란히 존재하지 말아야 할 이유는 없는 것이다. 문제는 그리스도의 수난이 이러한 외계 존재들에게도 그 영향이 미쳤느냐이다. 오리게네스는 아마도 미쳤을 거라고 생각했다. 만일 그리스도의 수난이 천사에게까지 영향이 미쳤다면, 이의 자비는 인간을 넘어 다른 세계의 존재에게까지도 확장되었다. 그러나 전체적으로 기독교는 이의 영향을 인간에게만 한정시켰다.

21) 하데스에 대한 오리게네스의 견해는 악의 무존재에 대한 개념과 일치한다. 왜냐하면 하데스는 무형이고 어둠의 장소이기 때문이다(Crouzel, p.309). 이는 물론 고전적 개념 과도 유사하다. 한편 게헤나(Gehenna)는 꺼지지 않는 불, 영원히 끝나지 않는 형벌의 장소이다(Crouzel, p.313; HJer. 18.15).

22) 뮐러(Muller)는 오리게네스의 아이디어와 가장 근접한 것으로 그노시스 적대자들의 이원론과 닮은 마즈다이즘의 프라쉬카르트(Frashkart of Mazdaism)의 이원론을 꼽았다 (p.176). 또한 뮐러는 피타고라스학파, 스토이즘, 유다이즘에서도 유사성들이 있음을 알아냈다. 그는 오리게네스가 이단시된 것은 그의 환원론 때문이 아니라 바로 윤회설 과 같이 반복되는 창조, 추락, 회복되는 구조(마치 엠페도클레스의 체계처럼) 때문이 라고 주장했다(pp.188-190). 환원이 문제된 것이 아니라 동양 종교에 뿌리를 둔 '영원 회귀 신화' 때문에 기독 공동체는 받아들일 수 없었던 것 같다. 니사의 그레고리우스 는 영원회귀에 대한 말은 빼고 단지 환원론만을 가르쳤기 때문에 문제되지 않았다.

6장 이원론과 사막

1) 락탄티우스가 주장한 '두 길론'의 기원은 바나바까지 거슬러 올라가나, 윤리적 이원

론에 대한 지속적인 강조는 3세기 강력한 이원론자인 클레멘스의 「발언(Recognitions)」과 유사하다. 인간에게 두 번의 죽음은 천사의 두 번의 죽음과 다르다. 인간에게 첫 번째 죽음은 물리적 죽음으로 영혼이 육신으로부터 분리되어 나오는 것이고, 두 번째 죽음은 어둠의 길을 택한 영혼의 파멸을 말한다.

2) 그리스도의 도움으로 신앙인은 악마에 대항할 여러 개의 무기를 소지하게 된다. 여기에 순교, 인내, 그리스도의 이름으로 십자가를 긋는 악마 쫓기 의식, 경건한 생활 등이 포함된다. DI 4.27, 5.21-22, 7.27.

3) 천년왕국설에 관한 여러 가지 난제 중 하나는 그 연대에 있다. 신봉자들은 셀 수 없이 많은 애매한 시기들을 펼쳐놓고 있는데, 이 시기들은 극단적으로 모호한 「요한계시록」에 근거하고 있다. 예를 들면, 어떤 해석은 안티그리스도가 악령들의 도움으로 나타난다. 그리스도는 내려가서 그를 물리치고, 사탄을 천 년 동안 지옥에 가두어놓는다. 그리고 악령들은 잠시 다시 풀어준다. 마침내 그들은 패퇴되고 파멸한다. 일부는 천 년 동안 사탄을 가두어놓은 것이 바로 첫 번째 그리스도의 강림이고, 그래서 그는 지금(4세기)까지 묶여 있고 서기 천년에 감옥을 뚫고 나올 것이라고 주장했다(그런데 이 시기 구분은 아직 어떻게 기독교 연대를 정할지 결정되지 않은 상태에서 이루어진 것이었다). 실제로 수없이 다양한 해석들이 존재한다. 일부 교부들, 예루살렘의 크릴(Cyril) 등은 락탄티우스를 따랐으나, 나머지 대부분의 교부들은 계시록을 상징적으로 해석하여 천년왕국설을 부정했다. 맥긴(McGinn)은 카에사리아의 에우제비우스(Eusebius of Caesarea)는 종말론적 사상을 거부한 주창자 중 한 명이었고, 히에로니무스와 아우구스티누스 또한 명백히 종말론을 부정했다고 기술하고 있다(pp.25-26). "아우구스티누스는 중세의 모든 예언론적 종말론에 반대한 일종의 근원지다." 천년왕국설에 대한 여론은 심히 부정적이었고, 5세기 이후부터 일반적으로 이단시되었다. 그러나 종말론에 대한 매력은 여전히 남아 있었다. 심지어 아우구스티누스조차도 '초기 교부들의 종말론적 사상에 대한 많은 주제들'을 흡수했다(McGinn, p.27).

4) 카글리아리(Cagliari)의 루시퍼(Lucifer) 추종자들을 '루시퍼주의자들'이라 불렀는데, 이 명칭은 주교의 이름에서 나온 것이지 악마에서 유래한 것이 아니다. '루시퍼'는 '빛을 품은 자'란 뜻이다. 루시퍼주의자들은 철저한, 심지어 폭력도 불사하는 안티악마의 기독교도들로 이후 중세에 사탄을 숭배한 '루시퍼주의자들'과 혼동해서는 안 된다.

5) 나는 마니교를 분리된 한 종교로서보다는 이단으로 보는 것이 더 낫다는 견해에 찬동하고 싶다. 마니-그노시스 견해가 12세기 유럽의 토속적인 기독교 이단들에 자연스럽게 흡수됐다는 사실은 이 둘을 따로 독립된 종교로 특성화시킬 만큼의 차이가 없음을 보여준다. 헤게모니우스(Hegemonius)와 아우구스티누스 등과 같은 교부들도 마니교를 이단으로 취급했다.

6) 악귀들과 가장 닮았다고 하여 선택된 동물들은 드래건, 뱀, 전갈, 사자, 곰, 표범, 황소, 늑대, 하이에나, 수탉 등이다. 아타나시우스는 그의 동료인 오리게네스의 견해 ─ 사탄을 리바이어던, 티레의 군주(Prince of Tyre), 루시퍼 등으로 보고 사탄의 원죄를 오만함으로 여기는 견해─ 를 따르고 있다. 파코미우스는 그를 유혹하려고 어린 흑인 여자로 분장한 악마를 보았다(*Historia Lausiaca*, 23.76-7). 그는 손을 휘저어 그 여자 아이를 내몰았다. 그후로 그의 손에서는 2년 동안이나 지독한 악취가 났다. 마카리우스(Macarius)도 한 무리의 어린애 같은 조그만 악귀들로 인해 괴롭힘을 당했다(Rufinus, *Historia monachorum* 29).

7) 아타나시우스는 악귀를 우리의 죗값을 치러야만 통관을 시키는 세관으로 여긴다는 점에서 클레멘스와 오리게네스의 견해를 따르고 있다.

8) 악귀들의 몸이 차갑다는 것은 현대 초기 마녀 열풍이 불었을 때 상투적인 문구가 되었는데, 악마와 섹스했다고 믿는 여자들이 악마의 몸과 정액이 차가웠다고 주장했기 때문이다.

7장 사탄과 성 아우구스티누스

1) 중세에 밀레스(miles)가 '병사(soldier)'라는 의미보다는 '기사(knight)'라는 의미가 되었을 때, 기독교 전사(warrior)는 그리스도의 기사로 전이되었다. 기독교 전사의 주 임무는 사탄과 결투를 하는 것이다(McHugh, p.100).

2) J. Zande, *Death as an Enemy According to Ancient Egyptian Concepts*(Leiden, 1960), p.329.

3) W. H. C. Friend, *The Rise of the Monophysite Movement*(Cambridge, 1972), p.97.

4) 미카엘은 히브리인에게는 자주 특별한 수호천사로서 등장했고, 이 기능은 이스라엘을 거쳐 기독 공동체에까지 전승되었다. 신약성서 유다서(9장)와 계시록(12:7-9)은

미카엘과 사탄의 전투에 대해 언급하고 있다. 이 아이디어는 점차적으로 발달하여 미카엘은 악마를 파멸시키는 하나님의 사자가 되었다. 미카엘에 대한 봉헌은 초기 교회 때부터 존재했다. 이는 5세기에 들어서면서 급속히 확장됐고, 특히 콘스탄티노 플과 동방에서, 그리고 이탈리아로 들어가서는 교황 성 그레고리우스 재위 시절 (590~604)에 중요하게 취급되어 가르간 산(Mount Gargan)을 미카엘 봉헌의 중심지로 삼았다. 8세기 프랑스에서는 미카엘 열풍이 프랑스어 가르강(Gargan)처럼 성 미카엘 산(Mont Saint-Michael)은 미카엘 컬트의 중심지가 되었다. 미카엘이 사탄과 일대 결투 를 벌여 마침내 그를 물리쳤다는 것은 일반적으로 받아들여졌으나, 언제 이 전투가 벌어졌느냐는 것에는 의견이 분분했다. 히에로니무스는 논리적인 면과 계시록을 바탕으로 사탄이 천국에서 추방되는 바로 그 시점이라고 주장했다. 성 그레고리우스 는 그 시점을 세계의 종말로 잡았다. 12세기까지는 그레고리우스의 관점이 풍미했으 나, 페테르 롬바르드(Peter Lombard)가 히에로니무스의 견해를 받아들이고 난 이후로, 그리고 아퀴나스가 이를 따름으로써 관점의 변화가 일어나게 되었다.

5) R. M. Cooper, "Saint Augustine's Doctrine of Evil," *Scottish Journal of Theology*, 16(1953), 256; Peter Brown, *Augustine of Hippo*(London, 1967)

6) 언뜻 보면 도덕적 악과 자연 악 사이의 구분은 명료치 않다. 만일 악이 의도적으로 누군가에게 해를 입히는 것을 말한다면, 신은 우리에게 내린 자연 악에 대한 책임을 져야 할지도 모른다. 우리는 고의로 노인과 어린아이를 괴롭히고 고통을 주는 사람을 주저 없이 악인이라고 부른다. 그러나 신은 명백히 수많은 노인과 어린아이들에게 고난과 고통을 가하고 있다. 우리는 신은 선이라고 '정의내리고' 그 정의에 따라 신은 자신의 행동에 타당한 이유가 있음이 틀림없다고 주장하면서 이 문제를 빗겨나 간다. 한마디로 우리는 알 수 없다. 그러나 우리가 신을 우리들 서로서로를 묶어주는 하나의 기본적인 도덕 기준으로 삼지 않으면 그것도 이상하다.

7) 악이라고 불리는 모든 것은 죄이거나 죄에 대한 처벌이다(True 12.23; Trin. 13.16; Gen. 1.1-4). "죄인들이 불행할 때 우주는 완전하다"(On justice, Free 3.9). 자연 악에 대해 긍정적인 기능을 인정한다 해도, 어린아이들과 동물들의 고난은 어떨 것인가? 아우구스티누스는 어설프게 방어하듯이 답했다(Free 3.23). 아이들의 고난은 아마도 그들의 부모들을 인도할 것이다! 궁극적으로 하나님은 그 아이들을 행복하게 하실 것이다. 동물의 고통은 단지 우주의 자연 질서의 한 부분이다. 동물은 번식하고, 서로를 잡아먹고, 그리고 죽는다. 그들은 이성적 정신이 없기 때문에 우리가 그들에

대해 관심 가질 필요는 없다. 아마도 고통은 그들에게 혈통의 오염을 싫어하고 완벽한 혈통보존을 사랑하도록 가르칠 것이다!

8) 아우구스티누스는 will(voluntas)과 free will(liberum arbitrium)을 구분했다. 이 구분은 프랑스어 volonte와 libre arbitre로는 구분 가능하나, 영어는 구분이 되지 않는다. 즉, 'will'은 두 가지 의미를 동시에 가진다. voluntas는 결정을 내리는 결정력이 아니라 "한 개인에게 부여된 근원적인 도덕 성품으로, 특별한 이유로서 존재하는 것이 아닌 천성으로 우리가 어떤 행위를 할 때 나오는 근본적인 성격인 것이다." 반면 arbitrium 은 "여러 대안 중에서 의식적으로 선택하는 선택의지"다. 우리는 우리의 arbitrium을 특히 도덕적 선택을 향하도록 할 수 있다. "그러나 voluntas가 있는 사람은 근원적 사랑이 그/그녀를 이런저런 방법으로 인도하게끔 되어 있다." 아담과 이브의 원죄는 완전히 자유로운 voluntas를 신으로부터 돌려놓아버렸다. 원죄 이후 이 voluntas는 이미 뒤틀어져 있었다(R. R. Brown, p.318 참조).

9) P, Munz, *The Shapes of Time*(Middletown, Conn., 1977).

10) B. I. Hebblethwaite, "Some Reflections on Predestination, Providence, and Divine Foreknowledge," *Religious Studies*, 15(1979), esp.435-439, 448.

11) Free 3.3. 아우구스티누스는 여기서 숙명론에 대한 강조가 세계 창조에 대한 기독교의 중심사상을 약화시킨다는 것을 분명히 알고 있었다. Free 2에서는 자유와 신의 의지를 조화시키려는 데 초점을 맞추고 있다.

12) 결여된 운동(Defective motion, *defectivus motus*. Free 2.20, 3.1). 아우구스티누스는 이 용어를 사용하여 근원적 결여 의지(defective voluntas) 또는 결여 선택의지(defective arbitrium)에 대한 언급을 피하려 했다. 그러나 결여운동조차도 설명이 필요한 것 같다. '결여(defective)'란 용어를 사용함으로써 그는 다시 존재론과 도덕성을 혼재하는 함정에 빠지게 되었다.

13) 전통적으로 4가지 은총이 존재한다. ① 선행(先行) 은총(prevenient grace): 신이 우리의 모든 선적 의지를 발기시키고 지원하는 은총. ② 협동 은총(cooperating grace): 그가 우리의 의지를 북돋아 주는 은총. ③ 충분 은총(sufficient grace): 그의 도움 없이는 우리가 선을 행할 수 없는 은총. ④ 유효 은총(efficient grace): 그의 도움으로 우리가 선을 행하는 은총.

14) Letter 217. 때때로 천사들은 순수한 영적 몸을 가졌기 때문에 참회할 수가 없고, 인간은 육신을 가졌기 때문에 살아서는 참회를 할 수 있으나 죽어서는 육신과 분리되

기 때문에 참회할 수 없다고 여겨왔다. 그러나 만일 순수 영적 몸을 지닌 타락 천사들이 본래의 자유의지로 죄를 지었다면, 다시 새롭게 선을 향할 가능성도 배제할 수 없다.

15) City 8.14-7는 아우구스티누스가 악귀들을 별종으로 취급하려 했음을 보여준다. 이교도 신플라톤주의자들은 세 종(種)을 세 부류― 신들, 다이몬들(선의 정령과 악의 정령), 인간― 로 나눌 것을 제안했었다. 아우구스티누스는 이를 변형시켜 천사, 인간, 악귀의 세 부류로 나눌 것을 생각했다. 기독교가 악귀를 악으로 정의했기 때문에 그는 악귀를 별종이라는 아이디어를 제대로 밀고 나갈 수 없었다. 왜냐하면 이 아이디어는 신은 모든 종을 악으로 창조했거나 아니면 모든 종이 타락하도록 방임했다는 의미가 되기 때문이었다.

16) 아우구스티누스는 어떤 때는 악마는 애초부터 죄를 지었다고 주장하다가, 어떤 때는 악마는 적어도 얼마 동안 다른 천사들과 천상에서 축복받은 생활을 했다고 주장함으로써 일관적인 면을 보여주지 못했다.

참고문헌

Ahern, Dennis M. "Foreknowledge: Nelson Pike and Newcomb's Problem."
  Religious Studies, 15 (1979), 475–490.
Aland, B. "Gnosis und Kirchenväter: Ihre Auseinandersetzung um die Inter-
  pretation des Evangeliums." *Gnosis*, no. 8134, pp. 158–215.
Andres, Friedrich. *Die Engellehre der griechischen Apologeten des zweiten Jahrhun-
  derts und ihr Verhältnis zur griechisch-römischen Dämonologie*. Paderborn, 1914.
——. "Die Engel- und Dämonenlehre des Klemens von Alexandrien." *Römis-
  che Quartalschrift*, 34 (1926), 13–37; 129–140; 307–329.
Arbesmann, Rudolf. "The 'Daemonium Meridianum' and Greek and Latin
  Patristic Exegesis." *Traditio*, 14 (1958), 17–31.
Attwater, Donald. *Saint John Chrysostom*. London, 1959.
Audet, Jean-Paul. *La Didachè, instruction des apôtres*. Paris, 1958.
Aulén, Gustave. *Christus victor: La notion chrétienne de Rédemption*. Paris, 1949.
Baaren, Th. P. van. "Towards a Definition of Gnosticism." In Ugo Bianchi,
  ed., *Le origini dello gnosticismo*. Leiden, 1970.
Bamberger, Bernard J. *Fallen Angels*. Philadelphia, 1952.
Barb, A. A. "The Survival of Magic Arts." In Arnaldo Momigliano, ed., *The
  Conflict between Paganism and Christianity in the Fourth Century*. Oxford,
  1963. Pp. 100–125.
Barnard, Leslie W. *Justin Martyr: His Life and Thought*. Cambridge, 1967.
——. *Studies in the Apostolic Fathers and Their Background*. Oxford, 1966.
Barnes, Timothy David. *Tertullian: A Historical and Literary Study*. Oxford,
  1971.
Bartelink, G. J. M. "Les démons comme brigands." *Vigiliae Christianae*, 21
  (1967), 12–24.
——. "Μισόκαλος, épithète du diable." *Vigiliae Christianae*, 12 (1958), 37–44.
Barton, G. A. "The Origin of the Names of Angels and Demons in the Ex-
  tra-canonical Apocalyptic Literature to 100 A.D." *Journal of Biblical Litera-
  ture*, 31 (1912), 156–167.
Basinger, David. "Human Freedom and Divine Providence: Some New
  Thoughts on an Old Problem." *Religious Studies*, 15 (1979), 491–510.

Benoit, André. *Le baptême chrétienne au second siècle: La théologie des pères*. Paris, 1953.

Berge, Reinhold. "Exegetische Bemerkungen zur Dämonenauffassung des M. Minucius Felix." Diss. University of Freiburg im Breisgau, 1929.

Bettencourt, Etienne. *Doctrina ascetica Origenis seu quid docuit de ratione animae humanae cum daemonibus*. Studia Anselmiana, XVI. Rome, 1945.

Bettenson, Henry. *The Later Christian Fathers*. London, 1970.

Beyschlag, Karl. *Clemens Romanus und der Frühkatholizismus*. Tübingen, 1966.

———. *Simon Magus und die christliche Gnosis*. Tübingen, 1974.

Bianchi, Ugo. *Le origini dello gnosticismo: Colloquo di Messina 13–18 Aprile 1966*. Leiden, 1970.

———. "Le problème des origines du gnosticisme." In Bianchi, ed., *Le origini*. Pp. 1–27.

Bieder, Werner. *Die Vorstellung der Höllenfahrt Jesu Christi*. Zurich, 1949.

Bietenhard, Hans. *Die himmlische Welt im Urchristentum und Spätjudentum*. Tübingen, 1951.

Blackman, Edwin C. *Marcion and His Influence*. London, 1948.

Bloomfield, Morton W. "The Origin of the Concept of the Seven Cardinal Sins." *Harvard Theological Review*, 34 (1941), 121–128.

———. *The Seven Deadly Sins*. East Lansing, Michigan, 1952.

Boer, S. de. *De anthropologie van Gregorius van Nyssa*. Assen, 1968.

Borchert, D. M. "Beyond Augustine's Answer to Evil." *Canadian Journal of Theology*, 8 (1962), 237–243.

Bousset, Wilhelm. "Zur Dämonologie der späteren Antike." *Archiv für Religionswissenschaft*, 18 (1915), 134–172.

Boyd, James W. *Satan and Mara: Christian and Buddhist Symbols of Evil*. Leiden, 1975.

Brandon, Samuel G. F., "The Gnostic Problem in Early Christianity." *History Today*, 10 (1960), 415–423.

Brown, Milton Perry. *The Authentic Writings of Ignatius: A Study of Linguistic Criteria*. Durham, N.C., 1963.

Brown, Patterson. "God and the Good." *Religious Studies*, 2 (1967), 269–276.

Brown, Peter. *Augustine of Hippo*. London, 1967.

———. "Sorcery, Demons, and the Rise of Christianity." In Brown, *Religion and Society in the Age of Saint Augustine*. New York, 1972. Pp. 119–146.

Brown, Robert R. "The First Evil Will Must Be Incomprehensible: A Critique of Augustine." *Journal of the American Academy of Religion*, 46 (1978), 315–330.

Bruno de Jésus-Marie, ed. *Satan*. New York, 1952.

Bussell, Frederick W. "The Purpose of the World-Process and the Problem of Evil as Explained in the Clementine and Lactantian Writings in a System of Subordinate Dualism." *Studia Biblica et Ecclesiastica*, 4 (1896), 133–188.

Buttrick, George A. *God, Pain, and Evil*. Nashville, 1966.

Caillois, Roger. "Les démons de midi." *Revue de l'histoire des religions*, 115 (1937), 142–173; 116 (1937), 54–83; 143–186.

Campenhausen, Hans von. *Die Idee des Martyrium in der alten Kirche*. Göttingen, 2d ed., 1964.

Canévet, Maurice. "Nature du mal et économie du salut chez Grégoire de Nysse." *Recherches de science religieuse*, 56 (1968), 87–95.

Capitani, Franco de. "Studi recenti sul manicheismo." *Rivista di filosofia neoscolastica*, 65 (1973), 97–118.

Carcopino, Jérome. "Survivances par substitution des sacrifices d'enfants dans l'Afrique romaine." *Revue de l'histoire des religions*, 106 (1932), 592–599.

Cavendish, Richard. *The Powers of Evil*. New York, 1975.

Chadwick, Henry. *Alexandrian Christianity*. Philadelphia, 1954.

———. *Early Christian Thought and the Classical Tradition: Studies in Justin, Clement, and Origen*, New York, 1966.

Chadwick, Owen. *John Cassian*. 2d ed. Cambridge. 1968.

Church, F. Forrester. "Sex and Salvation in Tertullian." *Harvard Theological Review*, 68 (1975), 83–101.

Clark, Elizabeth A. *Clement's Use of Aristotle: The Aristotelian Contribution to Clement of Alexandria's Refutation of Gnosticism*. New York, 1977.

Clark, Thomas. "The Problem of Evil: A New Study." *Theological Studies*, 28 (1967), 119–128.

Cooper, Robert M. "Saint Augustine's Doctrine of Evil." *Scottish Journal of Theology*, 16 (1963), 256–276.

Corte, Nicolas. *Who Is the Devil?* New York, 1958.

Corwin, Virginia. *Saint Ignatius and Christianity in Antioch*. New Haven, 1960.

Crouzel, Henri. *Bibliographie critique d'Origène*. The Hague, 1971.

———. "Chronique Origenienne." *Bulletin de la littérature ecclésiastique*, 80 (1979), 109–126.

———. "L'Hadès et la Géhenne selon Origène." *Gregorianum*, 59 (1978), 291–331.

Dammig, Johannes. *Die Divinae Institutiones des Laktanz und ihre Epitome*. Diss. Münster, 1957.

Daniélou, Jean. "L'apocatastase chez Saint Grégoire de Nysse." *Recherches de science religieuse*, 30 (1940), 328–347.

———. "Les démons de l'air dans la 'Vie d'Antoine.'" *Studia Anselmiana*, 38 (1956), 136–147.

———. *Gospel Message and Hellenistic Culture*. Philadelphia, 1973.

———. "Le mauvais gouvernement du monde d'après le gnosticisme." In Ugo Bianchi, ed., *Le origini dello gnosticismo*. Pp. 448–459.

———. *Origen*. New York, 1955.

———. *The Origins of Latin Christianity*. London, 1977.

———. "Les sources juives de la doctrine des anges des nations chez Origène." *Recherches de science religieuse*, 38 (1951), 132–137.

———. *The Theology of Jewish Christianity*. Chicago, 1964.

Davids, Adelbert. "Irrtum und Häresie: 1 Clem.; Ignaz von Antiochen; Justinus." *Kairos*, n.s. 15 (1973), 165–187.

Decret, François. *Mani et la tradition manichéenne*. Paris, 1974.

Dekkers, Eligius, ed. *Clavis patrum latinorum*. 2d ed. Steenbrugge, 1961.

"Démon." *Dictionnaire de spiritualité ascétique et mystique*, vol. 3. Pp. 142–238.

Diepen, H. M., and Jean Daniélou. "Théodoret et le dogme d'Ephèse." *Recherches de science religieuse*, 44 (1956), 243–248.

Dix, Gregory. *The Shape of the Liturgy*. London, 1945.

Doig, D. H. "The Question of Evil Re-Examined." *Theology*, 69 (1966), 485–492.

Dölger, Franz. *Der Exorzismus im altchristlichen Taufritual: Eine religionsgeschichtliche Studie*. Paderborn, 1969.

Dölger, Franz-Josef. "Der Kampf mit dem Ägypter in der Perpetua-Vision: Das Martyrium als Kampf mit dem Teufel." In Dölger, *Antike und Christentum*, 4 vols. Münster, 1929–1934. 3: 177–188.

Doresse, Jean. *The Secret Books of the Egyptian Gnostics: An Introduction to the Gnostic Coptic Manuscripts Discovered at Chenoboskion*. New York, 1960.

Douglas, Mary. "The Problem of Evil." In Douglas, *Natural Symbols: Explorations in Cosmology*. London, 1970. Pp. 136–152.

Draguet, R. "L'histoire lausiaque, une oeuvre écrite dans l'esprit d'Evagre." *Revue d'histoire ecclésiastique*, 41 (1946), 321–364.

Dukes, Eugene. "Magic and Witchcraft in the Writings of the Western Church Fathers." Diss., Kent State University, 1972.

Elze, Martin. *Tatian und seine Theologie*. Göttingen, 1960.

Erich, Oswald A. *Die Darstellung des Teufels in der christlichen Kunst*. Berlin, 1931.

Evans, John M. *Paradise Lost and the Genesis Tradition*. Oxford, 1968.

Evil. Ed. the Curatorium of the C. G. Jung Institute. Evanston, Ill., 1967.

Fitch, William. *God and Evil: Studies in the Mystery of Suffering and Pain*. Grand Rapids, Mich., 1967.

Floyd, William E. G. *Clement of Alexandria's Treatment of the Problem of Evil*. New York, 1971.

Foerster, Werner. *Gnosis: A Selection of Gnostic Texts*. 2 vols. Oxford, 1972–1974.

Fontaine, Jacques. "Sur un titre de Satan chez Tertullien: *Diabolus interpolator*." *Studi e materiali di storia delle religioni*, 38 (1967), 197–216.

———, and M. Perrin, eds. *Lactance et son temps: Recherches actuelles*. Paris, 1978.

Frend, W. H. C. *Martyrdom and Persecution in the Early Church: A Study of a Conflict from the Maccabees to Donatus*. Garden City, N.Y., 1965.

———. *The Rise of the Monophysite Movement: Chapters in the History of the Church in the Fifth and Sixth Centuries*. Cambridge, 1972.

Frère, Jean-Claude. "Le démon: Évolution de l'idée du mal à travers quelques personnifications." *Cahiers d'études cathares*, 27, no. 70 (1976), 3–14.

Garitte, Gérard. *Un témoin important du texte de la Vie de S. Antoine par S. Athanase: La version latine inédite des Archives du Chapitre de S. Pierre à Rome*. Brussels, 1939.

Geach, Peter T. *Providence and Evil*. Cambridge, 1977.

Geerlings, Hermanus Jacob. *De antieke daemonologie en Augustinus' geschrift De divinatione daemonum*. The Hague, 1953.

Gellner, Ernest. *The Devil in Modern Philosophy*. London, 1974.

Ginzberg, Louis. *The Legends of the Jews*. 7 vols. Philadelphia, 1938.

Gokey, Francis X. *The Terminology for the Devil and Evil Spirits in the Apostolic Fathers*. Washington, 1961.

Gonzalez, Gonzalo. "Dios y el diablo: superación cristiana del dualismo." *Ciencia tomista*, 104 (1977), 279–301.

Goodenough, Erwin R. *The Theology of Justin Martyr.* Jena, 1923.
Grant, Robert M. "The Chronology of the Greek Apologists." *Vigiliae Christianae,* 9 (1955), 25–33.
———. *Gnosticism and Early Christianity.* 2d ed. New York, 1966.
———. "Manichees and Christians in the Third and Early Fourth Centuries." In *Ex orbe religionum: studia Geo Widengren.* Leiden, 1972. Pp. 430–439.
———, ed. *Gnosticism: A Source Book of Heretical Writings from the Early Christian Period.* New York, 1962.
Greenfield, Jonas C., and Michael E. Stone. "The Books of Enoch and the Tradition of Enoch." *Numen,* 26 (1979), 89–103.
Griffin, David Ray. *God, Power, and Evil: A Process Theology.* Philadelphia, 1976.
Grillmeier, Alois. "Der Gottessohn im Totenreich." *Zeitschrift für katholische Theologie,* 71 (1949), 1–53; 184–203.
Haag, Herbert. *Teufelsglaube.* Tübingen, 1974.
Haardt, Robert. *Gnosis: Character and Testimony: An Anthology of Hellenistic Gnosticism.* Leiden, 1971.
Haight, David, and Marjorie Haight. "An Ontological Argument for the Devil." *The Monist,* 54 (1970), 218–220.
Hallie, Philip P. "Satan, Evil, and Good in History." In Sherman M. Stanage, ed., *Reason and Violence: Philosophical Investigations.* Totowa, N.J., 1975.
Harnack, Adolf von. *History of Dogma.* 7 vols. London, 1894.
Hawthorne, Gerald F. "Tatian and his Discourse to the Greeks." *Harvard Theological Review,* 57 (1964), 161–188.
Hebblethwaite, Brian. *Evil, Suffering, and Religion.* New York, 1976.
———. "Some Reflections on Predestination, Providence, and Divine Foreknowledge." *Religious Studies,* 15 (1979), 433–448.
Heck, Eberhard. *Die dualistischen Zusätze und die Kaiseranreden bei Lactantius.* Heidelberg, 1972.
Hefner, Philip. "Is Theodicy a Question of Power?" *Journal of Religion,* 59 (1979), 87–93.
Henning, W. B. "The Book of the Giants." *Bulletin of the School of Oriental and African Studies,* 11 (1943–46), 52–74.
Hick, John. *Evil and the God of Love.* New York, 1966.
Hinchliff, Peter. *Cyprian of Carthage and the Unity of the Christian Church.* London, 1974.
Holl, Adolf. *Death and the Devil.* New York, 1976.
Horn, Hans-Jürgen. "Die 'Hölle' als Krankheit der Seele in einer Deutung des Origenes." *Jahrbuch für Antike und Christentum,* 11/12 (1968–1969), 55–64.
Hughes, Robert. *Heaven and Hell in Western Art.* New York, 1968.
Huhn, Josef. *Ursprung und Wesen des Bösen und der Sünde, nach der Lehre des Kirchenvaters Ambrosius.* Paderborn, 1933.
Hummel, Edelhard. *The Concept of Martyrdom According to Saint Cyprian of Carthage.* Washington, 1946.
Huppenbauer, Hans W. "Belial in den Qumrantexten." *Theologische Zeitschrift,* 15 (1959), 81–89.
James, Montague Rhodes, ed. *The Apocryphal New Testament.* Oxford, 1924.

Janssens, Yvonne. "Le thème de la fornication des anges." In Bianchi, ed., *Le origini dello gnosticismo*. Pp. 488–495.

Jensen, Søren S. *Dualism and Demonology: The Function of Demonology in Pythagorean and Platonic Thought*. Copenhagen, 1966.

Jolivet, Régis. *Le problème du mal d'après Saint Augustin*. Paris, 1936.

Jonas, Hans. "Delimitation of the Gnostic Phenomenon—Typological and Historical." In Bianchi, ed., *Le origini dello gnosticismo*. Pp. 90–108.

——. *The Gnostic Religion: The Message of the Alien God and the Beginnings of Christianity*. Boston, 1958.

Jung, Leo. *Fallen Angels in Jewish, Christian, and Mohammedan Literature*. Philadelphia, 1926.

Kallis, Anastasios. "Geister (Dämonen): Griechische Väter." *Reallexikon für Antike und Christentum*, 9, 700–715.

Kannengiesser, Charles, ed. *Politique et théologie chez Athanase d'Alexandrie*. Actes du Colloque de Chantilly. Paris, 1974.

Keller, Carl-A. "Das Problem des Bösen." In Martin Krause, ed., *Gnosis and Gnosticism*. Leiden, 1977. Pp. 70–90.

Kelly, Henry Ansgar. *The Devil, Demonology, and Witchcraft*. 2d. ed. New York, 1974.

——. "The Devil in the Desert." *Catholic Biblical Quarterly*, 26 (1964), 190–220.

——. "The Metamorphoses of the Eden Serpent during the Middle Ages and Renaissance." *Viator*, 2 (1971), 301–328.

——. "The Struggle against Satan in the Liturgies of Baptism and Easter." *Chronica*, 24 (Spring, 1979), 9–10.

Kelly, John N. D. *Early Christian Creeds*. London, 1958. 3d. ed.: 1972.

——. *Early Christian Doctrines*. London, 1958.

——. *Jerome: His Life, Writings, and Controversies*. London, 1975.

Kelsey, Morton. "The Mythology of Evil." *Journal of Religion and Health*, 13 (1974), 7–18.

Khatchadourian, Haig. "God, Happiness, and Evil." *Religious Studies*, 2 (1960), 109–119.

Krause, M., ed. *Gnosis and Gnosticism: Papers Read at the Seventh International Conference on Patristic Studies (Oxford)*. Leiden, 1977.

Krieger, Leonard. "The Autonomy of Intellectual History." *Journal of the History of Ideas*, 34 (1973), 499–516.

Kruse, Heinz. "Das Reich Satans." *Biblica*, 58 (1977), 29–61.

Kyrilliana: spicilegia edita Sancti Cyrilli Alexandrini XV recurrente saeculo. Cairo, 1947.

Ladner, Gerhart. *The Idea of Reform: Its Impact on Christian Thought and Action in the Age of the Fathers*. Cambridge, Mass., 1959.

Langston, Douglas. "The Argument from Evil: Reply to Professor Richman." *Religious Studies*, 16 (1980), 103–113.

Langton, Edward. *Satan: A Portrait: A Study of the Character of Satan Through All the Ages*. London, 1945.

Laporte, Jean. "La Chute chez Philon et Origène." *Kyriakon: Festschrift Johannes Quasten* (Münster, 2 vols.) 1 (1970), 320–335.

Leisegang, Hans. *Die Gnosis*. 4th ed. Stuttgart, 1955.

Lenz, C. "Apokatastasis." *Reallexikon für Antike und Christentum*, 1, 510–516.

Liébaert, Jacques. "Saint Cyrille d'Alexandrie et la culture antique." *Mélanges de science religieuse*, 12 (1955), 5–26.

Lienhard, Joseph T. *Paulinus of Nola and Early Western Monasticism*. Bonn, 1977.

Lilla, Salvatore R. C. *Clement of Alexandria: A Study in Christian Platonism and Gnosticism*. London, 1971.

Loi, Vincenzo. "Problema del male e dualismo negli scritti di Lattanzio." *Annali delle facoltà di lettere filosofia e magistero dell'Università di Cagliari*, 29 (1961–1965), 37–96.

Lortz, Joseph. *Tertullian als Apologet*. 2 vols. Münster, 1927–1928.

Lovejoy, Arthur O. *The Great Chain of Being*. Cambridge, Mass., 1936.

Lukken, G. M. *Original Sin in the Roman Liturgy*. Leiden, 1973.

Maag, Victor. "The Antichrist as Symbol of Evil." In *Evil*, Curatorium of the C. G. Jung Institute, above. Pp. 57–82.

MacCulloch, John A. *The Harrowing of Hell: A Comparative Study of an Early Christian Doctrine*. Edinburgh, 1930.

Mackie, J. L. "Evil and Omnipotence." *Mind*, 64 (1955), 200–212.

Macquarrie, J. "Demonology and the Classical Idea of Atonement." *The Expository Times*, 68 (1956), 3–6; 60–63.

Maier, Johann. "Geister (Dämonen): Talmudisches Judentum." *Reallexikon für Antike und Christentum*, 9, 668–688.

Manselli, Raoul. *L'eresia del male*. Naples, 1963.

Maple, Eric. *The Domain of Devils*. London, 1966.

Maquart, Francis X. "Exorcism and Diabolical Manifestation." In Bruno de Jésus-Marie, ed., *Satan*, above. Pp. 178–203.

Marcovich, Miroslav. "On the Text of Athenagoras *De resurrectione*." *Vigiliae Christianae*, 33 (1979), 375–382.

Maritain, Jacques. *God and the Permission of Evil*. Milwaukee, 1966.

Martikainen, J. *Das Böse und der Teufel in der Theologie Ephraems des Syrers: Eine systematisch-theologische Untersuchung*. Aabo, 1978.

May, Harry S. "The Daimonic in Jewish History; or, the Garden of Eden Revisited." *Zeitschrift für Religions- und Geistesgeschichte*, 23 (1971), 205–219.

Mayer, C. P. "Die antimanichäischen Schriften Augustins." *Augustinianum*, 14 (1974), 277–313.

McCue, James F. "Orthodoxy and Heresy: Walter Bauer and the Valentinians." *Vigiliae Christianae*, 33 (1979), 118–130.

McHugh, Michael P. "The Demonology of Saint Ambrose in Light of the Tradition." *Wiener Studien*, 91 (1978), 205–231.

———. "Satan and Saint Ambrose." *Classical Folia*, 26 (1972), 94–106.

Michl, Johann. "Katalog der Engelnamen." *Reallexikon für Antike und Christentum*, 5 (1962), 200–239.

Micka, Ermin F. *The Problem of Divine Anger in Arnobius and Lactantius*. Washington, 1943.

Mitros, Joseph. "Patristic Views of Christ's Salvific Work." *Thought*, 42 (1967), 421–426.

Moore, George Foot. *Judaism in the First Centuries of the Christian Era*. 3 vols. Cambridge, Mass., 1955–1958.

Moreschini, Claudio. "Influenze di Origene su Gregorio di Nazianzo." *Atti e memorie dell'Accademia Toscana di scienze e lettere*, 44 (1979), 33–57.
———. "La polemica di Agostino contro la demonologia di Apuleio." *Annali della Scuola Normale Superiore di Pisa*, ser. 3, v. 2 (1972), 583–596.
Moulard, Anatole. *Saint Jean Chrysostome: Sa vie, son oeuvre*. Paris, 1941.
Müller, Gotthold. "Origenes und die Apokatastasis," *Theologische Zeitschrift*, 14 (1958), 174–190.
Munz, Peter. *The Shapes of Time*. Middletown, Conn., 1977.
Muyldermans, J. *A travers la tradition manuscrite d'Evagre le Pontique*. Louvain, 1932.
Nash, Victor Thomas. "The Other Satan: A Study of the Watcher Devil in Patristics, Folklore, and English Literature; Diss., University of Oregon, 1977.
Nautin, B. *Origène: Sa vie et son oeuvre*. Paris, 1977.
Newman, John Henry. *An Essay on the Development of Christian Doctrine*. London, 1845.
Oesterreich, Traugott K. *Possession: Demoniacal and Other among Primitive Races, in Antiquity, the Middle Ages and Modern Times*. New Hyde Park, N.Y., 1966.
Ogilvie, R. M. *The Library of Lactantius*. Oxford, 1978.
Olson, Alan M., ed. *Disguises of the Demonic: Contemporary Perspectives on the Power of Evil*. New York, 1975.
Orbe, Antonio. "La trinidad maléfica (a proposito de l' 'Excerpta ex Theodoto' 80.3)." *Gregorianum*, 49 (1968), 726–761.
Ort, L. J. M. *Mani: a Religio-historical Description of His Personality*. Leiden, 1967.
Osborn, Eric F. *Ethical Patterns in Early Christian Thought*. Cambridge, 1976.
———. *Justin Martyr*. Tübingen, 1973.
Pagels, Elaine. *The Gnostic Gospels*. New York, 1979.
Paterson, R. W. K. "Evil, Omniscience, and Omnipotence." *Religious Studies*, 15 (1979), 1–23.
Patrides, C. A. "The Salvation of Satan." *Journal of the History of Ideas*, 28 (1967), 467–478.
Peel, Malcolm L. "The 'Descensus ad Inferos' in 'The Teachings of Silvanus.'" *Numen*, 26 (1979), 23–49.
Pelikan, Jaroslav. *The Christian Tradition*. 3 vols. to date. Chicago, 1971–1978.
———. *Development of Christian Doctrine: Some Historical Prolegomena*. New Haven, 1969.
Penelhum, Terence. "Divine Goodness and the Problem of Evil." *Religious Studies*, 2 (1966), 95–107.
Pétrement, Simone. *Le dualisme chez Platon, les gnostiques, et les manichéens*. Paris, 1947.
———. "Le mythe des sept archontes créateurs peut-il s'expliquer à partir du christianisme?" In Bianchi, ed., *Le origini dello gnosticismo*, above. Pp. 460–487.
Philippou. A. J. "The Doctrine of Evil in Saint Gregory of Nyssa." *Studia Patristica*, 9 (1966), 251–256.
Pike, Nelson. "Plantinga on Free Will and Evil." *Religious Studies*, 15 (1979), 449–473.

Plantinga, Alvin. *God, Freedom, and Evil*. Grand Rapids, Mich., 1978.

Poteat, William H. "Foreknowledge and Foreordination: A Critique of Models of Knowledge." *Journal of Religion*, 40 (1960), 18–26.

Puech, Henri-Charles. *En quête de la gnose*. 2 vols. Paris, 1978.

———. *Le manichéisme*. Paris, 1949.

———. "The Prince of Darkness in His Kingdom." In Bruno de Jésus-Marie, ed., *Satan*, above. Pp. 127–157.

Quispel, Gilles. *De bronnen van Tertullianus' Adversus Marcionem*. The Hague, 1943.

———. *Gnosis als Weltreligion*. Zurich, 1951.

———. "Mani the Apostle of Jesus Christ." In *Epektasis: Mélanges patristiques offerts au cardinal Jean Daniélou* (Paris, 1972), pp. 667–672.

Ranke-Heinemann, Uta. "Der Kampf gegen die Dämonen und die Sünde." *Das frühe Mönchtum: Seine Motive nach den Selbstzeugnissen*. Essen, 1964. Pp. 50–64.

Recheis, Athanas. *Engel, Tod, und Seelenreise: Das Wirken der Geister beim Heimgang des Menschen in der Lehre der Alexandrinischen und Kappadokischen Väter*. Rome, 1958.

Rehm, Bernhard. *Die Pseudoklementinen*. 2 vols. Berlin, 1965–1969.

Reicke, Bo. *The Disobedient Spirits and Christian Baptism*. Copenhagen, 1946.

Richman, Robert J. "The Argument from Evil." *Religious Studies*, 4 (1969), 203–211.

Rist, John M. "Augustine on Free Will and Predestination." *Journal of Theological Studies*, ser. 2, 20 (1969), 420–447.

Rivière, Jean. "Le démon dans l'économie rédemptrice d'après les apologistes et les premiers Alexandrins." *Bulletin de littérature ecclésiastique*, 31 (1930), 5–20.

———. "La doctrine de Saint Irénée sur le rôle du démon dans la rédemption." *Bulletin d'ancienne littérature et d'archéologie chrétienne*, 1 (1911), 169–200.

———. "Rôle du démon au jugement particulier chez les pères." *Revue des sciences religieuses*, 4 (1924), 43–64.

Robinson, James M. *The Nag Hammadi Library: in English*. New York, 1977.

Roskoff, Gustav. *Geschichte des Teufels*. 2 vols. Leipzig, 1869.

Rousseau, Hervé. *Le dieu du mal*. Paris, 1963.

Rousseau, Philip. *Ascetics, Authority, and the Church in the Age of Jerome and Cassian* (Oxford, 1978).

Rudolph, Kurt. *Die Gnosis: Wesen und Geschichte einer spätantiken Religion*. Göttingen, 1977.

Rudwin, Maximilian. *The Devil in Legend and Literature*. La Salle, Ill., 1931.

Ruether, Rosemary Radford. *Gregory of Nazianzenus: Rhetor and Philosopher*. Oxford, 1969.

Ruhbach, G. "Zum Begriff ἀντίθεος in der alten Kirche." *Texte und Untersuchungen*, 92 (1966), 372–384.

Russell, Jeffrey Burton. *The Devil: Perceptions of Evil from Antiquity to Primitive Christianity*. Ithaca, N.Y., 1977.

Sage, Michael M. *Cyprian*. Cambridge, Mass., 1975.

Sagnard, François. *La gnose valentinienne et le témoignage de saint Irénée*. Paris, 1947.

Sans, Isidoro M. *La envidia primigenia del diablo según la patrística primitiva.* Madrid, 1963.

Schade, Herbert. *Dämonen und Monstren.* Regensburg, 1962.

Schlesinger, George. "The Problem of Evil and the Problem of Suffering." *American Philosophical Quarterly*, 1 (1964), 244–247.

Schmithals, Walter. *Gnosticism in Corinth: An Investigation of the Letters to the Corinthians.* 2d ed. Nashville, 1971.

——. *Paul and the Gnostics.* Nashville, 1972.

Schneweis, Emil. *Angels and Demons according to Lactantius.* Washington, 1944.

Schüle, Ernst U. "Der Ursprung des Bösen bei Marcion." *Zeitschrift für Religions- und Geistesgeschichte*, 16.1 (1964), 23–42.

Schweitzer, E. "Geister (Dämonen): Neues Testament." *Reallexikon für Antike und Christentum*, 9, 688–700.

Simon, Marcel. "Remarques sur l'angélologie juive au début de l'ère chrétienne." *Comptes-rendus des séances de l'académie des inscriptions et belles-lettres* (Paris), 1 (1971), 120–134.

Siwek, Paul. "The Problem of Evil in the Theory of Dualism." *Laval théologique et philosophique* (1955), 67–80.

Skinner, Quentin. "Meaning and Understanding in the History of Ideas." *History and Theory*, 8 (1969), 3–53.

Smith, Morton. *Clement of Alexandria and a Secret Gospel of Mark.* Cambridge, Mass., 1973.

Sontag, Frederick. *The God of Evil: An Argument from the Existence of the Devil.* New York, 1970.

Soury, Guy. *La démonologie de Plutarque: Essai sur les idées religieuses et les mythes d'un platonicien éclectique.* Paris, 1942.

Strack, Hermann. *Introduction to the Talmud and Midrash.* New York, 1959.

Tardieu, M. "Le Congrès de Yale sur le gnosticisme (28–31 mars 1978)." *Revue des études augustiniennes*, 24 (1978), 188–209.

Teichtweier, Georg. *Die Sündenlehre des Origenes.* Regensburg, 1958.

Te Selle, Eugene. *Augustine the Theologian.* New York, 1970.

Trachtenberg, Joshua. *The Devil and the Jews.* New Haven, 1943.

——. *Jewish Magic and Superstition.* New York, 1939.

Turmel, Joseph. *The Life of the Devil.* London, 1929.

Van der Hart, Rob. *The Theology of Angels and Devils.* Notre Dame, Ind., 1973.

Van der Nat, Pieter G. "Geister (Dämonen): Apologeten und lateinische Väter." *Reallexikon für Antike und Christentum*, 9 (1975), 715–761.

Völker, Walther. *Das Vollkommenheitsideal des Origenes.* Tübingen, 1931.

Wainwright, William J. "The Presence of Evil and the Falsification of Theistic Assertions." *Religious Studies*, 4 (1969), 213–216.

Wall, George B. "A New Solution to an Old Problem." *Religious Studies*, 15 (1979), 511–530.

Waltzing, J.-P. "Le crime rituel reproché aux chrétiens du IIe siècle." *Bulletin de l'Académie royale des sciences, des lettres, et des beaux-arts de Belgique.* Brussels, 1925.

Waszink, J. H. "*Pompa diaboli.*" *Vigiliae Christianae*, 1 (1947), 13–41.

Webster, Sister Gertrude. "Satan and Angels in Art and Literature." *Horizontes: Revista de la Universidad Católica de Puerto Rico*, 18 (October 1974), 19–41.

Weinel, Heinrich. *Die Wirkungen des Geistes und der Geister im nachapostolischen Zeitalter bis auf Irenäus.* Freiburg, 1899.

Wenzel, Siegfried. "The Seven Deadly Sins: Some Problems of Research." *Speculum*, 43 (1968), 1–22.

———. *The Sin of Sloth.* Chapel Hill, N.C., 1960.

Wey, Heinrich. *Die Funktionen der bösen Geister bei den griechischen Apologeten des zweiten Jahrhunderts nach Christus.* Winterthur, 1957.

Wickham, L. R. "The Sons of God and the Daughters of Men: Genesis vi:2 in Early Christian Exegesis." *Oudtestamentische Studien*, 19 (1974), 135–147.

Widengren, Geo. *The Gnostic Attitude.* Santa Barbara, 1973.

———. *Mani and Manichaeism.* London, 1965.

Williams, Norman Powell. *The Ideas of the Fall and of Original Sin.* London, 1927.

Wilson, Robert McL. *Gnosis: A Selection of Gnostic Texts.* 2 vols. Oxford, 1973–1974.

———. "Gnosticism in the Light of Recent Research." *Kairos*, n.s. 13 (1971), 282–288.

———. *The Gnostic Problem.* London, 1958.

Windisch, Hans. *Der Barnabasbrief.* Tübingen, 1920.

Wlosok, Antonie. *Laktanz und die philosophische Gnosis: Untersuchungen zu Geschichte und Terminologie der gnostischen Erlösungsvorstellung.* Heidelberg, 1960.

Wolfson, Harry A. *Philo.* 2 vols. Cambridge, Mass., 1947.

———. *The Philosophy of the Church Fathers: Faith, Trinity, Incarnation.* Cambridge, Mass., 1956.

Woods, Richard. *The Devil.* Chicago, 1973.

Yamauchi, Edwin M. *Pre-Christian Gnosticism: A Survey of the Proposed Evidences.* Grand Rapids, Mich., 1973.

Yates, Roy. "The Antichrist." *Evangelical Quarterly*, 46 (1974), 42–50.

Young, Frances M. "Insight or Incoherence: The Greek Fathers on Good and Evil." *Journal of Ecclesiastical History*, 24 (1973), 113–126.

역자후기

제프리 버튼 러셀은 20여 년 동안 인류의 문명사에서 악의 문제를 줄기차게 탐구해왔다. 저자는 인류 문명의 저 깊숙한 지하 속에서 켜켜이 먼지를 뒤집어쓰고 빛을 보지 못했던 또 하나의 유산을 마치 고고학자가 지층 속 유물을 탐사하듯 세심한 지성의 등불을 밝혀 우리 앞에 그 전모를 펼쳐 보인다. 고대로부터 초기 기독교, 중세와 근대를 아우르는 러셀의 지적 여정은 이전에 단편적으로 또는 산발적으로 흩어져 있던 악과 악마에 관한 문헌과 지식들을 총망라한 셈이다.

네 권의 저작을 통해서 러셀은 고대로부터 현재에 이르기는 악의 역사를 구체적인 개념 을 통해 규명하고자 했다. 고대로부터 기독교 시대, 그리고 중세를 거치면서 악의 상징은 그 시대의 상황과 맞물리면서 변용되어왔다. 악마의 개념은 종교개혁을 거치면서 다소 주춤하다가 합리론의 발흥으로 더욱 힘을 잃게 되었다. 그러다가 19세기에 접어들어 구체제에 대한 도전의 상징으로 강력하게 부상하면서 타락하고 어리석은 인간의 모습을 역설적으로 비춰주는 거울이 되었다. 러셀은 객관적인 역사학자의 시각으로 악과 악마의 개념을 추적했으며, 그가 참조한 분야는 신학과 철학, 문학, 미술 더 나아가 대중 예술에 이르기까지 전방위로 확대되면서 연구의 폭과 깊이를 넓혀나갔다. 명실상부하게 인간이 손댄 모든 분야의 이면을 뒤집어, 문명과 문화의 참모습을 남김없이 드러낸 것이다.

전권을 통해서 저자는 가장 극명한 악의 상징들이 역사 속에서 변용되어온 과정을 파고들면서도 탐구의 대상들이 단순히 학문의 영역으로만 제한되지 않고 인간의 삶 속에서 생생하게 경험하게 되는 엄연한 현실임을 줄곧 강조하고 있다.

빛이 그 밝음을 더할수록 그 이면엔 더 짙은 어둠이 드리워지는 법. 그저 멀리하며 들여다보기 꺼려 했던 인간 역사의 다른 한쪽이 드러나면서, 비로소 인류 문화사는 온전한 양 날개를 펼치게 되었다. 두려움과 무지가, 역사적 문맥과 지성으로 진실을 밝혀보려는 용기를 통해 극복된다면, 러셀의 이 도저한 작업은 우리에게 문명을 이해하는 균형감각을 갖게 해주리라 생각한다.

2006년 3월
김영범

찾아보기

SATAN 사탄
초기 기독교의 전통

지은이 | 제프리 버튼 러셀
옮긴이 | 김영범
펴낸이 | 박종암
펴낸곳 | 도서출판 르네상스

초판 1쇄 펴냄 | 2006년 3월 22일
초판 2쇄 펴냄 | 2006년 4월 20일

주소 | 121-842 서울시 마포구 서교동 460-14번지 2층
전화 | 02-334-2751
팩스 | 02-334-2752
메일 | re411@hanmail.net
등록 | 2006년 5월 22일, 제300-2006-62호

ISBN 89-90828-32-5 03900
ISBN 89-90828-30-9 (세트)